本书得到国家社会科学基金（14CGL073）项目资助，也是国家社会科学基金重大项目（13&ZD155）和国家社会科学基金青年项目（14CGL073）的阶段性成果

ECONOMY & MANAGEMENT 国家社会科学基金项目研究成果

人才资源管理

——政府与公共管理的视角

宫 准⊙著

中国社会科学出版社

图书在版编目（CIP）数据

人才资源管理：政府与公共管理的视角/宫准著．—北京：中国社会科学出版社，2016.5

ISBN 978－7－5161－8273－4

Ⅰ.①人…　Ⅱ.①宫…　Ⅲ.①人才管理—研究—中国　Ⅳ.①C962

中国版本图书馆 CIP 数据核字(2016)第 116740 号

出 版 人	赵剑英
责任编辑	卢小生
特约编辑	林　木
责任校对	周晓东
责任印制	王　超
出　　版	中国社会科学出版社
社　　址	北京鼓楼西大街甲 158 号
邮　　编	100720
网　　址	http：//www.csspw.cn
发 行 部	010－84083685
门 市 部	010－84029450
经　　销	新华书店及其他书店
印　　刷	北京明恒达印务有限公司
装　　订	廊坊市广阳区广增装订厂
版　　次	2016 年 5 月第 1 版
印　　次	2016 年 5 月第 1 次印刷
开　　本	710×1000　1/16
印　　张	16.25
插　　页	2
字　　数	238 千字
定　　价	60.00 元

凡购买中国社会科学出版社图书，如有质量问题请与本社营销中心联系调换

电话：010－84083683

序　一

中国在经历了30多年高速增长之后，目前正处在转型发展、创新发展的新阶段。从要素投入推动转为创新推动，关键是深入实施人才战略，全面提升我国的科学创造发明能力、技术创新能力与工艺制造能力，抢占价值链高端，提升产品附加值，从而形成我国经济发展的新动能与新竞争力，为全面现代化奠定坚实基础，实现民族复兴的中国梦。

实施人才战略意味着对人才资源进行科学配置和深度开发。人才资源是人力资源中具有知识与技能优势、在价值创造与实现过程中发挥更重要作用的群体。人才资源是高端、优质的人力资源。全面实施人才战略，不仅意味着对现有人才资源的合理配置与高效使用，同时需要对所有人力资源进行深度开发和有效激励，创造“人人皆可成才”的制度环境和社会氛围，使人才资源不断壮大与更新。因此，开发人才资源既需要企业和用人单位加强和完善人力资源管理，也需要政府和公共管理部门在深化改革过程中改善制度供给，推进政策创新，为微观主体实施人才战略提供制度支持与政策激励。因此，人才战略的研究涉及人力资源管理、公共管理、劳动经济学等不同的学科。而人才战略的实施也需要党政部门、教育科研机构和企事业用人单位协同配合，形成强大合力。

本书是宫准博士近几年研究人才战略问题的探索之作。他受过系统的人力资源管理学术训练，毕业后又在浙江大学公共管理学院、浙江省人才发展研究院从事过相关政策研究工作，深入各市县和企事业单位进行调研，掌握了大量的第一手资料。在此基础上形成的这本专著既有一定理论深度，也显得“接地气”，宏观分析与案例研究相互支持。

该书第一章主要介绍了我国在世界范围内参与争夺优秀人才，必须加快形成具有国际竞争力的人才制度优势，重点探讨了加快形成人才引进、人才培养和人才管理三类人才制度的优势，并尝试提出了建设具有国际竞争力人才制度所需要关注的重点问题及相关建议。第二章对反映区域人才发展的各项指标进行科学运算，并提出人才资源、人才效能、人才潜力和人才环境四个核心维度的人才发展综合指标体系，以期有效展现浙江的人才发展现状，发挥人才对浙江经济社会发展的引领支撑作用。第三章从经济转型发展的挑战入手，着重分析了温州人才发展存在的问题及其与周边大城市人才发展状况的比较，提出并论证了温州人才支撑经济转型发展的战略思路和重点举措。第四章尝试建立了义乌国际贸易实用人才评价体系，并在此基础上开发了义乌国际贸易实用人才评价手册，是区域实用人才评价的一个范本。第五章通过对两个区域人才发展规划案例的具体展示，力求呈现中长期、短期人才发展规划各自的特点及适用的范围。第六章对“民间人才”这一具有草根性、乡土性、广泛性、非官方性等特点的人才队伍进行了专题研究，尝试对民间人才队伍建设的规律性认识进行提炼，并对民间人才队伍建设的阶段性成效进行评估，提出了建立民间人才队伍建设长效机制的对策建议。本书对从事人才管理与开发的研究者和管理者均有一定参考价值。

本人对此书出版向作者表示祝贺，同时期待该书内容能引起读者的兴趣并促进该领域研究的深化和拓展。

姚先国

2016 年 4 月 10 日

姚先国，教授、博士生导师。现为浙江大学文科资深教授、浙江大学社会科学学部主任兼浙江省人才发展研究院院长、浙江大学公共政策研究院院长、国家社会科学基金学科评审组专家、全国公共管理硕士（MPA）教育指导委员会委员、中国工业经济学会常务副理事长、中国劳动学会常务理事、浙江省政府咨询委员会委员和浙江省公共管理学会会长。香港城市大学、德国 Witten－Herdecke 大学、意大利摩德纳大学客座教授，澳大利亚中国省市研究中心创会理事、新南威尔士大学研究员等。

序　二

人才研究是一个新兴的领域，其研究范式和基本内容框架尚待确立。宫准博士的新著《人才资源管理》是人才研究领域一部力作，为人才研究领域作为一门独特有魅力的学科提供了厚实基础。可以说，此书顺应了当今时代经济社会发展的大背景，回应了学术界对人才规律探索的热切期待。

为什么人才研究越来越重要？我认为至少有两方面的原因：一方面，是来自现实需求。中国经济社会建设攻坚时期，人们越发认识到基于人力资本带动的经济发展具有动力强、后劲足、对环境破坏性小的特点。三期叠加时代的中国，比历史上任何一个时代都渴求人才。政府创新需要卓越领导力人才，经济转型需要创新创业人才，社会治理迫切需要社会管理人才。中华民族的伟大复兴与人才紧密地联系在一起。

另一方面，现有成熟学科在范式形成过程中盲点也逐渐暴露。心理学界早有探索天才形成的内外环境因素的《天才心理学》，工商管理学界有面向企业劳动人事管理的《人力资源管理学》，经济学界有着仅次于金融学一样火爆的《劳动经济学》，以揭示劳动力市场的基本规律和人作为劳动者的特殊属性为主要目标。其他相近学科，还有教育管理和人口学等。综观诸类，还未有一门服务于公共政策制定，探索人才队伍作为一种特殊人群与环境互动过程中如何流动和集聚的基本规律的学科。

宫准博士的新著汇集了他在此领域坚持不懈的成果，也体现了他敢为人先、勇于创新的治学精神。阅读此书，我认为，有三点特色值得推荐。

第一，此书选题贴近现实，服务公共政策制定和优化。基于浙江省经济先发达地区温州的转型升级需求，宫准博士承担了该市党委组织部委托的大型课题——转型升级与人才支撑研究。该研究调研和走访了经济开发区和企业单位数十家，聆听各级政府和企业家的心声，展开翔实周密的研究。课题内容翔实，观点创新，对策建议大量被政府部门直接采纳。

第二，此书架构完整、逻辑严密，实证研究功力深厚。全书第二章和第四章都是关于人才评价的研究，在克服人才数据零散、历史数据跟踪难的情况下，宫准博士博采众长，借鉴了多个部门、多位学者的数据来源和统计口径，开发研制完成了两个国内领先的指数——区域人才发展指数和实用人才评价指数。除了涉足经济发展领域的人才研究，社会管理人才作为当前重要的社会建设力量，也得到了宫准博士项目组的高度重视。他带队赴绍兴市考察民间人才队伍，走村串户，足迹遍布百余家农户，取得了宝贵的一手资料。

第三，此书视角独特、观点新颖，取得一批创新成果。在下沙经济开发区课题调研中，宫准博士将经济开发区和高教园区的融合作为聚焦点，提出了具有前瞻性的对策建议。杭州如何作为人才集聚城市，营造全球人才最有吸引力的生态环境是宫准博士这些年来一直思考的问题。此书第一章以全球竞争力概念作为人才研究的切入点，值得借鉴。其中的对策建议兼有开创性和接地气的特色，为地方政府决策提供智力支持。

宫准博士2013年毕业于中国科学院心理研究所，他放弃了在北京生活的优厚条件，在院长姚先国教授的感召下赴浙江开展人才研究。他工作踏实肯干，努力创新进取。工作期间获得了国家社会科学基金青年项目的资助，科研热情得到巨大激发。2015年，宫准博士被家乡青岛大学诚意招揽，作为他的同事和领导，我真心地祝福他，同时也感到一丝伤感。将人才研究成果汇集成书，是一份珍贵的回忆，也刻画了青年学者成长的一段足迹。

我郑重向读者推荐此书。让我们一起携手为人才事业的繁荣兴旺添砖加瓦，贡献真知灼见。

苗青

2016 年 4 月 1 日

苗青，管理学博士，管理科学与工程博士后，浙江省十佳优秀博士后。现为浙江大学公共管理学院教授、求是青年学者、博士生导师，浙江省人才发展研究院秘书长。

目　录

第一章 加快形成具有国际竞争力的人才制度优势研究

当今世界，政治多极化和经济全球化进程日益加快，科技进步日新月异，国与国、地区与地区之间围绕资源、市场、技术、人才的竞争日趋激烈。美国、加拿大、澳大利亚以及欧盟各国等传统发达国家各方面基础和条件优势明显，通过人才经济技术移民、提供双重国籍、扩大接受外国留学生、提供工作签证、增加科研经费等手段争取外籍人才。我国在国际高端人才争夺战中仍处于劣势，对国际优秀人才的开发与使用与发达国家差距明显。每年流出与流入的人才比例严重失调。以留学生为例，1978—2011 年，中国出国留学生 224 万人，回国人员仅 81 万人，超六成滞留海外。中国大陆留美学生获得博士学位，特别是在科学与工程领域，倾向于继续留在美国的比例为全球之最。这是国家综合实力与吸引力在人才层面的客观反映。

中国要大幅度提升国际竞争力，依赖经济发展、社会进步、科技创新，最终取决于人才的竞争力。人才争夺远比物质资源争夺更为复杂，人才是有多重复杂性的活资源。人才资源的争夺不仅要依靠提供好的薪酬待遇、自身国力的强大，更要依靠创造能够适合人才长远发展的基础和环境。改革开放以来，我国高度重视引进海外人才和智力工作。《中共中央、国务院关于进一步加强人才工作决定》提出，要加大吸引留学和海外高层次人才工作力度。2008 年 12 月中央人才工作协调小组制订了关于实施海外高层次人才引进计划的意见，启动“千人计划”，主要围绕国家发展战略目标，在未来 5—10 年内为国家重点创新项目、重点学科和重点实验室、中央企业和国有商业金融机构等，引进 2000 名左右人才，并有重点地支持一批能够突破关键技术、发展高新产业、带动新兴学科的战略科学家和领军人才来华创新创业。

“千人计划”的实施为我国参与国际人才竞争做出有力尝试，但这应该是一个起点，而不是终点。党的十八大报告明确提出，要统筹推进各类人才队伍建设，实施重大人才工程，加大创新创业人才培养支持力度；要加快人才发展体制机制改革和政策创新，建立国家荣誉制度，形成激发人才创造活力、具有国际竞争力的人才制度优势。人才制度对于人才发展具有基础性、长远性、战略性作用，是一个国家制度体系的重要组成部分。加快人才制度创新、构建具有国际竞争力的人才制度优势，对于培养造就宏大的人才队伍、推进经济社会各项事业改革发展、实现“两个一百年”奋斗目标具有重要意义。当前，各国包括中国都在日益重视建立人才使用、评估、成长的开放性环境，从过去注重人才使用的短期政策过渡到有利于人才长期发展制度的建设上来。当今世界，国与国之间激烈的人才竞争，说到底是人才制度的竞争。加快形成具有国际竞争力的人才制度优势，是激发人才创造活力，有效应对国际人才竞争的根本举措。

当前，加快形成具有国际竞争力的人才制度，任重而紧迫。人才对 GDP 贡献率低、老龄化社会加速到来、高端人才严重匮乏、富裕阶层和知识精英移民海外、转型升级迫在眉睫等现象都充分说明，中国面临严峻的人才形势与挑战。加快形成具有国际竞争力的人才制度优势，将是我国未来十几年人才工作最具根本性的战略任务。基于以上背景，本章重点分析加快形成具有国际竞争力的人才制度优势的重要性和必要性，梳理发达国家和地区人才制度的主要特征，讨论若干需要关注的重点问题及相关建议。

第一节　加快形成具有国际竞争力人才制度优势的重要意义

一　随着全球化深入发展，人才资源在全球范围内流动配置，在世界范围内与发达国家争夺优秀人才，必须加快形成具有国际竞争力的人才制度优势

我国在国际人才竞争中长期处于“逆差”状态，流出与流入的人

才比例严重失调。国际金融危机以来，我国抓住机遇启动实施“千人计划”，大力引进海外高层次人才，取得明显成效。当前，世界经济仍处于缓慢复苏过程，我国正在加快“转方式、调结构”步伐，推进创新驱动发展，这为海外人才发展提供了广阔空间。但同时也要看到，发达国家面对增长困境，竞相推出优惠政策，得益于发展基础和综合优势，其对人才的吸引力仍然比较强。要在国际人才竞争中赢得主动，在保持发展空间优势的同时，必须建设更加开放灵活的人才引进体制机制。

二　实施创新驱动发展战略，需要大批高素质人才，把人口优势转化为人才优势，必须加快形成具有国际竞争力的人才制度优势

改革开放以来，得益于廉价劳动力、土地、能源等支撑的要素红利、加入世界贸易组织带来的市场红利、改革开放形成的制度红利，我国经济实现了30多年高速发展，成长为世界第二大经济体。近年来，世界市场发生结构性变化，我国的改革进入深水区，人口红利面临拐点。要素支撑条件的变化，要求我国今后的增长必须更加注重依靠劳动者素质提高和科技创新。目前，我国的人力资源开发层次仍然比较低，每万名劳动力中研发人员数、高技能人才占技能劳动者比例、主要劳动年龄人口受过高等教育比例等主要指标与发达国家还有较大差距，与经济社会发展的需求不相适应。要缩小差距实现赶超，必须完善人才培养体制机制，把更多的人力资源转化为人才资源，把人才资源优势转化为改革发展的优势。

三　改变粗放式的人才资源开发模式，激发人才创造活力，提高人才服务发展的能力和效率，必须加快形成具有国际竞争力的人才制度优势

我国是人才大国，但不是人才强国。2012年，全社会研发人员达到320万人，居世界第1位，SCI收录我国科技论文数居世界第2位，发明专利授权21.7万件，居世界第3位。[①] 而2002—2012年，我国SCI论文被引用665.34万次，居世界第6位，平均每篇论文被引用6.51

① 科技部：《“落实创新驱动发展战略，推进科技经济紧密结合”新闻发布会》，2013年10月。

次，低于世界平均值10.6次。2011年，发表在CELL、NATURE、SCIENCE三大名刊上的我国论文为141篇，居世界第10位，排名第一的美国为2604篇。[①] 衡量国际技术地位重要指标的PCT专利，2010年我国为12337件，仅为美国的27.5%，日本的38.4%。[②] 因此，必须尽快改革完善人才发展体制机制，切实用好用活人才资源，让人人都有成长成才、脱颖而出的通道，让各类人才都有施展才华的广阔天地。

第二节 具有国际竞争力人才制度的主要特征

人才制度综合性强，涉及政治、经济、文化、社会、环境等诸多方面。研究尝试总结具有代表性发达国家（地区）人才制度（见表1-1），从人才引进、人才培养和人才管理三个方面阐述具有国际竞争力人才制度的主要特征。

一 具有国际竞争力的人才引进制度

多数国家和地区采取长短结合的方式引进人才，“长”是稳定而有针对性的人才引进制度，“短”即各类重大人才政策、计划、项目。

（一）人才引进制度

移民制度是长期人才引进制度中最关键部分，是发达国家规模化吸引优秀人才的最有效手段。人才移民制度一般具有开放性、法制化和选择性三个特点。[③]

开放性是指对于所需人才，不分国籍，打开大门。世界上已有约90个国家以不同方式或不同程度地承认和接受双重国籍。在实际操作中，开放性主要是指对高端人才的便利性。美国自20世纪50年代后就多次修改移民法，规定只要是专业“精英”，可不考虑国籍、资历和

---

① 中国科技信息研究院：《中国科技论文统计结果（2012）》，2012年12月。

② 詹芊芊、童毕建：《中国发明专利发展状况及制约因素分析》，《数据》2011年第9期。

③ 程卫凯：《对加快形成具有国际竞争力人才制度优势的思考》，《中国人才》2013年第7期。

表1-1　　主要发达国家和地区人才制度优势

制度类型	人才引进	人才培养	人才管理
美国	1. 放宽准入技术人才移民的限制 2. 增加专业人士工作签证名额 3. 建立以留美学生为依托的科技后备队伍 4. 聘用外国专家学者充实美国科研团队 5. 以国际合作为平台利用外国人才资源	1. 把发展教育作为国家的战略重点，教育投入力度大，如各州经费40%用于教育，财产税（即房地产税）主要支出用于教育 2. 教育部是教育政策研究和咨询机构，负责制定教育政策，但不参与执行工作，也不监管地方学校。教育由各州政府去做规划、制定，联邦政府并不具备监管约束的权力，公立学校受到州政府和联邦政府的监管，私立学校基本上不受任何政府的监管。 3. 义务教育由州政府来承担，且都是免费的，不必缴学杂费、课本费。学制没有学力测验、大学联考，学生凭着在校成绩及SAT/ACT分数，自行申请大学入学	1. 人才产权制度。除了国防战备等法律规定的特殊情况外，人才所有权主要由自己占有、支配，人才成为人才市场的真正主体。人才进入单位或社会的实质是将人才使用权交还给单位或社会 2. 人事契约制度。几乎所有职业领域（包括政府）都实施人事契约制度，人才有择业的自由、用人单位有选人用人的自由，人才与用人单位之间是契约关系，人才可以在不同职业领域（包括政府）之间自由流动，不存在职业身份的障碍 3. 实行社会保险号制度，即所有合法居民都有一个社会号码，个人就业、开工资、缴纳保险、缴税和社会保障都要依据这个号码，社会保险号码不具有城乡差别或地域属性，更没有附着其上的、差别化的福利功能 4. 建立多层次、相对公平的社会保障制度体系，注重不同群体社会保障制度的有机衔接，以满足人才流动对社会保障的持续性、动态性要求

续表

制度类型	人才引进	人才培养	人才管理
德国	1. 放宽技术移民政策，为外国高级人才“开绿灯” 2. 提高德国作为先进的科研基地的知名度和吸引力 3. 加强国际交流，吸引外国学者到德国搞科研	1. 推行“双元制”职业教育模式，职业学校和企业合作，共同培养专业技术人才的教育体系 2. 实施“高技术战略”助推专业人才培养，如推出“通过教育起飞”、“保证就业岗位、提高增长动力和国家现代化——德国就业和稳定一揽子计划”以及“工作移民对保证德国专业人才基础的贡献”三项人才培养和动员计划，为国家未来发展打下坚实基础	—
韩国	1. 出台双重国籍政策 2. 建立海外高层次人才网络、社团、信息库，有效促进人才回流 3. 招收国际留学生获得国际人才 4. 吸引方式灵活，或定居或暂居，或合作或信息交流 5. 加强科技外交，推进国际交流与合作	1. 引进国外发达国家实施的开放的高等教育政策，并建立符合韩国国情的新型工业大学制度；把设施和人才比较优秀的培训学院改编为技术专科大学 2. 发展培养高级人才的各类项目，如建立优秀研究中心项目、21 世纪韩国智囊团项目、产学研合作项目等，重视培养从事科研设备研发的工程师和从事基础科学研究的一流科研人员 3. 增设科技高中，推进“科技高中—科技大学—科技院（研究所）”的一条龙科技教育体系	1. 推动科研产业化，出台一系列法律营造良好社会环境，将保护与促进科技、人才发展上升到法律高度，从宏观环境为争取科技人才回归创造了动力 2. 同意企业投资支援大学设立培养企业所需专门人才的系或专业，鼓励企业创办研究所

续表

制度类型	人才引进	人才培养	人才管理
新加坡	1. 政府引进人才的目标和标准均依靠市场信号来指导 2. 紧跟需求保持政策的动态性 3. 对吸引进来的人才给予物质方面的激励，主要依靠税收杠杆来实施	1. 尊师重教，广纳教育人才，如在发达国家设立教师招聘办事处，物色国际一流大学教师，重金聘用，广纳国际型教育人才 2. 实行教师聘任制，由申请人提出申请，学校根据情况决定聘用时间 3. 各学校采取“提高基本福利，少提升”原则，重视调整教师内部的关系 4. 实行教师的“继续教育制度” 5. 实行因材施教的教育分流制度，把普通教育和技能教育有机地融入其中 6. 助学奖励政策已经形成一个比较完整的体系，对各类、各年级学生进行援助和奖励	—
中国香港	实施“优才计划”，该计划通过两套计分系统对申请赴港人士进行评估：一是“成就计分制”；二是“综合计分制”	1. 根据经济发展的实际需要设置相应的专业，使人才培养与社会需求密切结合 2. 加强高等教育国际交流和合作，培养具有国际眼光的专门人才 3. 鼓励社会各界办学或支持资助办学 4. 重视高等职业教育	1. 政府高度重视师资，学历与工资挂钩，重金聘用高级紧缺人才 2. 灵活有效的薪金政策，一是多劳多得，加班加薪，兼职多薪，晋级提薪；二是工资弹性大，工资没有上限，也没有下限，工资随市场波动而调节

年龄，一律允许优先进入美国；60 年代，美国又颁布“优惠制”新移民法，每年专门留出 2.9 万个移民名额给来自国外的高级专门人才；90 年代，新移民法重点向投资移民和技术移民倾斜，鼓励各类专业人才移居美国。2013 年，美国参议会公布 30 年来最大规模的移民改革法案，

明确提出未来移民政策将向国际理工科人才和在美投资创业者倾斜。

法制化是通过法律手段对人才引进进行调节与规范。美国在1881年就制定了《移民法》，此后多次进行修改，以至于有人评价，美国的《移民法》就是一部《人才法》。德国近年来放宽技术移民政策，实施了为外国高级人才“开绿灯”的一系列法案。2011年，德国联邦政府通过了《外国人居留法（草案）》，根据新草案，德国联邦政府将给予从事科研工作的外国人配偶充分的就业权，以加强对外国科研人员的吸引力。2012年，德国议会表决通过旨在吸纳欧盟以外专业人才来德的欧盟“蓝卡”法案（Blaue Karte EU），该法案下调了外国专业人才最低收入门槛，即从原先规定的年薪6.6万欧元降低至4.5万欧元，对专业人才匮乏的职业，如医生、工程师等，其年薪门槛可低至3.5万欧元。

选择性是指根据国家战略发展需要引进人才。大多数国家虽然允许移民，但采取打分制对人员进行评价，对符合需求的大力引进，而不能为其创造价值的则拒之门外。新加坡建立了一系列价格和非价格的机制来规制非技能劳动者引进，而对人才的引进则选择需求视角中非常重要的“薪资”作为评判的重要因素。新加坡规定外国劳动者找到工作的薪资低于2500新加坡币就被认为是无技能劳动者，而其中涉及发放P签证的人员，只对申请者的基本工资做出界定，基本月工资在7000新元以上的发放P1签证，3500—7000新元的发放P2签证。韩国界定外国优秀人才标准是：在韩国投资20万美元以上或雇用5名以上韩国人的外国人才；学历达到博士学位以上并有一定收入的外国人才；在经营、教育、文化、艺术、体育领域有突出贡献的外国人才，在韩国生活两年后允许入籍并拥有双重国籍。

（二）人才引进政策、计划、项目

许多国家组织实施的专项人才政策、计划、项目对于引进国际人才发挥了重要作用。美国20世纪90年代初高科技人才奇缺。为此，美国政府实施H－1B短期工作签证计划，每年签发6.5万个。这种为期6年的临时工作签证，允许有特殊专长的外国人来美国工作。2013年新公布的法案又增加了创业签证，将H－1B签证的上限从6.5万个提高到11万个，增加的配额全部给在美获得STEM（科学、技术、工程及数学）硕士学位以上的学生，同时法案取消了对杰出人才限额，增发了2.5万个STEM领域的高学历人才签证。

美国是留学生大国，大量外国留学生为美国高科技发展储备了雄厚的人才资源。美国1946年实施了“富布赖特计划”，每年通过提供奖学金接受各国学生及学者赴美学习，旨在培养名专家、名学者、名作家、名艺术家等，既培养亲美“精英”，又作为一种吸引优秀人才的方式。韩国2007年出台了“留学韩国计划”，加强政府、大学和公司之间合作，保证外国留学生毕业后能留下来就业，同时成倍增加外国留学生数量，并将吸引外国学生的能力作为韩国驻外使节考核的一项重要内容。

二　具有国际竞争力的人才培养制度

总结发达国家和地区人才培养制度经验，主要包括两个方面：

（一）发展高等教育事业

发达国家非常重视发展高等教育事业。20世纪50年代末美国把发展教育作为国家战略重点，先后通过了《国防教育法》、《美国2000年教育战略》、《为21世纪而教育美国人》、《美国为21世纪而准备教师》等法案和报告，1990年度教育开支达到3530亿美元，占GDP的6.8%，首次超过军费开支。1999年美国教育投入增加到6350亿美元，各州40%的经费用于教育，财产税（即房地产税）主要支出于教育。美国25岁以上人口中中等教育毕业生占84.1%，大学本科及研究生占26.7%，全体就业者中大约有180万名博士，占劳动力总数的1%左右，这些数字均列发达国家最前列。

作为高等教育事业的有力补充，发达国家和地区积极发展培养高级人才的各类项目。韩国实施一系列培养人才的项目：一是优秀研究中心项目，把国内大学中的研究人才组织起来，加强基础研究，培养高级人才，提高大学的技术开发能力。二是21世纪韩国智囊团（Brain Korea 21）项目：重点培养尖端科技领域的核心人才，集中培育直接关系到科技领域和高附加值的特殊领域具有竞争力的研究生院，并且对硕士生、博士生、博士后以及新一代科研人员提供研究经费。三是产学研合作项目：由企业、大学和研究所合作，共同开展企业和研究所技术研究工作，并开设相关讲座或硕士和博士课程。四是

2012年为从事基础科学研究的一流科研人员增加1500个工作岗位，并将在2017年之前再增加1500个工作岗位。

为推进教育事业发展，部分发达国家采取积极措施壮大和稳定教师队伍。国立新加坡大学提出“向世界一流大学看齐”的口号，成立了“师资招聘办公室”，在纽约和伦敦设立了教师招聘办事处，吸引、考察和聘请高水平的教育人员，物色国际一流大学教师。同时，新加坡还派出留学生，回国后扩充教师队伍。政府对现有教师也给予优惠待遇，如提供出国进修或在职培训和再教育机会，各学校还加大了教师科研津贴的投入。

发达国家及地区根据经济发展的实际需要设置相应的专业，使人才培养与社会需求密切结合。如中国香港，经济基本上与商业社会有关，因而高等院校普遍设有工商管理、财经、电脑、信息和社会工作等相关专业。中国香港注重加强高等教育国际交流和合作，培养具有国际眼光的专门人才，高等院校积极开展国际合作交流，训练学生的国际竞争意识，开阔学生眼界。同时，各高校参加国际大学联合会等国际教育组织机构，为学校的对外合作交流打下了良好基础。

（二）重视高等职业教育

发达国家和地区重视高等职业教育对国家经济持续发展的贡献。德国推行“双元制”职业教育模式，职业学校和企业合作培养专业技术人才，年轻人即使不上大学也可以成为掌握高级专业技能的人才。目前，德国大约60%的青少年通过“双元制”模式接受职业教育培训。韩国把设施和人才比较优秀的培训学院改编为技术专科大学。技术专科大学通过两年职业教育培训，主要培养骨干技术员和技师，由政府提供财政支持。技术专科大学学生如果在两年内取得108个以上学分，则可获得工业学士学位，毕业生通过工业技师资格鉴定，可获得国家认定的技术资格。

三　具有国际竞争力的人才管理制度

人才管理根本目的是发挥人才作用，最重要的是营造公平竞争的人才环境，建立适合人才长远发展的人才管理制度。

在美国，几乎所有职业领域（包括政府）都实施了人事契约制度，人才有择业的自由、用人单位有选人用人的自由，人才与用人单位之间是契约关系，人才可以在不同职业领域（包括政府）之间自由流动，不存在职业身份的障碍；实行社会保险号制度，所有合法居民都有一个社会保险号码，个人就业、开工资、缴纳保险、缴税和社会保障都要依据这个号码，社会保险号码不具有城乡差别或地域属性，没有附着其上的、差别化的福利功能；建立多层次、相对公平的社会保障制度体系，注重不同群体社会保障制度的有机衔接，以满足人才流动对社会保障的持续性、动态性要求。

韩国为推动科研产业化，出台一系列法律营造良好社会环境。相继出台《韩国科技研究所援助法》、《科技成就法》、《技术开发促进法》、《工程技术人员晋升法》等一系列法律条例，将保护与促进科技、人才发展上升到法律高度，从宏观环境为争取科技人才回归创造了动力。对于外国高技能人才，韩国不但有针对性地缩短入境手续办理时间，为其发放绿卡，并且规定在韩国居住五年以上的外国人可以参加地方选举。

中国香港实施灵活有效的薪金政策。主要有：一是多劳多得，加班加薪，兼职多薪，晋级提薪。能力强、精力充沛的员工可以同时在两个或三个部门工作，只要肯做、会做，又能按要求完成工作，就可以拿到几份工作应得的报酬。二是工资弹性大，中国香港员工的工资没有上限，也没有下限，工资随市场波动而调节。员工工资随物价升幅上涨。公务员加薪或减薪，也要依据财政收入和根据企业加薪的数目等情况确定。

第三节 加快形成具有国际竞争力人才制度优势的几个关键问题

一 改革人才工作体制机制问题

我国人才工作体制机制脱胎于计划经济体制的干部人事工作体制机制。虽然社会主义市场经济体制改革不断深化完善，人才管理的市场化不断推进，但是由于发展阶段、经济社会结构、体制惯性等因素的制约和影响，目前人才工作政府主导的色彩还比较浓，越位和缺位现象不同程度存在。一方面，政府对人才工作微观领域介入较多、较细，企业在人才开发中的主体作用没有充分发挥，各类中介组织发育不成熟，人力资源服务业的规模小、层次低、能力弱。另一方面，政府在政策调控、公共服务、市场监管等方面不够到位，工作缺乏系统性，人才工作与经济、科技、教育等工作的衔接和协调不够紧密，还存在重高端轻基层、重引进轻使用、重短期效应轻制度建设等问题。

人才是经济社会发展的第一资源。推进人才工作体制机制改革，要坚持党管人才原则，按照“使市场在资源配置中起决定性作用和更好发挥政府作用”的要求，明确人才资源是要素市场的重要组成部分，发挥市场机制在人才资源价值发现、供求调节、优化配置等方面的决定性作用，把政府“有形之手”放到合适的地方。一是加强宏观统筹，发挥党总揽全局、协调各方的优势推进人才体制机制改革，突破利益固化的樊篱，调动各方面积极性。二是加强顶层设计，梳理分析影响和制约人才引进、培养、使用的重点难点问题，明确人才制度改革创新的重点环节，建立清晰的工作路线图、时间表。三是加强协调整合，围绕发展需要，优化各级各类人才项目、政策、资源的配置，提高公共资源使用绩效，提高人才工作系统性、整体性、协同性。四是加强制度建设，着力建立健全人力资源服务、知识产权保护、信用体系、社会保障等制度，支持人才管理改革试验区建设，鼓励试点，及时通过法定程序把用人单位和人才欢迎、实践证明行之有效的做法固定下来，提高人才工作的法制化、规范化水平。

二　加快推进移民制度建设问题

移民制度是人才引进制度中最关键的手段，可以帮助国家规模化地吸引海外人才。自中央实施“千人计划”以来，我国引才工作成效显著，人才回流意愿增强，一批优秀人才选择回国，国际社会政界、学界与舆论高度关注。尽管如此，我国在全球高端人才争夺战中仍处于劣势地位，对国际化人才的开发与使用与发达国家差距明显。据统计，我国每年流出与流入的人才比例严重失调。以留学生为例，1978—2011 年，我国出国留学生 224 万人，回国人员仅 81 万人，超六成留学生滞留海外。我国留美学生获得博士学位，特别是在科学与工程领域，倾向于继续留在美国的比例为全球之最。近年来，我国人才引进制度有一些突破，如扩大了“永久居留证”的签发范围，进一步完善了外国人在中国永久居留享有相关待遇的相关政策。但在很多方面，仍需要进行更加大胆的突破。

在全球高端人才流动加速的时代趋势下，我们应以更加开放的心态，从国家战略的高度考虑和重视国际移民问题和国际移民对中国未来的影响，采取更加丰富有效的举措，推进移民制度建设，吸引全球的优秀人才，为中国的发展建设贡献力量。具体来说，一要评估修订国籍法，推行“双重国籍”；对外籍居民所持护照在中国本土的有效性不予承认，但承认外籍居民所持护照作为旅行证件的有效性，以方便外籍人才出行；考虑针对原籍中国（本人或父母曾拥有过中国籍），凡具备硕士学历，或在国内纳税超过一定额度，或具备高层次人才标准，或在边远地区工作且保持一定收入者，都可以直接申请“海外公民证”，或发放相当于绿卡的“海外华裔卡”。二要完善绿卡审批程序及绿卡类型。适当简化包括人才往返签证等相关程序，增设人文社会学科的人才、创意人才、创业型人才等方面的人才绿卡类别。三要试行国际通用的量化评估体系。签证应逐步取消职位、职称等与国际不接轨的门槛规定，而按照所需人才的行业、专业和学历来设置。四要适当降低工作签证转永久居留的门槛。加大放宽签证力度，放宽《外国人在中国就业管理规定》，进一步修订《出境入境管理法》，继续提升人才工作签证层次，让有一定资质的人才从持有工作签证转化为持有移民签证，同时，赋予中国海外使领馆接收中国绿卡办理的功能，促进更多外籍人才来中国发展。五要放宽用人单位不具有聘用外籍人才从业的资格。对于国内暂缺行业的外籍人才，应放宽用人单位不具有聘用外籍人才从业的资格，对外籍人才在工资与社保方面提供优惠。对具备相应条件的外籍人才一次性签发一定有效期的“海外高层次人才工作居住证”。

三　加快推进高等教育制度改革的问题

我国迫切需要改革人才培养制度，提高培养的人才质量，最核心的是改革高等教育制度。根据《国家中长期人才发展规划纲要（2010—2020）》的定义，人才的三种关键素质是知识技能、创新能力与奉献意识。当前，我国人才创新意识薄弱、创新能力欠缺，综合素质还不能满足建设创新型国家的要求。2011—2012 年，英国《泰晤士报高等教育副刊》评出的世界大学排名 400 强中，中国大陆只有 10 所大学榜上有名，与我国经济社会发展地位严重不相称。同时，技术的发展、学习模式的改变、价值目标的变化，都对加快高等教育制度改革，提出了更迫切的要求与更大的挑战。

针对当前高等教育改革的对策和举措，一要加大高等教育事业投入力度。增加高等教育经费在政府税收中的比重，并积极发展培养高级人才的各类项目。改善大学体制，缓和激烈的高考竞争，重点培养尖端科技领域的核心人才，集中培育直接关系到科技领域和高附加值的特殊领域具有竞争力的研究生院，对硕士生、博士生、博士后以及新一代科研人员提供研究费，培养学术后续人才。二要改革大学校长选任制度。持续推进海内外公开选拔教育部直属高校校长的做法，进一步放宽校长的选拔视野，提升校长群体的职业化程度与专业化水平，真正落实党委领导下的校长负责制，让富有改革创新精神的教育家有机会担任大学校长，从而推动现代大学制度建设，为优秀人才的不断涌现提供制度保障。三要采取措施壮大和稳定教师队伍。吸引、考察和聘请高水平的教育人员服务我国高等教育事业，可在发达国家设立教师招聘办事处，物色国际一流大学教师予以重金聘用，广纳国际型教育人才；要将海外优秀留学生扩充至教师队伍；政府要加强对现有教师的优惠待遇，提供出国进修或在职培训和再教育机会，加大教师科研津贴的投入；探索教师制度聘任制，由申请人提出申请，学校根据情况决定聘用时间。四要根据经济发展的实际需要设置相应的专业，使人才培养与社会需求密切结合。制定实施“工程硕士培养计划”：第一，整合企业需求，建立统一的信息发布平台，全面、及时、准确发布来自生产实践第一线的项目，工程硕士生可以根据自己的学科和特长选择企业项目作为硕士论文选题。第二，建立学校与企业双导师的联合培养模式，在学校培养人才的同时让企业也享受创新成果。第三，政府设立专项经费，给校企联合培养的工程硕士一定的补助，每年评选优秀工程硕士和优秀硕士论文，对优秀成果予以奖励。五要注重加强高等教育国际交流与合作，培养具有国际眼光的专门人才。高等院校要积极开展国际合作和国际交流，训练学生的国际竞争意识，开阔学生的眼界；各高校要参加国际大学联合会等一个或多个国际教育组织机构，使学校成为国际大学大家庭中的一员，为学校的对外合作与交流打下良好的基础。

四　加快培养高技能人才队伍问题

我国技术工人特别是中高级技能人才短缺。据统计，2005 年，我国技术工人总数约为 7000 万人，其中高级工、技师、高级技师 280 多万人，仅占 4% 左右。这与发达国家 20%—40% 的比例相差甚远。高技能人才队伍还存在年龄偏大、培养慢、晋升难、不被社会认可、缺乏有力的激励和保障机制支持、缺乏有效的政策支持等一系列问题。这种现状不可避免地要影响我国在世界市场上的竞争力，影响着产品质量、事故发生率以及科技成果转化率。我国技能队伍知识老化问题得不到有效解决，使企业在新技术运用、新产品开发、技术攻关和研究方面显得力不从心，影响了企业产品质量和经济效益的提高，致使国有企业能源消耗高、产品质量差、生产效率低。国家统计局资料显示，在 1/3 亏损企业中，80% 的原因在于内部管理跟不上或工人操作技术不到位，每年因操作工技术不过关造成生产事故导致的经济损失达 1000 亿元之多。毫无疑问，我国企业职工素质不高，后继乏人的实际，已成为制约企业转型升级与发展的重要因素。

为适应我国经济发展对高技能人才的迫切需要，必须从经济与企业发展战略高度，整体规划高技能人才的培养与应用。一要把发展高技能人才放在经济与社会发展的高度。根据高技能人才增长与经济增长和经济结构调整相协调的原则要求来确定高技能人才的总量目标和结构目标。一方面，要根据经济发展的速度，来确定高技能人才发展的规模，保证有足够数量的高技能人才来满足经济发展的需要；另一方面，要及时准确地掌握经济机构调整，市场变动趋势，调整人才结构，人力开发、培养和引进新兴产业、高科技产业所需要的高技能人才，更好地支持经济结构调整和产业转型升级。二要探索高技能人才的培养模式的创新。推行“双元制”职业教育模式，职业学校和企业合作，共同培养高技能人才的教育体系；建立符合新型工业大学制度，把设施和人才比较优秀的职业学校改编为技术专科大学，以提升高技能人才的综合素质和社会荣誉感。三要建立健全高技能人才评价与使用管理机制，完善高技能人才开发、培养、评价、使用、配置等有关政策措施。按照国家职业技能标准，全面实施职业技能鉴定机制，逐步规范高技能人才评价标准和考核鉴定行为，大力推行职业资格证书制度。在高技能人才的使用方面，要深化企业用人制度改革，打破企业内部干部、职工的身份界限，形成平等竞争的用人机制，使高技能人才能够走上与自身的实际技能水平合适的管理、技术岗位；要完善高技能人才聘用制度，更好地发挥高技能人才在生产经营中的作用；要建立和完善高技能人才的激励机制，完善和规范高技能人才的职称评定工作，高技能人才分配、奖励和福利制度，把高技能人才的工资福利待遇与其技能水平相联系，对高技能人才应与相应的高级科技人员一样在住房、医疗等方面给予照顾，对有突出贡献者，应给予重奖。四要形成全社会重视职业技能，重视高技能人才的风气，以各种形式广泛宣传高技能人才在经济社会发展中的重要作用。改变重学历、轻技能，重仕途、轻工匠的片面人才观，对有突出贡献的高技能人才，政府和社会要大力宣传与表彰。政府要坚持定期组织开展职业高技能竞赛，扩大高技能人才在社会中的影响，提高高技能人才的社会地位。

五　促进人才向一线流动问题

人才资源能够自由、顺畅地流动是市场发挥配置资源决定性作用的重要目标，也是激发社会活力、促进社会和谐的重要保证。人才的流动意愿或实际选择主要取决于机会成本。目前由于人才资源价格实际上的多轨制，我国统一的人才要素市场尚未形成，不同群体流动的机会成本差别很大。金字塔底端群体由于机会成本较小，流动意愿和流动性最强，2010—2012 年，我国农民工人数分别为 24223 万人、25278 万人、26261 万人，而外出农民工分别为 15335 万人、15863 万人、16336 万人①，另外，由于我国社会保障整体层次比较低，城乡、区域间的统筹水平不一致，机关事业单位人员实行双轨制，由财政供养，且工作稳定，虽然即期的价格相较于企业不具有优势，但把未来收益贴现后，体制内身份具有很强的吸引力。所以，中高层次人才或

---

① 国家统计局：《2012 年全国农民工监测调查报告》，2013 年 5 月。

者在人才资本上投入较高的群体在初次择业或二次选择时对体制内岗位有较强的偏好，体制内人才的流动意愿或流动性相对也比较低。这也造成千军万马报考公务员成为我国一个独特现象，2014 年国家公务员考试报名人数再创新高，达到 152 万人，比 1994 年增长 344 倍。

促进人才向一线流动需要观念文化的改变，更关键的是打破体制壁垒，扫除身份障碍，消除人才要素市场的分割状态，改变流动的风险收益结构。一是建立统一的人才资源价格体系，推进机关事业单位工资福利制度改革、国有企业薪酬制度改革，规范私营、个体经济社会组织薪酬制度，抓住时机推进养老、医疗等社会保障制度并轨，剥离附着在身份上的各种隐性利益，使各类人才在价格信号引导下理性选择。二是破除人才流动障碍，明确人才产权归属，消除户籍迁移、社保转移接续、人事档案管理等不合理制度性障碍，恢复住房的居住功能，取消住房产权与户籍、社保、子女入学之间的连带关系，便利人才流动。三是大力发展人力资源服务业，放宽市场准入，加大对外资开放力度，推广政府购买公共就业和人才服务，加强人才市场立法、信息信用体系等基础设施建设，加强过程监管和事后监管。四是发挥好政府调控作用，在薪酬待遇、职称评定、选拔任用等方面提供倾斜政策，引导人才向基层流动，向艰苦地区的岗位流动，弥补市场失灵。五是完善社会保障制度，逐步提高社会保障统筹水平，发挥社会政策托底作用，解除人才到一线创业创新的后顾之忧。

六　促进人才作用发挥问题

我国目前拥有世界上规模最大的科技人力资源，但是人才绩效还有很大提升空间。2012 年我国本科以上学历科技人才资源总量达到 6960 万人，连续六年保持世界第一①，但仍然是技术和知识产权净进口国，关键核心技术对外依赖度高，80% 以上芯片都要进口。② 从人才开发角度看，既有人才不够用的问题，也有人才没用好的问题。在人才相对集中的高校、科研机构、国有企业，由于成本约束不强，管

---

① 贾婧：《我国连续六年保持科技人力资源总量世界第一》，《科技日报》2013 年 12 月 24 日。

② 国务院新闻办：《“2013 年〈20 国集团国家创新竞争力黄皮书〉”新闻发布会》，2013 年 9 月。

理粗放，平均主义现象突出，产权不清晰，职务发明成果的使用、收益分配机制不合理，阻碍了科技创新和成果产业化；人才评价、职务晋升重学历、资历，重论文数量、课题经费、获奖数量等情况比较突出，分类评价体制还不健全；人才投入重“物”轻“人”，对有限的经费使用不科学，导致很多投入转化为发票、设备、论文，没有充分调动人才的积极性。

把人才资源转化为人才资本，关键是坚持以用为本，“以实绩论英雄”，在使用中锻炼提升人才，用实际成效评价人才，逐步提高人才在创业创新收益中的比重，让一流人才获得一流回报。一是改变投入结构，逐步提高人力资本投资对物力资本投资的比例，新增科技人才投入更多地提高用于人的投入比例。二是改变人才支持方式，提高公共资源分配的竞争性，降低身份、头衔等对资金、项目分配的影响力，更多基于目标分配资金、项目，根据实际成效兑现支持。三是提高人才所得在收益分配中的比重，改革对高校院所、国有企业等国有单位职务成果的管理方式，更加注重创新成果产业化的外溢效应，提高创新成果产业化的便利性，改革用人单位对人才和职务成果的管理方式，使发明者、创新者能够合理地分享创新收益。四是进一步推动事业单位改革转制，把非公益性单位推向市场，严格控制公益性单位的规模和编制，深化绩效工资制度改革，把绩效考核落到实处。

七　营造公平竞争人才制度环境问题

党的十八大报告强调，要形成“人人尽展其才”的生动局面。“人人尽展其才”最重要的是营造公平竞争的制度环境，建立适合人才长远发展的基础，本质是实现人才要素与其他要素的有效组合，使各类人才充分发挥自身潜力，为社会做出最大贡献。当前我国社会主义市场经济体制与法制环境尚不完善，行政对市场干预较多，要素配置水平效率低下，严重影响了人才潜力的充分释放。从长远看，实现“人人尽展其才”与我国进一步推动改革，形成法制完善的市场经济息息相关，不可能一蹴而就。因此，我国就人才使用中的评价、培养、选拔、保障、激励各个方面进行改革时，必然涉及一些长期形成的深层次的制度问题。

要营造公平竞争的人才制度环境，一要充分发挥市场机制对人才资源配置的基础性作用。实行政府主导、市场调节、合理配置，避免人才资源的浪费。整体协调和发挥人才市场、人力资源服务企业的服务与管理功能，充分利用现代化服务手段，实现市场与市场、市场与社会在人才信息上互惠共享，保障人才供求渠道的畅通。二要推动科研产业化，出台一系列法律，营造良好的创新环境。促进科研成果向产业化转化，充分重视企业无形资产的评估和管理，界定发明人的权益，以法律手段明确其所占股份或收益份额，对于上市公司让发明人按比例持股，年终参与分红；对于非上市公司，按成果为企业所带来的收益按比例提成。三要实施综合性的人才激励制度。建立灵活有效的薪金政策，努力提升劳动者薪酬水平，从而提高企业劳动生产率水平。对优秀人才进行重奖和津贴补助，让人才在教育、交通、休闲、保健等方面享受政策优惠和优先、优质服务，帮助他们妥善解决子女入托、入学、家属就业、住房用车等实际问题。定期开展人才宣传活动，营造全社会关心、理解、支持、尊重人才的环境和氛围。四要从特定区域与特定人群中探索人才使用与管理的新模式，率先实现“特定人才，尽展其才”的局面。特定区域即各地建立的“人才特区”、“人才实验区”、“人才基地”等，要在这些特定区域内尽量实行一些国际通行、适合我国国情、具备大范围推广的人才使用与管理政策，并由此推动破除一些不适应的管理体制、机制障碍，力争在更大范围推广应用。

第二章　区域人才发展综合指数研究

——基于浙江的实证分析

人才资源作为生产要素之一，是其他生产要素发现、创造、生产、使用及配置的主体，是区域发展的核心要素。研究区域人才发展综合指数评价指标体系，构建一套科学、系统、严谨、完善、专门的人才发展关键指标体系并设计区域人才发展综合指数计算方法，将有助于发现与诊断该区域人才发展中存在的主要问题。区域人才发展综合指数研究——基于浙江的实证分析将综合考虑人才资源、人才效能、人才潜力及人才环境四个核心维度，运用关键指标筛选、权重分配方法，借鉴人类发展指数等指数计算方法，对反映浙江区域人才发展的各项指标进行科学运算，以期能够更有效、直观地展现浙江的人才发展现状，帮助浙江省各地市全方位地实现《浙江省人才发展“十二五”规划》提出的，力争推动人才对浙江经济社会发展引领支撑作用增强，人才发展总体水平与人才竞争力位居全国前列的人才发展主要目标。

第一节　区域人才发展研究理论综述

一　人才、区域人才发展概念

（一）人才的概念

“人才”概念自20世纪70年代随着专门研究人才规律的人才学在我国的应运而生，为国内学者深入探索，而其在国外并没有明确对应的英语单词。国内外普遍存在多种对人才概念的解释，并未得到定论。目前国内外学者主要从三个角度对“人才”概念进行定义。

第一，精英角度。一些学者强调人才在智力、知识技能水平、素质、社会贡献方面有超常水平，显著高于一般人，认为“人才”概念往往与明显处于社会平均水平之上的精英型人物相匹配。[①][②]

第二，天才角度。国外存在多种与“人才”相关的词汇，诸如“the talented”（天才、有才干的人）、“genius”（天才人物、有天赋的人）、“the gifted”（天才、有天赋的人），不少国外学者关注的“天才”概念也可以为“人才”概念做出释义。迈克·博森认为，天才人物指拥有天生或本能特征，且能力明显高于平均水平或者拥有更高资质的人。一些学者则强调天才人物拥有超乎常人的创造性、顽强的毅力与努力、杰出造诣的特征。[③]

第三，一般性人才角度。大量国内学者通过这一角度对“人才”概念定义。一些学者认为人才不同于一般性人力资源，其具备一定知识技能、进行创造性劳动并做出相对一般劳动者来说较大的社会贡献，包含做出显著贡献的精英型人物。[④] 此外，也有学者强调做出一定贡献即是人才，对人才的定义更为宽泛。从这一角度对人才的定义突破了人才贡献水平的层次性限制，将更多普通人才纳入人才范畴，具有更广泛、更坚实的群体性意义，因而本书选取一般性人才角度，将人才定义为人力资源中能力素质较高的劳动者，具有一定知识或技能，能够进行创造性劳动并做出一定社会贡献的人。

（二）区域人才发展概念

区域人才发展概念在一些政策文件及学者著述中可以找到相关阐述，《国家中长期人才发展规划纲要（2010—2020 年）》对人才发展战略目标的确定，综合考虑人才规模、素质、投入和效能四方面，并据此开展深入研究论证，设立了 14 项指标。赵永乐认为一国或地区的人才队伍发展指标体系包括人才规模、人才结构、发展速度、人才变动和人才效益五方面。但总的来说，当前国内外学者对人才发展概

---

① 林春丽：《论人才定义与人力资源开发》，《人才开发》2002 年第 12 期。

② 帕累托：《精英的兴衰》，上海人民出版社 2003 年版。

③ R. S. 艾伯特：《天才与杰出成就》，浙江人民出版社 1988 年版。

④ 王通讯：《人才学通论》，中国社会科学出版社 2001 年版。

念并没有明确统一的定义，许多对人才发展状况的研究主要集中于人才竞争力的研究上。周敏将城市人才竞争力作为城市竞争力、国家竞争力评价指标中的一个指标。瑞士洛桑国际管理开发学院（IMD）自1980年以来每年发布的《世界竞争力报告》将“国民素质”作为评价各国综合竞争力的一项重要指标。在对其地位作用进行一定明确的基础上，一些学者对人才竞争力概念的定义进行界定。如毛瑞福等指出区域人才竞争力是“一个区域所从属的大区域中对人才要素的优化配置能力”。潘晨光、倪鹏飞等和戴志伟对人才竞争力的界定既考虑了人才数量、质量、结构、比例等人才要素自身因素，也涵盖了人才成长、发展、吸引和使用的环境及人才效用。综上所述，学者普遍认为，人才竞争力展现的是一个城市在人才方面的竞争优势，是一个综合性、多层次、系统性的概念，且具有动态性与对比性。

区域人才发展概念与区域人才竞争力概念存在共通之处，区域人才发展状况可以用区域人才竞争力解释，区域人才竞争力评价离不开对区域人才发展状况的考察。两者实际相互影响、密不可分。同时，区域人才发展概念又不等同于区域人才竞争力的概念，除了人才资源、人才效能等区域人才竞争力的显性指标外，又增加了人才潜力这一隐性指标，旨在发掘区域内人才的可持续发展能力。本书在借鉴各类人才竞争力研究的基础上，认为区域人才发展是指一个区域在人才方面的发展状况与发展潜力，其体现了一个区域的人才竞争力，是包含区域的人才资源（人才资源存量、结构与质量）、人才效能（人才资源的产出能力）、人才潜力（潜在人才的存量及人才流动）、人才环境（人才投入成长及使用环境、经济与生活环境吸引力）等方面的综合性、多层次、系统性的概念，区域人才发展不仅具有纵向发展变化的动态性，也具有横向不同区域之间人才发展的可比性。

二　区域人才发展研究理论基础

（一）以区域发展理论作为理论基础

区域发展的不同理论对区域人才发展研究提供了一定的借鉴意义。丁焕峰指出，工业化和区域发展路径的多样化导致众多各具特色的区域发展理论出现和形成，在兴起、增长、发展和创新四个不同阶段存在不同的区域发展理论，其中发展阶段与创新阶段的现代区域发展理论更多地为区域人才发展研究提供理论支持。如发展阶段的现代区域发展理论逐步认识到人力资源在区域发展中的重要性与必要性，创新阶段的区域学习、网络与创新理论则强调知识在创造、保持产业和区域竞争力中的作用以及区位在学习过程中的作用，认为产业活动的地理集聚是为了追求一种特殊的地方环境以增强企业的学习能力，而这依赖于个人、企业、组织在特定创新环境下聚集，通过地理接近和便利的学习以实现技术的创新、扩散和知识积累。区域发展理论对区域发展概念、知识与创新等理念的强调对区域人才发展研究提供了理论依据与理论支持。

（二）以人力资源相关理论为理论基础

著名管理学家彼得·德鲁克在其《管理的实践》一书中最早提出了“人力资源”概念，后此概念进入人们视线，经过研究者不断的内涵提炼与研究深入，人力资源的相关理论日益充盈并产生影响。人力资源的概念包含宏观层面与微观层面，宏观层面的人力资源是指一个国家或地区内能够推动国民经济和社会发展，达到劳动年龄、未达到劳动年龄和超过劳动年龄但具有劳动能力的人口总和。微观层面的人力资源则指一定时期内可以为组织所使用，进行价值创造、具有脑力劳动和体力劳动能力的人的总和，是具有“特殊能力”的资源。

许多学者从人力资源对国家、区域经济社会发展产生作用入手，分析人力资源区别于其他资源的特征、作用机制，以此强调人力资源的重要性及关键性。如迈克尔·托达罗认为，人力资源最终决定着一个国家经济和社会发展的性质与步伐。张国民等指出，人力资本是促进区域产业集群形成的一大推动因素，并且是增强产业集群发展与创新的一大路径。高其勋等认为，一个地区的人力资源开发及利用情况明显与其经济发展水平呈正相关关系，因而各类经济资源中，人力资源对于一个地区的经济发展来说是最重要、第一性的资源①。中共中央、国务院颁发的《国家中长期人才发展规划纲要（2010—2020）》（2010）阐明了我国在人力资源开发工作中的基本立场和观点，明确

① 高其勋、徐良：《人力资源开发与区域经济发展》，《燕山大学学报》（哲学社会科学版）2001 年第 2 期。

树立了由人力资源大国发展成为人力资源强国的目标。桂乐政指出，人才是经济、社会协调发展的根本推动力量，人才优先发展符合人类社会经济发展的科学规律，因而需要从人才资源优先开发、人才结构优先调整、人才投资优先保证和人才制度优先创新四大方面推动人才优先发展。①

基于人力资源相关理论研究成果得出，人才是区域经济社会发展中具有基础性、关键性和战略性的资源，随着知识经济的不断发展，人才对于区域的经济社会发展将产生越来越大的作用，因而区域人才发展研究变得十分迫切与关键。

三　区域人才发展评价指标体系研究

研究评价指标体系是研究区域人才发展状况的核心与基础。国外研究及部分国内研究侧重于从城市、区域、国际竞争力的评价指标体系角度进行，将人才发展指标体系作为其中的一个组成部分。也有大量国内学者专门针对区域人才竞争力评价指标体系展开深入研究。

（一）基于城市、区域或国际竞争力研究的评价指标体系

许多国外学者都将人才发展评价指标体系纳入国家、城市或区域竞争力研究的评价指标体系中，诸如IMD发布的《世界竞争力报告》、美国萨福克大学皮肯尔研究所设计的美国大都市区和州竞争力评价指标体系、英国城市竞争力指标体系中都将人力资源发展指标纳入其中。

桂昭明在借鉴IMD2000年《世界竞争力年鉴》的基础上，将人才数量、人才质量、人才创新能力、人才使用效益、人才状态、人才环境六大维度分为内在与外在竞争力要素，对不同指标赋予不同权重系数，“形成一个专门评价人才国际竞争力的指标体系”。② 伞峰基于IMD、WEF、UNDP设计的国际竞争力指标体系基础，借鉴国内其他学者设计的人才竞争力指标体系，建立了以人才队伍、人才投入、人才产出和人才环境四大要素构成的中国人才国际竞争力指标体系框架。③ 此外，国内不少学者、研究生在研究城市竞争力时都把“人力

---

① 桂乐政：《人才优先发展战略的内涵解析》，《科技进步与对策》2012年第8期。

② 桂昭明：《人才国际竞争力评价指标体系》，《中国人才》2002年第10期。

③ 伞峰：《中国人才国际竞争力比较》，载潘晨光《中国人才发展报告No. 3》，社会科学文献出版社2006年版，第184—201页。

资源”、“国民素质”等作为一项关键要素指标，如徐康宁、段治国、马立静等。总体来看，这类指标体系往往直接从国家或城市竞争力评价指标体系中抽取一定指标构建，虽然操作起来相对便捷，但可能影响评价结果的可信度。

（二）专门性人才发展评价指标体系

各类区域人才发展评价指标体系研究都围绕人才资源、人才效能和人才环境三方面展开。根据人才发展状况的评价指标体系的主要维度，可分为以下几类专门性人才发展评价指标体系：

第一，以人力资源为主的指标体系。如倪鹏飞构建了人力资源数量指数、人力资源质量指数、人力资源配置指数、人力资源需求指数、人力资源教育指数 5 个维度、15 个二级指标、20 个解释指标的指标体系，对中国 50 个城市的人才发展状况进行数据收集、分析与评价。[①]

第二，以人才资源与人才效能为主的指标体系。如江苏省人事厅课题组从人才队伍状况、人才总体效能评价两方面确定 9 个指标，包括 13 个解释性指标，对比山东、广东、浙江、北京、上海等省市，对江苏省人才竞争力进行深入分析与评价。但总的来说，这类研究较少。

第三，以人才环境为主的指标体系。如张珍花等通过选取 11 个客观性指标，经因子分析提取出城市生活条件和环境、城市规模经济和科技教育状况 3 个指标以探讨江苏省人才吸引力。王顺采用理论分析方式从环境构成内容上将人才环境分为人才市场环境、经济环境、文化环境、社会环境、生活环境和自然环境 6 个子目标，并在各子目标下设立若干评价指标。

第四，综合性指标体系。如戴志伟设计了人才总量规模、人才效能水平和人才发展环境 3 个指标体系，涵盖 10 个二级指标和 34 个三级指标，并利用此指标体系对长三角 16 个城市人才发展状况与竞争

① 倪鹏飞等：《城市人才竞争力理论与方法》，载潘晨光《中国人才发展报告 No. 2》，社会科学文献出版社 2005 年版。

力进行评定。[①] 江苏省人事厅课题组根据江苏省人才发展现状和目标，结合人才发展评价指标体系构建的基本原则，并依据瑞士洛桑国际管理发展学院开发的 MD 模型和钻石模型中的相关指标，设计了人才发展存量、质量、投入、产出和环境 5 个一级指标及 26 个二级指标，对江苏省人才发展状况进行总体评价与各区域比较，继而提出人才强省战略对策。[②]

综上所述，专门性人才发展评价指标体系由于学者的不同研究偏好与视角，指标设计侧重不同，更加具体实际，但是都没有完整地体现人才发展的影响性要素与因子。

四　关于关键指标法的研究

（一）关键指标法内涵、价值与流程

1. 内涵：在对一项工作进行绩效考评时，不可能考虑到所有影响该工作的相关因素，只能选择其中最关键的因素，因而关键指标法应运而生。关键指标法（Key Performance Indicator，KPI），是通过对组织内部某一流程的输入端、输出端的关键参数进行设置、取样、计算、分析，衡量流程绩效的一种目标式量化管理指标，是一种把企业的战略目标分解为可运作的远景目标的工具，是企业绩效管理的基础。KPI 的理论基础为“二八原理”，即一个企业在价值创造过程中每个部门和每位员工 80% 的工作任务是由 20% 的关键行为完成的，抓住关键就抓住了主体。胡钊红认为，KPI 用于沟通和评估被评价者绩效的定量化和行为化的标准体系。KPI 主要用于组织的绩效考核中，在给予组织目标或考核评估目标进行细化分解的基础上，抓住其中的关键指标，从而明确主要成分、简化评估过程。

2. 价值：研究者对 KPI 的价值与意义也存在许多阐述。如胡钊红认为，KPI 有利于绩效评估的提高；对业务执行流程进行支持，有助于企业战略目标的完成；有利于员工更加有效地完善自我；便于上级对下级的管理和指导；可使企业把握内外部环境变化，并对其做出快

① 戴志伟：《宁波人才竞争力的评价模型构建》，《商场现代化》2006 年第 10 期。

② 江苏省人事厅课题组：《提升区域人才竞争力是江苏人才发展战略的核心目标》，《中国人才》2002 年第 9 期。

速反应。易开刚则指出 KPI 具有关键性、可操作性、系统性、敏感性等特点，可以使各级主管明确各级部门主要责任，并以此为基础，明确部门人员的业绩衡量指标。虽然现有对 KPI 价值的研究普遍关注其对组织与企业绩效管理的作用，但 KPI 也可以应用于诸如区域人才发展、人才竞争力、国家竞争力、国家经济社会均衡发展等对象的状况评估中。区域人才发展综合指数设计与计算亦以 KPI 的选取为基本前提。

3. 流程：易开刚介绍了企业实施 KPI 考核基本流程，包括对企业战略目标进行分解；明确所辖部门和个人在一定时期内应该完成的任务；设定 KPI 考核指标；审核关键绩效指标；KPI 考核的实施与监控。胡钊红亦介绍了确定员工 KPI 的步骤，主要包括分解工作模块，确定及筛选主要考核指标；分析岗位任职资格，确定不同能力员工的评价标准，并指出，KPI 的确定是一个随环境、时间变化需要适时调整变动的动态过程。总之，KPI 的确定过程应当包括分析评估对象内核、设定 KPI、审核 KPI（专家咨询等方法）、KPI 实施与修正等几部分。

（二）关键指标法对本课题作用

KPI 的关键性、系统性、可操作性将简化并聚焦区域人才发展综合指数计算方法、兼顾人才发展状况的各主要层面，使可操作性与数据可获得性提升，因而是综合指数设计的前置步骤。本书对 KPI 的运用将按照明确区域人才发展内涵、提炼关键指标、专家筛选、计算方法设计、应用于实践、修正的流程展开，以期系统、简捷、有效地评估浙江区域人才发展状况。

第二节　区域人才发展综合指数的指标体系设计

一　区域人才发展综合指数计算方法设计

参考几类人才发展评价指标体系后，本书对浙江区域人才发展综合指数的评价指标体系进行全面、综合的构建（见表 2－1）。然后，基于全面的区域人才发展评价指标体系框架，从每个四级指标下筛选出关键指标（KPI），成为综合指数计算涉及的关键变量，同时剔除无法获得实时数据的指标，并根据浙江省人才工作的实际特点增添了部分替代指标，构成新的浙江区域人才发展综合指数二级指标体系（见表2－2，各指标的解释详见附录1）。

表2－1　　　　区域人才发展评价指标体系框架

一级指标	二级指标	三级指标	四级指标	备注
人才资源指标	人才存量	人才数量	专业技术人才数量 科技活动人员数量 在校大学生数量 实用型人才数量 人才总量	人才数量指标是综合指数需要考虑的关键指标，此处四级指标的设置将囊括主要人才类型的数量，从而进一步获得本书关注的人才总量
		人才密度	人才占人口比率、人才占从业人员比率	人才密度指标设置目的在于了解人才在区域人口及从业人口中的密集程度
	人才流量	人才流动量	年人才流出人数、年人才流入人数	流量指标的设置目的在于了解区域人才的动态变化情况，但只是局限于区域人才的流入与流出情况，而未考察区域本身拥有人才的数量与结构性变化，对区域人才队伍发展趋势及潜力的评价将主要在人才潜力指标中体现
		人才流动速度	年平均每万人口流出人才人数增长率、年平均每万人口流进人才人数增长率	

续表

一级指标	二级指标	三级指标	四级指标	备注
人才资源指标	人才素质	人才平均素质	人均受教育年限、大专及以上学历人才比重	人才素质指标考察的是区域人才队伍的层次水平，各细化指标的权重也将不同设置
		高层次人才比重	副高及以上职称专业技术人才比重、硕士及以上学历人才比重、大型企业经营管理人才比重	
		创新创业人才	科技活动人员比重、研究与开发人员比重、创业人员数量	
	人才结构	人才年龄结构	青年人才比重（40 岁及以下）	人才结构指标考察人才队伍不同组成主体比重，从而分析人才队伍结构性特点
		人才专业结构	平均每万人口中在校大学生人数、平均每万人口中大专以上学历人员数、平均每万人口中专业技术人才数、平均每万人口中科技活动人员数、平均每万人口中实用型人才数	
人才效能指标	创新效能	专利产出	每百万从业人员专利批准数、年专利批准总量、年专利批准总量增长率	著作产出与版权费两个指标之间存在交叉的研究对象，加入版权费指标的目的在于考虑区域人才研究的产出，而非局限于科技研究产出。计算综合指数时，将重新考虑各三级指标的权重及四级指标的选择
		著作产出	年发表于科技刊物上的论文数、每百万人发表于科技刊物上的论文数、发表于科技刊物上的论文数增长率	
		版权费	收到的版权与许可费、每百万人收到的版权与许可费、收到的版权与许可费增长率	
	经济效能	产出效率	人均 GDP、人均 GDP 增长、劳动生产率、人才经济系数、人均地方财政一般预算内收入	

续表

<table>
<tr><th>一级指标</th><th>二级指标</th><th>三级指标</th><th>四级指标</th><th>备注</th></tr>
<tr><td rowspan="10">人才潜力指标</td><td rowspan="4">人才发展投入</td><td>教育投入</td><td>教育公共支出占GDP比重、教育公共支出占GDP比重增长率、教育公共支出占政府支出百分比、高等教育（大学生）公共支出占人均GDP百分比</td><td rowspan="10">潜力指标的独立设置，目的是强调“人才发展”的发展潜力，其中包括人才发展投入、增长速度及潜在人才数分别从人才成长环境、人才流量等指标中分离出来，在计算综合指数时将被赋予一定权重，从而使综合指数得以体现“区域人才发展潜力”</td></tr>
<tr><td>科技投入</td><td>科技投入占GDP比重、科技投入占GDP比重增长率、科技投入占政府支出百分比</td></tr>
<tr><td>人才专项经费投入</td><td>人才专项经费支出占GDP比重、人才专项经费支出占GDP比重增长率、人才专项经费支出占政府支出百分比</td></tr>
<tr><td>人才培训投入</td><td>人才培训投入占GDP比重、人才培训投入占GDP比重增长率、人才培训投入占政府支出百分比</td></tr>
<tr><td rowspan="5">人才增长速度</td><td>专业技术人员</td><td>专业技术人员年增长率</td></tr>
<tr><td>科技活动人员</td><td>科技活动人员年增长率</td></tr>
<tr><td>大专以上学历人员</td><td>大专以上学历人员年增长率</td></tr>
<tr><td>实用型人才</td><td>实用型人才年增长率</td></tr>
<tr><td>人才总体</td><td>人才总体年增长率</td></tr>
<tr><td>潜在人才数</td><td>在校生数</td><td>在校大学生数、中等技校在校生数</td></tr>
</table>

续表

一级指标	二级指标	三级指标	四级指标	备注
人才环境指标	社会经济环境	经济环境	人均可支配收入、恩格尔系数、持续经济增长率（在几年内 GDP 综合增长率）	人才成长环境指标中的教育环境与科研环境指标与人才发展潜力指标中的人才发展投入指标存在交叉，将人才发展投入指标纳入人才发展潜力指标下的原因是它是人才发展潜力的一个重要表现，而这些指标同样隶属于人才环境，所以进一步设计综合指数过程中需要关注存在交叉指标问题，防止出现叠加
		社会环境	社会安全指数（每万人刑事发案率）、社会保险覆盖率（参加社保人数/在职职工数）	
	居住生活环境	住房	人均住房面积、商品房平均价格	
		公共基础设施	国际互联网用户数、每百人移动电话用户数、每百人公共图书馆藏书数、人均道路面积、每万人拥有公共汽车数量、每千人卫生机构数、每千人卫生机构床位数、每千人拥有卫生技术人员数	
		自然环境	每平方公里二氧化碳排放量、工业废水排放达标率、人均绿地面积	
	人才成长发展环境	教育环境	高等院校数量、人均教育支出、教育支出占 GDP 比例	
		科研环境	科研机构数量、科研经费支出、科研经费支出占 GDP 比例	
		人才市场环境	人才流动指数（流动从业人数/在职职工数）、每万人中的人才中介从业者人数、外地人才引进指数（引进人才人数/在职职工数）、人才市场中的违法指数（受非法侵害求职者/求职者总数）	

表 2－2　　区域人才发展综合指数评价指标体系

	一级指标	权重	二级指标	权重类别	权重
区域人才发展综合指数	B01 人才资源指数	0.3	B05 人才人口密度（%）	A	0.07
			B06 规模以上企业研发机构人才平均学历当量（%）	A	0.07
			B07 非公企业高技能人才占比（%）	B	0.053
			B08 企业经营管理人才占比（%）	B	0.053
			B09 专业技术人才占比（%）	B	0.053
	B02 人才效能指数	0.3	B10 人才经济系数（万元）	A	0.07
			B11 规模以上企业从业人员人均产值（万元/人）	B	0.053
			B12 万人拥有 R&D 活动人员（人年）	B	0.053
			B13 万人发明专利授权量（项）	B	0.053
			B14 发明专利授权量在专利授权总量中占比（%）	A	0.07
	B03 人才潜力指数	0.21	B15 人才流动率（%）	A	0.07
			B16 规模以上企业研发机构与规模以上企业总数之比（%）	C	0.035
			B17R&D 经费支出占 GDP 比重（%）	B	0.053
			B18 教育支出占财政支出比重（%）	B	0.053
	B04 人才环境指数	0.19	B19 人均收入年增长率（%）	A	0.07
			B20 环境质量综合评分	B	0.053
			B21 医疗床位指数（张/万人）	C	0.035
			B22 文化事业指数（个/万人）	C	0.035

注：权重部分将 18 个二级指标按重要性分别对应 A、B、C 类，A＝极其重要，B＝重要，C＝一般重要。A、B、C 类权重分别为 C 为 1.0，B 为 1.5，A 为 2.0，统计每类项数并赋值，然后再折算为比例数。

区域人才发展综合指数分人才资源指数、人才效能指数、人才潜力指数和人才环境指数 4 个一级指标。

其中，人才资源指数包括人才人口密度、规模以上企业研发机构人才平均学历当量、非公企业高技能人才占比、企业经营管理人才占比、专业技术人才占比等指标。

人才效能指数包括人才经济系数、规模以上企业从业人员人均产值、万人拥有 R&D 活动人员、万人发明专利授权量、发明专利授权量在专利授权总量中占比等指标。

人才潜力指数包括人才流动率、规模以上企业研发机构与规模以上企业总数之比、R&D 经费支出占 GDP 比重、教育支出占财政支出比重等指标。

人才环境指数包括人均收入年增长率、环境质量综合评分、医疗床位指数、文化事业指数等指标。

二　区域人才发展评价指标体系设计说明

（一）模型选择

根据区域人才发展综合指数评价体系的结构，可以构建一般意义上的区域人才发展综合指数评价体系模型，即：

$$J_i = \sum B_k \cdot Q_K$$

其中，J_i 为不同层次和类型区域的人才发展综合指数；B_k 为第一、第二层级的各项指标（指数）；Q_K 为分别对应第一、第二层级的指标数。

（二）权重确定

利用构建的评价指标体系对区域人才发展综合指数进行评价时，各指标的作用各不相同。为了体现不同指标在评价指标体系中的重要程度，要对每个指标赋予不同的权重系数。指标的权重是各指标相对重要程度的一种主观与客观度量的反映，合理的权重系数对区域人才发展综合指数评价具有重要的意义。

目前，评价指标权重确定方法主要采用主客观相结合的专家集体决策方法，如德尔菲法、层次分析法、灰色关联分析法等。本书在明确指标体系层级结构后，应用专家评价法对区域人才发展综合指数评价体系的指数权重加以确定。即按照专家打分的方法进行权重赋值，将 18 个二级指标，按重要性分别对应 A、B、C 类，A = 极其重要，B = 重要，C = 一般重要。权重分别是：C 为 1.0，B 为 1.5，A 为 2.0，统计每类项数并赋值，然后将每个二级指标折算为比例数，最后累加每个一级指标下的二级指标权重，得到一级指标的权重。

（三）数据处理的原则及方法

由于人才发展综合指数数据量纲不同，因此，要对这些指标进行综合集成，并且要对指标数据进行无量纲处理。本书主要采取指数化方法。其计算公式为：

$$X_i = \frac{x_i}{x_{0i}}$$

其中，X_i 为指数，x_i 为原始值，x_{0i}为最大值。

第三节　区域人才发展综合指数评价

为了增强研究的针对性，我们采取的浙江区域人才发展综合指数评价包括浙江 11 个地市的综合指数、人才资源指数、人才效能指数、人才潜力指数和人才环境指数 5 个方面的评价与比较。

一　各地市人才发展综合指数排名

各地市人才发展综合指数数据除特别说明外，均采用 2012 年年底人才经济数据及其衍生数据。

浙江各地市人才发展综合指数排名方面，杭州稳居首位，且与第 2 位宁波拉开了差距，宁波排名第二，与后面的城市也有一定的差距，但不很明显。舟山市表现抢眼，排名第 3 位。排名第 4—11 位的分别是绍兴市、嘉兴市、湖州市、金华市、台州市、丽水市、温州市和衢州市（见表 2－3 和图 2－1）。

表 2－3　　浙江各地市人才发展综合指数排名

序号	人才发展综合指数排序	人才发展综合指数
1	杭州市	0.897
2	宁波市	0.727
3	舟山市	0.689
4	绍兴市	0.672

续表

序号	人才发展综合指数排序	人才发展综合指数
5	嘉兴市	0.670
6	湖州市	0.667
7	金华市	0.613
8	台州市	0.605
9	丽水市	0.602
10	温州市	0.569
11	衢州市	0.556

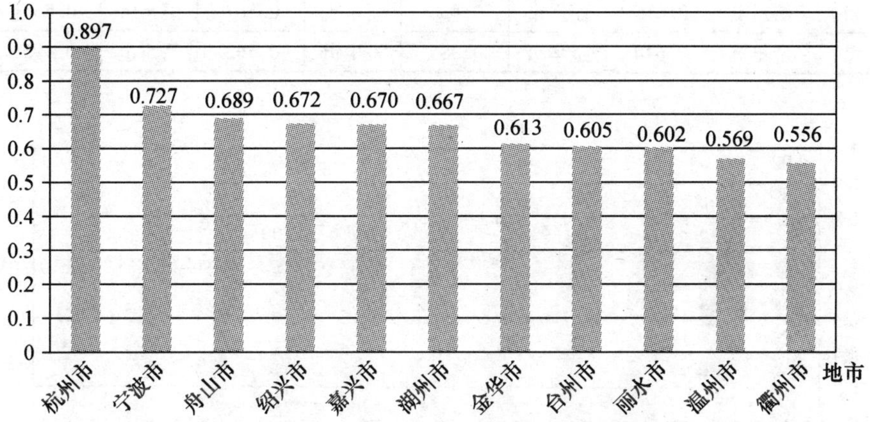

图 2－1　浙江各地市人才发展综合指数排名

二　各地市人才发展分项指数排名

浙江各地市人才发展 4 个分项中，杭州市在全部 4 个分项居首位，且在人才资源指数、人才效能指数和人才环境指数 3 个分项上与第 2 位拉开了差距；宁波市在人才潜力指数和人才环境指数两个分项上居第 2 位，绍兴市在人才资源指数上居第 2 位，而舟山市则在人才效能指数上居第 2 位；另外，值得关注的是，舟山市在人才资源指数和人才环境指数两个分项上居第 3 位（见表 2－4、图 2－2 至图 2－5）。

表2－4　　浙江各地市人才发展分项指数排名

序号	排序	B01 人才资源指数	排序	B02 人才效能指数	排序	B03 人才潜力指数	排序	B04 人才环境指数
1	杭州市	0.921	杭州市	0.882	杭州市	0.893	杭州市	0.890
2	绍兴市	0.768	舟山市	0.683	宁波市	0.813	宁波市	0.773
3	舟山市	0.757	宁波市	0.648	嘉兴市	0.766	舟山市	0.731
4	嘉兴市	0.738	绍兴市	0.557	金华市	0.748	丽水市	0.719
5	湖州市	0.728	湖州市	0.553	绍兴市	0.745	湖州市	0.697
6	宁波市	0.717	嘉兴市	0.522	台州市	0.722	嘉兴市	0.688
7	丽水市	0.716	衢州市	0.499	湖州市	0.714	金华市	0.685
8	金华市	0.700	台州市	0.490	温州市	0.674	台州市	0.648
9	温州市	0.632	温州市	0.443	衢州市	0.608	绍兴市	0.622
10	衢州市	0.615	丽水市	0.438	丽水市	0.567	温州市	0.555
11	台州市	0.610	金华市	0.385	舟山市	0.562	衢州市	0.495

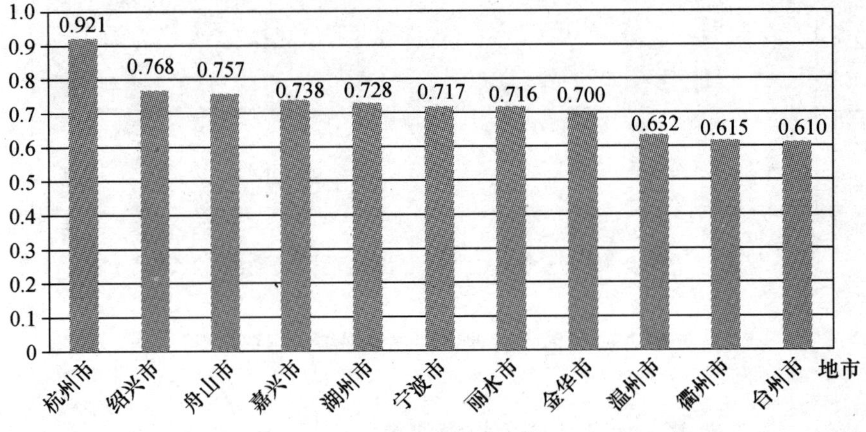

图2－2　浙江各地市人才资源指数排名

三　浙江各地市人才发展综合指数述评

（一）杭州市人才发展综合指数述评

从杭州市人才发展综合指数一级指标雷达图可知，浙江各地市中，杭州市在人才资源指数、人才效能指数和人才环境指数三个方面具有绝对优势；在人才潜力指数方面具有相对优势。具体来讲，杭州

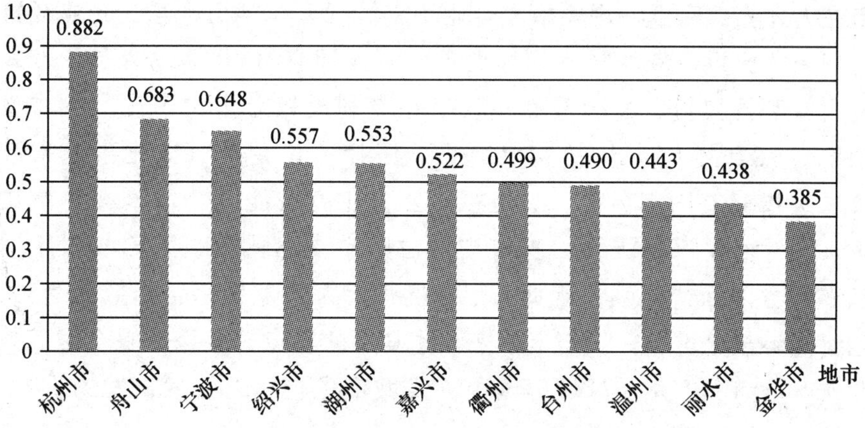

图 2－3　浙江各地市人才效能指数排名

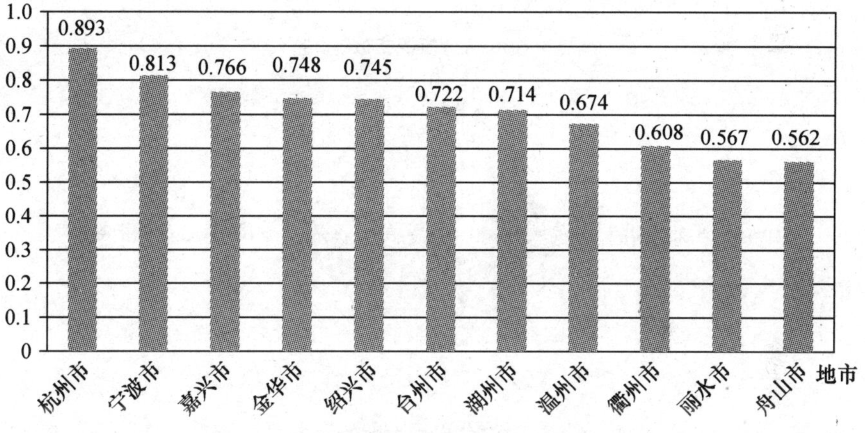

图 2－4　浙江各地市人才潜力指数排名

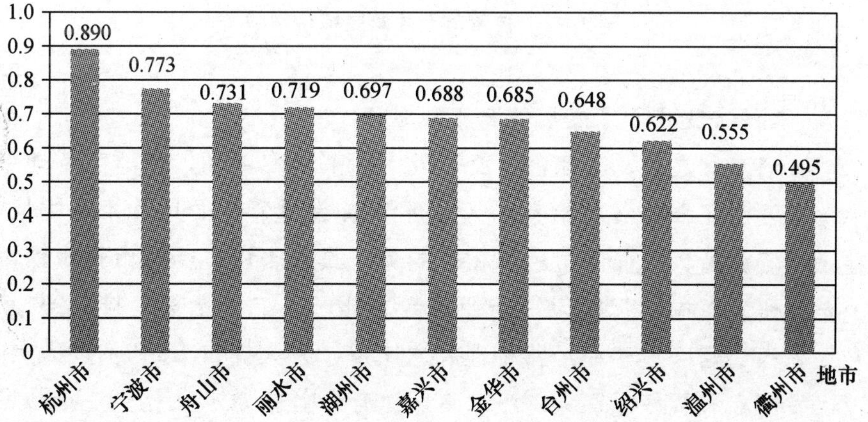

图 2－5　浙江各地市人才环境指数排名

市在人才人口密度、规模以上企业研究机构人才学历当量、企业经营管理人才比重、专业技术人才比重、万人拥有 R&D 活动人员、万人发明专利授权量、发明专利授权量在专利授权总量中占比、人才流动率、R&D 经费支出占 GDP 比重、医疗床位指数、文化事业指数等二级指标上均排名第一。但在非公企业高技能人才占人才总量比重、人才经济系数人才、教育支出占财政支出比重、人均收入年增长率等方面尚待加强。因此，保持杭州市人才发展综合指数的绝对、相对优势至关重要。杭州市未来人才发展的重点，应该着眼全国，与北京、上海、广州、深圳等国内一线城市进行综合比较，发扬长处，补足短处（见图 2－6）。

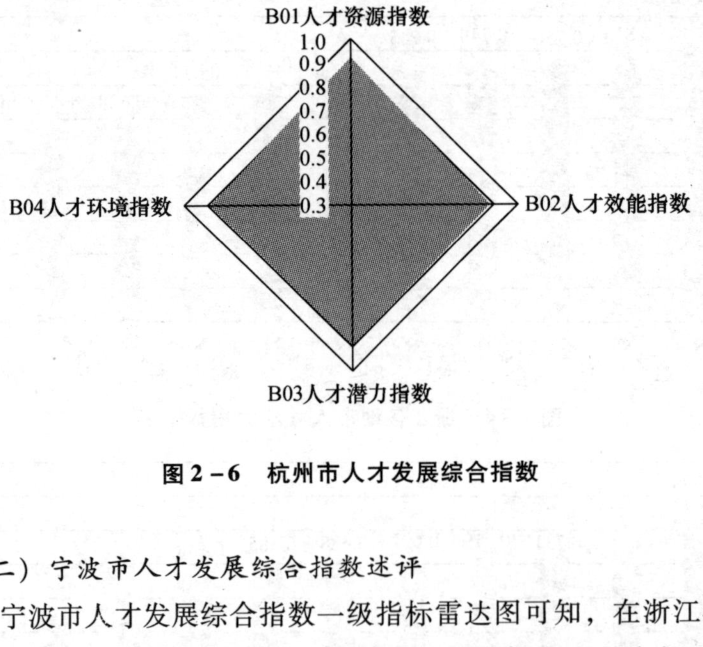

图 2－6　杭州市人才发展综合指数

（二）宁波市人才发展综合指数述评

从宁波市人才发展综合指数一级指标雷达图可知，在浙江各地市中，宁波市在人才潜力指数和人才环境指数两个方面具有相对优势；在人才资源指数方面则显示出相对弱势。具体来讲，宁波市在规模以上企业研发机构与规模以上企业总数之比一、二级指标上排名第一，在人才人口密度、企业经营管理人才比重、万人拥有 R&D 活动人员、万人发明专利授权量、人才流动率、医疗床位指数、文化事业指数等多个指标上排名靠前。但在规模以上企业研究机构人才学历当量、非公企业高技能人才占人才总量比重、发明专利授权量在专利授权总量中占比、教育支出占财政支出比重等几个方面尚待加强。为此，宁波市应该继续保持人才发展综合指数的相对优势，并从北京、上海、广州、深圳等国内一线城市区域人才发展规律中找到弥补自身不足的办法，尤其要关注如何改善人才资源数量与结构不足的相对弱势上（见图 2－7）。

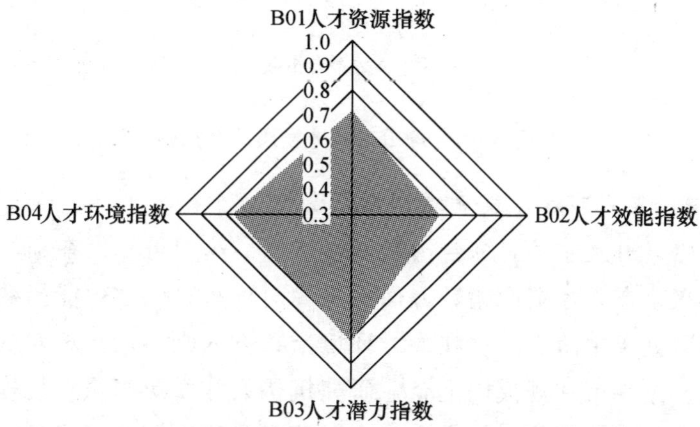

图 2－7　宁波市人才发展综合指数

（三）舟山市人才发展综合指数述评

从舟山市人才发展综合指数一级指标雷达图可知，在浙江各地市中，舟山市在人才资源指数、人才效能环境指数和人才环境指数三个方面具有相对优势；在人才潜力指数方面则显示出相对弱势。具体来讲，舟山市在非公企业高技能人才占人才总量比重、人才经济系数、规模以上企业从业人员人均产值等几个二级指标上排名第一，但在万人拥有 R&D 活动人员、R&D 经费支出占 GDP 比重、教育支出占财政支出比重等几个方面尚待加强。为此，舟山市应该继续保持人才发展良好势头，要重点关注如何改善人才发展潜力不足的弱势上（见图 2－8）。

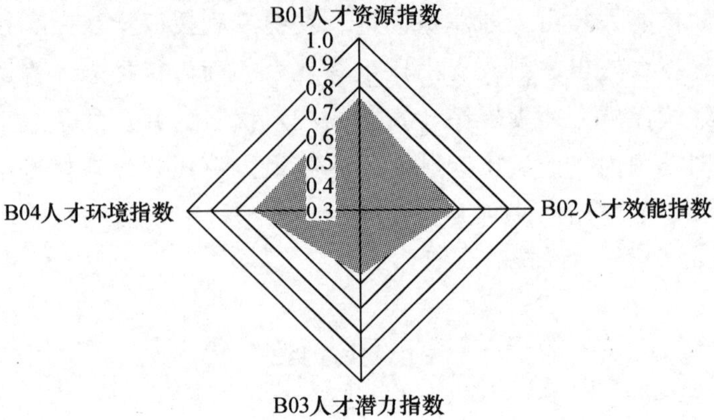

图 2－8　舟山市人才发展综合指数

（四）绍兴市人才发展综合指数述评

从绍兴市人才发展综合指数一级指标雷达图可知，在浙江各地市中，绍兴市在人才资源指数方面具有相对优势；人才效能指数和人才潜力指数处于中游水平；在人才环境指数方面则显示出相对弱势。具体来讲，绍兴市在规模以上企业研究机构人才学历当量、规模以上企业从业人员人均产值、教育支出占财政支出比重等二级指标上排名靠前，但在人才经济系数、环境质量指数、文化事业指数等几个方面尚待加强。为此，绍兴市应该继续保持人才资源指数方面相对优势，未来要重点关注如何改善人才环境不佳问题（见图 2－9）。

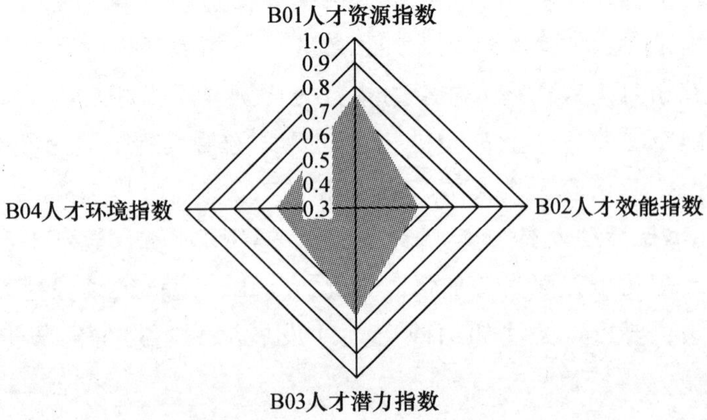

图 2－9　绍兴市人才发展综合指数

（五）嘉兴市人才发展综合指数述评

从嘉兴市人才发展综合指数一级指标雷达图可知，在浙江各地市中，嘉兴市在人才潜力指数和人才资源指数方面具有相对优势；人才效能指数和人才环境指数处于中游水平。具体来讲，嘉兴市在企业经营管理人才比重和人均收入年增长率两个方面排名第一。但在规模以上企业研究机构人才学历当量、专业技术人才比重和环境质量指数等几个方面尚待加强。为此，嘉兴市应该继续保持人才潜力指数和人才资源指数方面的相对优势，未来要争取在人才潜力与人才资源方面建立起相对优势（见图2－10）。

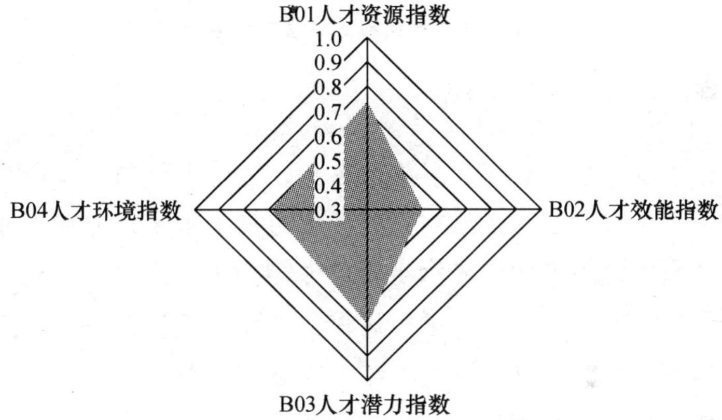

图2－10　嘉兴市人才发展综合指数

（六）湖州市人才发展综合指数述评

从湖州市人才发展综合指数一级指标雷达图可见，在浙江各地市中，湖州市在人才资源指数、人才潜力指数和人才环境指数方面均处于中游偏上水平；但在人才潜力指数方面则显示出相对劣势。具体来讲，湖州市在非公企业高技能人才占人才总量比重、R&D 经费支出占 GDP 比重、人均收入年增长率、环境质量指数等几个方面排名靠前。但在专业技术人才比重、规模以上企业研发机构与规模以上企业总数之比、R&D 经费支出占 GDP 比重等几个方面尚待加强。为此，湖州市未来应该争取在人才资源指数、人才潜力指数和人才环境指数几个方面建立相对优势，改善人才潜力方面的相对劣势（见图2－11）。

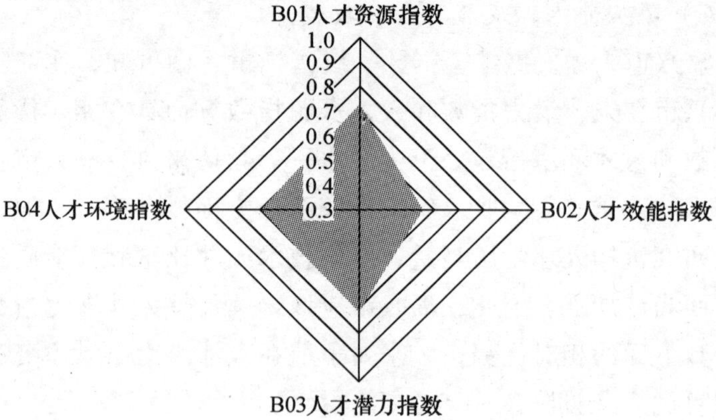

图2-11　湖州市人才发展综合指数

（七）金华市人才发展综合指数述评

从金华市人才发展综合指数一级指标雷达图可知，在浙江各地市中，金华市在人才潜力指数方面处于中游偏上水平；但在人才资源指数、人才环境指数方面则显示出相对劣势；在人才效能指数方面显示出绝对劣势。具体来讲，金华市在教育支出占财政支出比重方面排名第一，在人才流动率方面排名靠前。但专业技术人才比重、人才经济系数、万人发明专利授权量、发明专利授权量在专利授权总量中占比指数等几个方面尚待加强。为此，金华市应该争取在人才潜力指数方面建立相对优势，改善人才资源与人才环境方面的相对劣势，重点则要关注人才效能的明显劣势（见图2-12）。

（八）台州市人才发展综合指数述评

从台州市人才发展综合指数一级指标雷达图可知，在浙江各地市中，台州市在人才潜力指数方面处于中游水平；但在人才效能指数和人才环境指数方面则显示出相对劣势；在人才资源指数方面显示出绝对劣势。具体来讲，台州市在发明专利授权量在专利授权总量中占比、规模以上企业研发机构与规模以上企业总数之比和教育支出占财政支出比重等二级指标上排名靠前。但在人才人口密度、非公企业高技能人才占人才总量比重、专业技术人才比重、人才经济系数、规模以上企业从业人员人均产值、R&D经费支出占GDP比重、医疗床位指数等多个方面尚待加强。为此，台州市应该争取在人才潜力指数方面建立起相对优势，改善人才效能与人才环境方面的相对劣势，要重点关注人才资源的明显不足（见图2－13）。

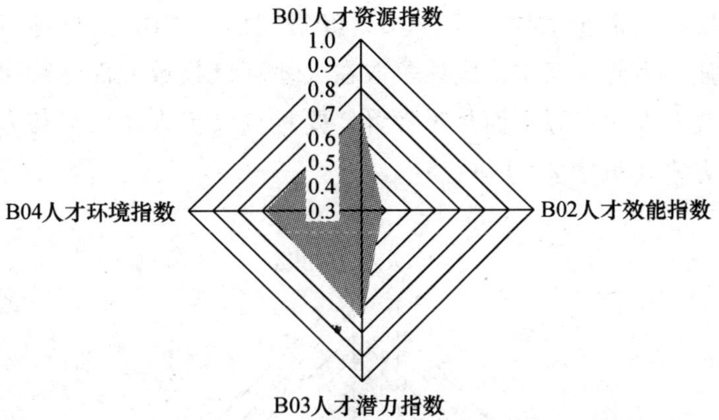

图2－12 金华市人才发展综合指数

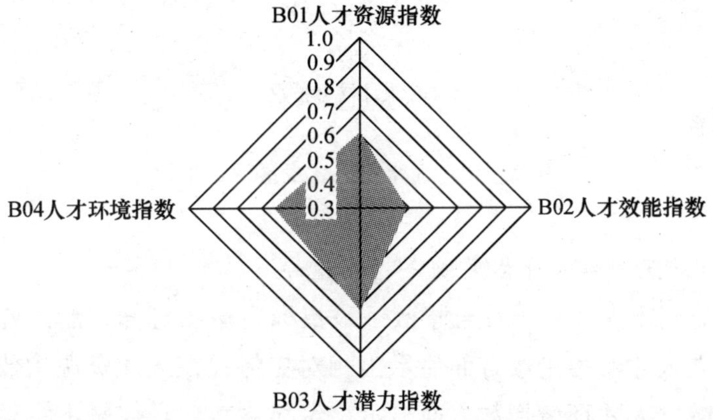

图2－13 台州市人才发展综合指数

（九）丽水市人才发展综合指数述评

从丽水市人才发展综合指数一级指标雷达图可知，在浙江各地市中，丽水市在人才环境指数方面具有相对优势；但在人才资源指数方面显示出相对劣势；在人才效能指数和人才潜力指数方面则显示出绝对劣势。具体来讲，丽水市在专业技术人才比重和环境质量指数等二级指标上排名第一。但在人才人口密度、非公企业高技能人才占人才总量比重、万人拥有 R&D 活动人员、万人发明专利授权量、发明专利授权量在专利授权总量中占比、人才流动率、规模以上企业研发机构与规模以上企业总数之比、R&D 经费支出占 GDP 比重等多个方面尚待加强。为此，丽水市应该争取在人才环境指数方面继续保持相对优势，改善人才资源方面相对劣势，要重点改善人才效能与人才潜力的明显劣势（见图 2－14）。

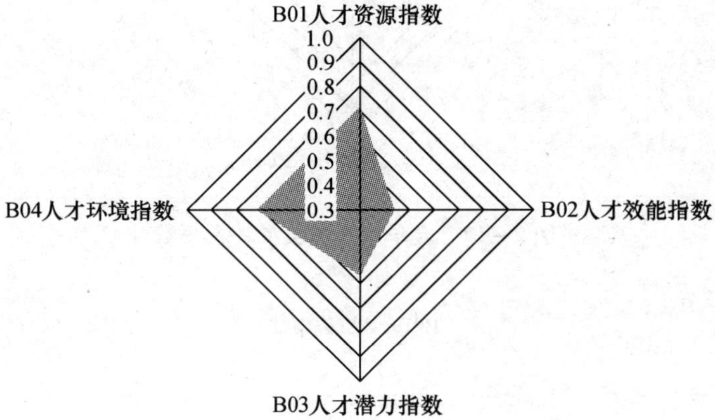

图 2－14　丽水市人才发展综合指数

（十）温州市人才发展综合指数述评

从温州市人才发展综合指数一级指标雷达图可知，浙江各地市中温州市在人才潜力指数方面显示出相对劣势；在人才资源指数、人才效能指数、人才环境指数方面显示出绝对劣势。具体来讲，温州市在教育支出占财政支出比重上排名第一，在企业经营管理人才比重上排名靠前。但在规模以上企业研究机构人才学历当量、万人拥有 R&D 活动人员、万人发明专利授权量、规模以上企业从业人员人均产值、人均收入年增长率、医疗床位指数、文化事业指数等多个方面尚待加强。为此，温州市未来应注重改善人才发展各方面的明显劣势（见图 2－15）。

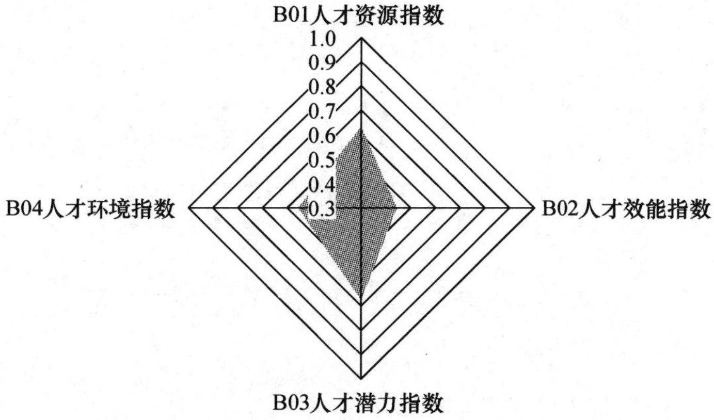

图 2－15　温州市人才发展综合指数

（十一）衢州市人才发展综合指数述评

从衢州市人才发展综合指数一级指标雷达图可知，在浙江各地市中，衢州市在人才效能指数方面显示出相对劣势；在人才资源指数、人才潜力指数和人才环境指数方面显示出绝对劣势。具体来讲，衢州市在环境质量指数上排名第一，在人才经济系数上排名靠前。但在人才人口密度、非公企业高技能人才占人才总量比重、企业经营管理人才比重、万人拥有 R&D 活动人员、万人发明专利授权量、人才流动率、R&D 经费支出占 GDP 比重、人均收入年增长率、医疗床位指数、文化事业指数等多个方面尚待加强。为此，衢州市未来应注重改善人才发展各方面劣势（见图 2－16）。

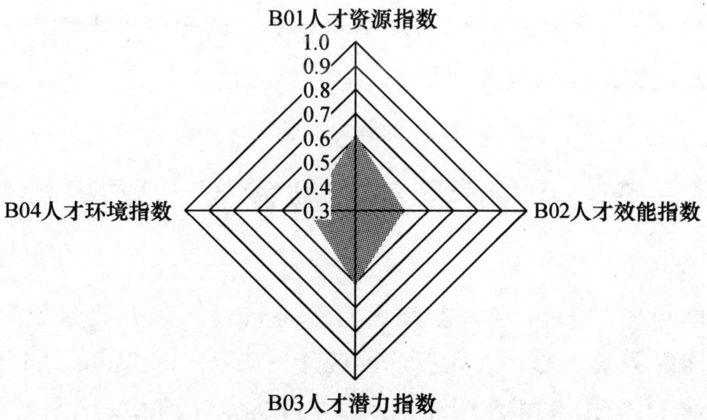

图 2－16　衢州市人才发展综合指数

第三章　人才支撑区域经济转型发展研究

——基于温州的实证分析

曾经创造中国民营经济“温州模式”的温州经济风光不再。根据官方公布统计数据，2012 年上半年温州经济增长 5%，在浙江省地级市经济增速排名中“垫底”。国际金融危机对温州打火机、制鞋、服装、低压电器等传统支柱型制造业造成严重影响，国外订单急剧减少，企业经营困难重重，上半年全市工业增加值仅增长 3.1%。企业经营效益下降和居民收入增长预期减弱，导致消费市场明显疲软。在经济波动中，温州企业陷入经营困境，商铺关门停业情况增多。什么原因导致了温州经济的整体下滑？应该说，温州发展“瓶颈”不在温州的商业精神，而在温州的企业结构。以“低、小、散”为主的温州企业迫切需要转型升级，而企业转型升级的根本动力在于人才。本书从温州市经济转型发展的挑战入手，着重分析了其人才发展的问题、人才发展的需求以及其与周边大城市人才发展状况的比较，提出并论证了温州市人才支撑经济转型发展的战略思路和重点举措，尝试提出政府做好此项工作的政策建议。

第一节　温州经济转型发展的严峻挑战

改革开放 30 多年来，温州民营经济快速崛起并迅猛发展，一度成为我国经济发展的一大亮点。据统计，1978—2002 年，温州国内生产总值从 13 亿元增加到 1055 亿元，财政收入从 1.35 亿元增加到 126 亿元，均翻了六番多。其中，民营经济在全市国内生产总值中占

85%，在工商业中占98%，在上缴税收中占80%。2006年，温州全市地区生产总值达到1834亿元，总量稳居全省三大中心城市的地位。2005年《全球城市竞争力报告》上，温州名列全球第99位，中国大陆第8位，浙江第1位。温州在21世纪初成为我国民营经济最发达的地区之一。遍布全球的温州人和“温州人经济”使温州成为中国市场经济的风向标。温州经济以制造业，特别是劳动密集型产业为主，是我国民营经济最发达、民间资本最充裕、民间金融最活跃的地区之一（见图3－1）。

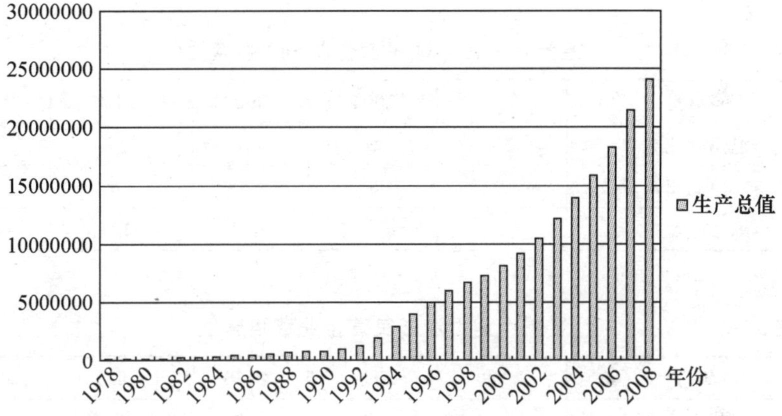

图3－1　温州市历年生产总值（1978—2008）

但是，2008年美国次贷风暴蔓延成欧债危机导致欧美经济衰退，深深影响温州出口导向型经济。温州对欧美贸易量锐减，2012年3998家规模以上工业企业停产140家，产值同比下降2276家，下降面达57%。一方面，中国长期利率管制严重扭曲资金使用价格。2011年5月，温州一般社会主体借贷利率为18%，而同期银行贷款加权利率不足8%，一年期贷款基准利率仅为6%。利率倒挂刺激民间借贷市场长期繁荣。另一方面，金融危机压缩制造业利润空间，迫使资金转入获利更丰厚的房地产与民间借贷等行业。2012年6月，温州市金融办调查了温州300家企业，其中有126家企业涉足房地产，投资总额6.93亿元，占投资总额的69.2%。但从2010年4月开始的房地产限购以及宏观财政收缩等政策戳破泡沫。市场交易低迷使大量资金失去流动性。制造业无望，房地产被套，到2011年，温州民间借贷市场难以为继，信用崩盘，出现跳楼与跑路风潮。

一　温州经济为何由“盛”转“衰”

长期以来，温州低端制造业未能及时升级改造，民间资本规模庞大但流向没有得到有序引导，尊重知识与创新的社会环境缺失，一系列问题导致温州企业创新不足、热衷房地产投机和民间借贷、人才外流，实体经济内在活力明显下降。不管是在全国范围还是浙江省内，温州的民营企业地位都在逐渐下降（见表3－1和表3－2）。

表3－1　　温州企业占中国民营企业500强席位

年份	2002	2004	2009	2010	2011
温州企业数	36	27	21	19	17
前100位温州企业数	—	8	6	6	5
浙江企业数	—	—	161	171	144

表3－2　　温州企业占浙江民营企业百强席位

年份	2008	2009	2010	2011	2012
温州企业数	14	13	12	12	10
前10位温州企业数	3	2	1	1	0
数量全省排名	3	4	4	4	4

过去，温州生产制造的打火机、皮鞋、服装和低压电器行销世界，温州借此成为名副其实的制造业之都。但由于这些产业科技含量低、样式容易被模仿、产能扩张快、同业竞争导致毛利率极低，随着人民币汇率升值，劳动用工成本上升，产品出口竞争力急剧下降，温州制造业越来越受到越南、东南亚、巴基斯坦等国企业的强有力挑战，温州制造业亟须转型升级。但据《开放条件下中国经济转型升级动态能力报告（2012）》显示，2008年温州转型升级的综合能力在全省居第9位，相比2007年的位次还下降一位。第二产业和第三产业比重分别为53.08%和43.76%，尽管地方政府和企业也意识到温州

制造业转型的必要性，但缺乏外部强力冲击，企业守成观念尚存，特别是温州本地工业科技基础薄弱，科技创新氛围不足，科技投资风险较大又缺少激励与引导，温州的战略性新兴产业生存发展空间狭小，制造业始终未能得到有效转型。据上述报告显示，温州高技术产业的比重（第 7 位）和高新技术产品出口比重（第 9 位）较 2007 年分别下降了 16.56% 和 37.90%。

此外，温州民间资本规模庞大，但资金流向长期没有进行有效规范的引导，资金热衷逐利游戏。除房地产投资外，制造业投资缺乏积极性。相关统计表明温州企业参与房地产投资总额超过 5000 亿元，而 2011 年温州地区生产总值为 3351 亿元。土地成本过高，致使部分企业被迫外迁，人才引进难度加大。2008 年年末，温州外来人才资源 22.08 万人，占全部规模企业人才资源总量的 50.5%，其中外来大学生（指大专及以上学历，下同）6.06 万人，占外来人才资源的 27.4%，外来人才资源总体层次偏低、流动性较强等特点仍是温州一段时期需要面临的现实难题。温州企业专注实体经济兴趣减少，最初原始资本积累期间的草根与创业意识有淡薄的趋势，冒险进取的积极性也显著下降。

最后，温州当前尊重知识与创新的社会环境缺失，这与温州的历史文化极不相符。历史上，南宋时期“提倡功利之学，反对虚谈性命”的温州永嘉学派曾与理学派、心学派鼎足而立。但如今，回归温州本地发展的专业人才较少，导致整个社会知识与科技创新能力不足。

二　温州经济二次发展的动力在于产业创新人才的集聚

温州经济下滑，反映的不仅仅是温州本土经济的深层次问题，从另一个侧面折射出当前制造业转型的急迫性。温州制造业科技含量低，国际竞争力不足，高附加值产业比重小，发展后劲严重不足。在国际金融危机的冲击下，问题更加凸显，过去制造业长期较快发展积累的民间资本规模庞大，制造业毛利率下降导致企业热衷于房地产开发投资与资金逐利。可见，温州经济迫切需要加快制造业转型升级，通过深化科技体制改革加大创新驱动，不断健全自主创新能力，这才是温州制造业乃至经济再次崛起的必然之路。

但是，温州对于产业创新的投入却是滞后的。调查数据显示，温州 R&D 占 GDP 的比重只有 1% 作用，而杭州都在 2% 以上，2011 年温州的授权专利数量只有杭州的 13%，这说明温州的研发投入严重不足，已经在很大程度上造成了温州研发力量的落后，这极大地制约了温州转型创新能力的发展。城市创新能力指标比较详见表 3－3。

表 3－3　2011 年江苏省和浙江省五城市创新能力指标比较

指标	杭州	宁波	苏州	无锡	温州
R&D 占 GDP 的比重（%）	2.88	1.89	2.45	2.60	1.08
每万人拥有在校大学生人数（人）	642.1	245.7	924.68	231.53	—
授权专利数（件）	84404	37342	77281	34077	11184
发明专利授权量（件）	4511	1625	2492	1819	622

温州本土经济自主创新能力不强，根本的原因在于自主创新人才不够。在 2012 年美国《福布斯》杂志发布的中国大陆最佳商业城市排行榜中，温州排在第 29 位，在各项得分中得分最低的是人才指数得分，说明人才已经日益成为制约温州经济发展的“瓶颈”，人才总量的不足、研发投入的不足等都造成了温州经济发展的后劲不足。五城市具体得分和排名见表 3－4。

表 3－4　2012 年美国《福布斯》杂志发布的中国大陆最佳商业城市排行榜

城市	人才指数	创新指数	消费力指数	私营经济活力指数	综合得分	全国排名
杭州	0.9305	0.9403	0.8549	0.6601	0.8035	2
宁波	0.6326	0.9151	0.8204	0.7335	0.7734	7
苏州	0.7442	1	0.829	0.7853	0.7634	9
无锡	0.6489	0.9668	0.7288	0.8775	0.7871	5
温州	0.4043	0.7255	0.7893	0.6628	0.6529	29

从理论看，舒尔茨的人力资本理论认为，人的素质对现代经济增长和社会发展起关键性作用。后来，新经济增长理论正式把人力资本纳入经济增长函数。而最新研究显示，对经济增长有显著促进作用的不是人力资本整体，而是高层次人力资本部分，即人才资本。正如经济学家罗默所说，一个地区的经济增长最重要不在于该地区人口多少，而在于该地区有多少人才。进入后工业化时代，特别是知识经济的发展，人的知识、智力、技术等智力资本，与物质资本相比，其优势越来越大，对经济发展的作用也日益突出，只有高层次人才的技术和知识创新才能发展技术密集型产业并推动经济持续增长。

林毅夫提出的新经济结构学认为，一个国家或地区的经济结构差异来源于禀赋结构差异，可以通过改变禀赋结构而改变其产业和经济结构。人才资源是一个国家或地区禀赋的重要组成部分，根据新经济结构学，在一个动态增长经济体中，在经济因新产业新技术而要求新的劳动技能以前，提前做好规划进行人力资本投资十分重要，并且，人力资本的提升必须与物质资本的积累和产业升级保持齐头并进，这样通过人才战略可以对产业升级起到因势利导的作用。而在人才资源的总量、质量和结构三大组成要素中，人才结构反映了人才系统内诸构成因素的组合形式与运作方式，是人才资源发挥优势与作用的关键所在。因此，人才结构在与产业结构之间的互动关系中起决定性作用，产业结构转型升级首先要进行人才结构的调整和优化，反过来，过去的产业结构下所形成的人才结构（即与过去的产业结构相适应的人才结构）将会对产业结构的转型升级构成障碍。

从数据来看，根据2001—2010年的统计数据，十年来，浙江省人才资源总体数量与经济增长趋势基本一致，呈逐步增长趋势（见图3-2）。其中，人才资源由2006年年末的259.25万人增长到了2010年末的488.11万人，生产总值由2006年年末的15718.47亿元增加到了2010年年末的27227.31亿元。从变化趋势来看，经济增长和人才资源总量都呈现了较为一致的增长趋势。从统计结果看，无论人才资源的数量，还是人才资源的结构，都对经济增长具有积极影响；人才总量的提高对产业结构的高级化和协调化都具有促进作用。

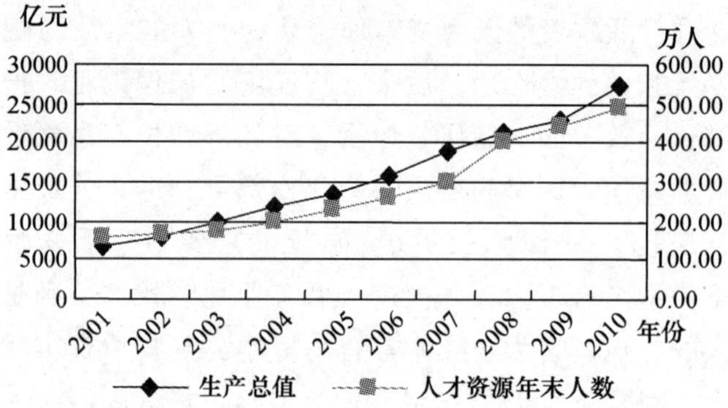

图 3-2　浙江人才资源与生产总值趋势

所以，温州加快转变经济发展方式、推动城市经济转型升级的关键，是人才资源总量的提高和人才资源结构的优化。当前，温州人才引领产业发展、提升区域创新能力的任务更加紧迫，人才优势向产业优势、科技优势和竞争优势转化的态势更加明显。面对新形势、新任务，必须以深入实施人才强市战略、创新驱动战略为契机，坚持人才优先发展，增创温州长远发展战略优势。

第二节　人才支撑温州经济转型发展问题诊断

一　温州人才发展主要问题

近年来，温州市大力实施人才强市战略，不断加强人才工作和人才队伍建设。但是，人才发展与周边其他城市比较，仍有较为明显的差距，主要表现在以下五个方面。

（一）人才总量不足造成发展后劲不足

到 2011 年年底，温州人才总量约为 90 万人，只占杭州、苏州人才总量的 50% 多，与宁波、无锡相比也有较大差距。与此趋势一致的是，2011 年温州 GDP 3350.87 万元，不到杭州、无锡的一半，不到苏州的 1/3。从其他指标看，温州财政收入显著低于其他地区，因此温州的人才工作不能单纯注重资金的投入，更要注重有效投入，注重资金使用的效率。与 GDP 落后形成对照的是，温州的市区居民人均可支配收入是五个城市中最高的。温州与杭州、宁波、苏州和无锡四城市经济、人才相关指标的对比见表 3－5。

表 3－5　　2011 年江苏省和浙江省五城市综合指标比较

	杭州	宁波	苏州	无锡	温州
GDP（亿元）	7019.06	6059.24	10716.99	6880.15	3350.87
人才总量（万人）	161.85	109.1	161.21	117	90
财政收入（亿元）	1488.92	1431.5	2311.62	1722.12	485.62
市区居民人均可支配收入（元）	34065	34058	33243	31638	35431
城乡居民储蓄存款余额（亿元）	5547.48	3666.23	5078.59	3340.09	3711.57

对比五个城市历年的人才总量增长率，温州也明显落后于其他地区，由于本身人才总量基数小，增长率落后，说明温州与其他几个城市人才数量方面的差距越来越大。图 3－3 是五个城市 2008—2011 年人才总量与增量的示意图，横坐标是人才总量，纵坐标是人才增长率，在图中越靠右说明人才总量越大，越靠上说明人才增长率越高。每条折线代表一个城市，从左到右的四个节点表示 2008—2011 年逐年的数值，其中温州只有 2009 年和 2010 年的数据（见图 3－3）。

从图中可以看出，苏州与杭州的人才总量与增量都在前列，宁波虽然以前总量落后，与温州属于同一水平，但因为增量大，增速快，所以到 2011 年已经与无锡相近。而温州位于图的左下角，说明温州总量不足，增量又小，与其他地区人才的差距逐年增大。从图中还可以看出，苏州和杭州人才增量的峰值在 2008 年、2009 年，而无锡、宁波分别在 2010 年、2011 年，这说明苏州和杭州的人才工作在前几年已经产生了较大作用，而无锡和宁波在近几年紧紧跟上，这与这四个城市经济的发展也是相符的。

（二）人才结构落后造成产业结构落后

温州高层次人才占人才总量的比例较小，2010 年温州每万人拥有科技活动人员数位居全省第九，与其在浙江省的经济地位不相称。目前

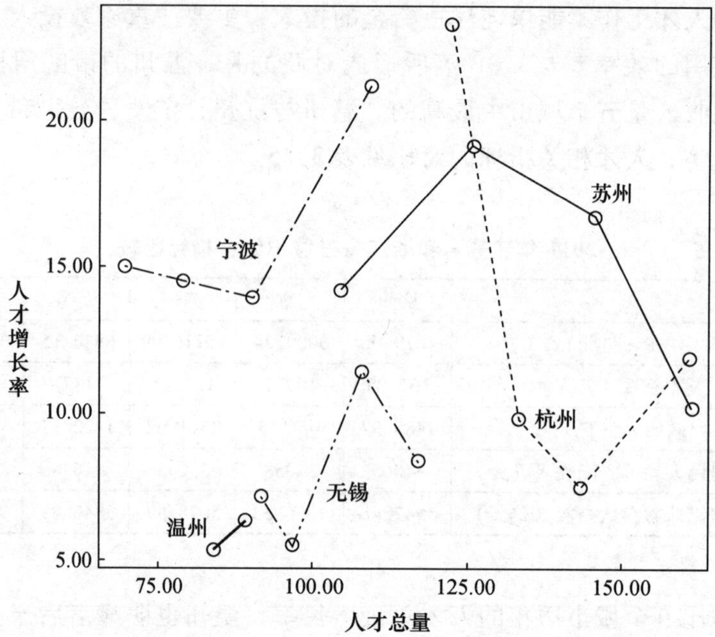

图 3-3　2008—2011 年五城市人才总量与增量比较

温州拥有国家“千人计划”专家 6 人，而杭州为 43 人，宁波为 33 人，苏州入选 81 人，外地申报入选在苏州创业的 62 人，无锡入选 36 人，外地申报入选在无锡创业的 46 人。

温州产业低端特征明显和公共创新载体平台低小，吸纳人才能量不够，而人才构成的低端化又造成了温州产业结构的落后。目前，温州市的民营企业仍大都以传统产业为主，创新成果、技术含量及产品附加值都有待提高，从规模企业创利水平看，2008 年全国规模企业产品销售利润率是 6.0%，浙江省是 5.8%，居全国倒数第 5 位，而温州为 5.1%，居全省第 5 位。据统计，温州私营企业人才资源占私营企业从业人员的比重为 38.1%，比全市城镇单位所占比重低 10.6 个百分点。温州市每万名劳动力中研发人员平均为 40.8 人，距离 2015 年 60 人的目标存在不小差距。

民营经济组织是温州人才快速集聚的重要领域和人才资源开发新的增长点，但温州市民企高层次人才从整体素质、数量、结构来看，发展有点失衡，民营企业高层次人才的发展在温州市专业技术人才队伍建设中应该说还是个短板。温州的高层次人才中民营企业人才所占的比重很低，如温州“551 人才工程”第二层次以上培养人选中，民营企业人才所占比例只有 8.5% 左右。

温州的高新技术企业、企业博士后工作站、规模工业企业所办的科技机构等科技创新机构数量以及科技经费的投入，远远满足不了经济发展和人才发展的需求。高校和科研院所在科研水平、人才培养、学科建设方面对经济社会发展的支撑作用还不够，也没有足够的吸引力吸引高端优秀人才来温州创业创新。温州 2010 年每 10 万人拥有大学生 7128 人，不到杭州的一半，文盲率达 7.07%，而且与 2000 年相比，文盲率几乎没有变化（见表 3 - 6 和表 3 - 7）。这说明温州人才结构落后，而且发展非常缓慢。

表 3 - 6　江苏省和浙江省五城市每 10 万人拥有大学生人数比较　单位：人

年份	2000	2010
杭州	7206	18881
宁波	3441	10333
苏州	4745	13972
无锡	4834	12876
温州	2306	7128

表 3 - 7　江苏省和浙江省五城市文盲率比较　单位：%

年份	2000	2010
杭州	5.25	3.73
宁波	5.85	3.83
苏州	4.91	2.38
无锡	4.03	1.98
温州	7.01	7.07

（三）人才理念落后致使人才投入不足

温州“重物轻人”现象还不同程度地存在，尚未做到在谋划经济社会发展时优先谋划人才开发，调整经济社会发展结构时优先调整人才结构，提升产业层次时优先提升人才层次，安排财政投入时优先安排人才投入，人才优先发展的理念在各级党委、政府以及有关部门、企业中还没有真正达成共识。具体表现在：

温州人才发展机制不优，激励机制相对缺乏。激励机制能够为人才创造一个实现人生价值的舞台，满足人才自我实现的需要。相对于深圳、上海、杭州等大城市，温州目前的人才政策、法规和制度仍然相对滞后，尤其是人才优惠政策缺乏吸引力，人才评价机制、选拔机制、引进机制、激励机制尚不健全，在分配上没有真正体现按劳取酬，绩效与薪金不挂钩。在薪酬方面，温州的平均工资水平居全省平均水平之下，温州民营企业管理和技术人员年均薪酬也低于上海、深圳、广东等地同类人才的年均薪酬。据相关调查显示，2008 年企业正（副）职负责人人均年薪 11 万元左右，高级技术职称人员人均年薪 10 万元左右，高级技师人均年薪 7 万多元，超过 1/3 的受访高层次人才认为温州当前企业给予人才的劳动报酬偏低。

温州人才投入不足，人才政策缺乏力度。与国内、省内一些城市相比，温州人才发展投入不足。如温州 2010 年安排人才专项资金 2787 万元，而杭州为 1. 6 亿元，苏州、无锡等城市人才发展投入达到财政一般预算的 3% 左右；温州 2010 年每万人拥有人才数为 1000 人左右，而杭州、宁波分别达到 1500 多人和 1300 多人。温州当前主要劳动年龄人口受过高等教育的比例、人力资本投资占生产总值比例、高技能人才占技能劳动者比例均与 2015 年的目标有着不小的差距，说明温州当前的人才投入状况无法有效改善其人才质量不高、层次结构不合理的问题（见表 3 – 8）。

表 3 – 8　　温州市三种人才发展指标　　单位：%

指标	2009 年	2010 年	2015 年
高技能人才占技能劳动者比例	15. 9	16. 1	22
主要劳动年龄人口受过高等教育的比例	8. 6	9. 6	14. 5
人力资本投资占生产总值比例	10. 2	10. 8	13. 5

温州出台的一些人才政策与其他城市人才政策比较不占优势。引进人才最高奖励为 150 万元，而浙北、苏南部分城市最高达到 200 万

—300万元。同时，在人才配套政策方面，温州的产业扶持、创业资助、社会保障、子女入学、家属安置等配套政策措施跟不上，政策缺乏可操作性和实效性。温州人才政策吸引力相对较弱，且政策落实不力。据《温州企业经营管理人才队伍课题调研报告》调查显示，22%的受访者认为政策落实不力，25%的受访者认为人才政策不配套，希望政府在住房保障、子女教育、社保户籍等方面予以加强和完善。

温州产业低端特征明显和公共创新载体平台低小，吸纳人才能量不够。近年来，温州产业转型进展不大，规模企业也多集中在传统劳动密集型产业，产业“空心化”愈演愈烈。温州产业升级困难，服务匮乏，产业集群仍然是过去的传统产业，而且没有升级的明显趋势，难以支撑温州产业和企业的进一步发展。温州没有形成人才与产业的互动发展，不能通过产业集聚人才，人才升级产业。由于产业结构关系，温州中小企业及小微企业居多。温州经济总量列全省第3位，但规模以上经济总量在全省排第5位。2012年温州拥有大型企业18家，中型企业599家，其余99.5%均为小微企业。低层次的产业结构对于人才容纳能力有限，人才尤其是技术型人才、理工类人才难有用武之地。

另外，据《温州市引进外来人口调查报告》显示，23.7%的受访者认为温州当前企业科研经费投入不足。目前，温州企业科研实力单薄，科技经费投入偏少，创新能力偏弱，初步统计，2008年温州用于研究与试验发展（R&D）经费支出20.37亿元，居全省第6位，低于杭州、宁波、绍兴、嘉兴和台州等城市；R&D经费支出占GDP的比例为0.84%，仅为全省平均水平的一半，居全省第9位，仅高于丽水与衢州。高端科技研发投入偏低，也影响了对高层次人才的需求。温州的高新技术企业、企业博士后工作站、规模工业企业所办的科技机构等科技创新机构数量以及科技经费的投入，远远满足不了经济发展和人才发展的需求。高校和科研院所在科研水平、人才培养、学科建设方面对经济社会发展的支撑作用还不够，也没有足够的吸引力吸引高端优秀人才来温创业创新。

（四）人文地理社会环境不佳导致人才外流严重

温州人文地理社会环境具有局限性，人才来温创业创新“环境气候”先天不足，具体表现在：

1. 温州引才具有区位局限性。一是温州处于“长三角”、“海西区”城市群边缘，经济发展接受“长三角”、“海西区”正面辐射和人才外溢弱于其他城市，人才竞争不具地区比较优势。二是温州块状产业经济特征明显，民营企业绝大多数集中在沿海经济发达乡镇，相对于大中城市基础设施、工作生活环境更不如意，人才的发展空间狭小，形不成人才吸引力。三是周边地区，主要包括上海、杭州、苏州、宁波和深圳等人才环境比较发达的地区，由于其自身的人才培养根本赶不上经济的迅速发展，迫不及待地需要人才的引进。温州引进的人才有被这些地区重新挖走的风险。

2. 温州人文环境欠佳。温州虽处于沿海地区，但地理位置偏远，其综合环境客观上与上海、杭州、宁波等城市不能相比，因而对高层次人才的吸引力相对不足，温州特别是各县（市、区）的文化设施较少且档次不高，休闲、娱乐场所品位较低，无法满足高层次人才的精神需要；此外，温州高校较少，县级图书设施不完善等，使专业技术人才接受新信息、新技术和再继续教育机会较少，这些都成为吸引人才的制约因素。

3. 温州城市化发展滞后。温州城市化滞后于工业化，半城市化问题突出。统计口径城市化率是67%，但户籍城市化率只有21%，有2/3的城市居民还是半城市化的农民工，由此带来了城市规模、档次、品位不高，导致发展空间供给不足、基础设施建设滞后、市容环境卫生差。

4. 温州文化语言意识形态具有排他性。温州地域相对封闭，语言自成一系，具有明显的熟人社会特征，这些也是温州很难成为人才创业创新首选之地的重要原因。温州人“内部的抱团”，进一步阻碍了温州外来人才的居留，导致人才“引不进、留不住”。

（五）企业家才能结构单一致使企业实力下降

温州模式的最可贵之处在于温州人强烈的致富欲望和创业精神。温州企业家在浙江乃至全中国都以他们强大的资本动员能力而闻名，他们敢于冒险，善于变通，勇于创新，素有“东方的犹太人”之称。2003年温州市统计年鉴表明，共有40多万温州人活跃在全球的87个国家和地区。

但是，温州企业家重商文化中的逐利性较强，投机性和不能承担长期风险的特点在经济危机的冲击下暴露得愈发彻底。温州企业家在待遇留人、事业留人和感情留人上做得不足。在用人理念上，一些企业家存在急功近利观念，只知道重金挖人才，却不懂得如何重用。部分企业家用人抱有短期化心态，忽视人才在精神、文化甚至基本生活条件等方面的需求。企业家对人才开发培养意愿不强，使其无法实现自我价值，加大人才流失风险。

当前，温州企业家的优势正在持续减弱，以每年一次的中国民营企业500强名单评选为例，温商上榜数量正呈现逐年下滑趋势（见图3－4）。2012年浙商全国500强的评选中温州企业家只入选21人，远低于2001年的39人和2010年的30人。温州企业家急需建立适应新时期发展需要的精神和才能，改变旧有不合时宜的用人理念。

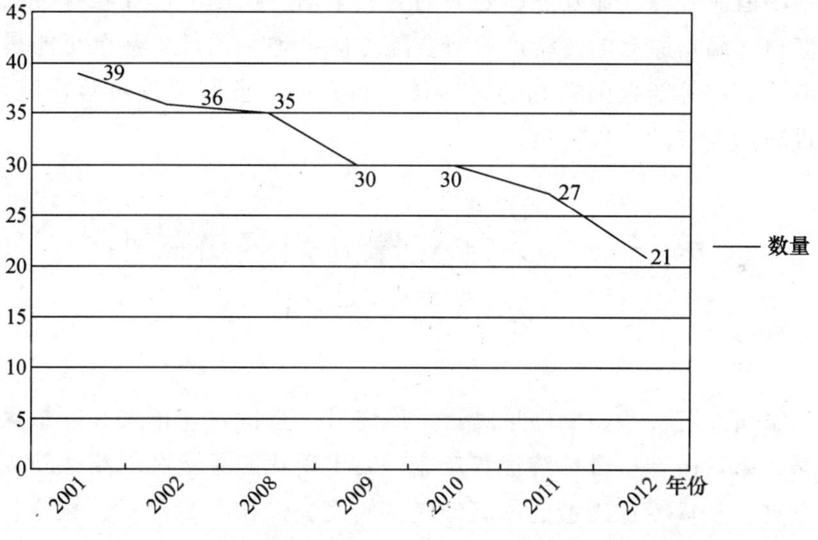

图3－4　历年中国民营企业500强名单温商上榜数量

二　温州市人才发展潜在优势

温州人才发展也存在着自己的优势，可以挖掘其他方面的优势主要表现在：第一，敢想敢做的温州精神。“温州人精神”既是温州最宝贵的资源，也是温州最大的特有优势。敢于开拓、脚踏实地的温州精神也是人才工作改革最根本的动力。第二，遍布世界的温商网络。有几十万的温州人遍布全球，广泛的引才人脉资源是其他地区无法比拟的。只要利用好海外人脉广泛优势，就能在世界范围内网罗人才。第三，相对健全的市场机制。温州的另一个优势在于市场机制更加完善，民间资本更加充沛。人才资源是第一要素，但也需要与其他要素共同发挥作用，而要素的配置是市场起基础性作用的，温州的市场在人才资源配置中将发挥重要的作用。第四，丰富的企业家资源和巨大的民间资金。充足的企业家人数和富裕的、逐利的资金就是温州最大的吸引人才创业的优势。第五，比较完善的产业服务体系。温州的产业服务体系已经培育了温州多个产业集群，同时也积累了发展产业的一些经验，可以满足人才创业的客观需要。

另外，利用高新技术改造传统产业，并结合温州实际发展与城市经济匹配的战略性新兴产业，既是温州产业未来的发展方向，也是温州主动适应全球产业发展新趋势的有利举措。全球的产业转移将会波及温州，温州原有的传统产业将会随之向内地和西部，甚至可能是向越南、缅甸等新兴国家和地区转移，新兴的产业则会逐步落户温州，促进温州经济的二次发展。

第三节　人才支撑温州经济转型发展需求分析

温州经济转型需要立足民营经济优势，坚持增量拓展和存量盘活并举，坚持改造提升传统优势产业，突出现代服务业和战略性新兴产业发展，从规模加工型向创新型经济转型，加快形成消费、投资、出口协调拉动，第一、第二、第三产业协同带动，科技、人才、管理要素主要驱动的经济发展方式。支撑这一转型的关键在于人才，需要突出以下主要人才队伍建设：

一　高技能人才队伍

对两省五市之间的高技能人才队伍建设情况进行比较发现，温州高技能人才队伍无论是从总量上还是从质量上都与其他城市有较大差距，具体表现在，杭州、苏州、宁波 2015 年高技能人才数量计划分别达到 36 万人、32 万人和 23.8 万人，高技能人才占技能劳动者的比例分别达到24%、31%和24%，而温州两项指标分别只有17万人和22%，仅比无锡高技能人才计划数量高（14万人），但无锡对于高技能人才占技能劳动者的比例却期望达到36%。所以，按照产业发展的需求，温州必须以提升职业素质和专业技能为核心，以技师和高级技师为重点，大力提高技能人才的技术知识和创造性运用新技术、新设备、新工艺的水平，努力建设一支数量充足、门类齐全、梯次合理、技艺精湛的高技能人才队伍。到2015年，高技能人才总量达到20万人，占技能人才总量的24%，其中技师、高级技师达到5万人。

二　企业经营管理人才队伍

对经营管理人才队伍建设情况比较发现，杭州、宁波2015年经营管理人才数量计划分别达到57万人、30万人，温州经营管理人才总量计划达到42万人，发展目标居中。温州经营管理人才基本特点表现在，制造业人才占经营管理人才绝大多数，制造业集聚了较多的经营管理人才；经营管理人才呈年轻化趋势，从年龄结构来看，45岁以下的比率为76%，相对几年前的情况呈现持续年轻化的态势；经营管理人才学历水平参差不齐，呈现"两头少中间多"的分布态势。其中，百龙企业经营管理人才拥有大学（大专）学历的占47%，高中（中专）的占39%，研究生及以上学历仅为4%，高中（中专）以下为10%。根据以上特点，温州经营管理人才队伍下一步的发展重点，是要努力建设一支具有开拓创新能力、适应市场经济要求、通晓国际经济规则、富有生机和活力的企业经营管理人才队伍。要在保持制造业经营管理人才持续健康发展的基础上，扩大引才育才的范围到温州其他传统产业、现代服务业和战略性新兴产业；要加大对企业经营管理人才的培养力度，经常组织人才参加讲座论坛及其他形式的培训；要重点引进知名院校本科、研究生学历的企业经营管理人才，改善人才的素质结构。到2015年，温州经营管理人才发展能够适应经济社会发展的需要，期望职业经理人占50%以上，培养100名左右能够引领温州企业发展，具有世界眼光、战略思维、创新精神和经营能力的精英企业家，培养1000名左右高素质的优秀职业经理人。

三　专业技术人才队伍

对专业技术人才队伍建设情况比较发现，温州中长期发展最需要解决的人才问题，是专业技术人才数量不足、素质不高的问题。具体表现在，杭州、宁波、无锡2015年专业技术人才数量计划分别达到85万人、80万人和75万人，而温州此项指标只有56万人，大大落后于其他兄弟城市。因此，温州必须围绕加快推进经济结构调整和发展方式转变对专业技术人才的需要，以大力提高专业水平和创新能力为核心，培养造就一支数量充足、素质优良、结构合理、充满活力、符合温州经济社会发展需要的专业技术人才队伍。到2015年，专业技术人才总量达到70万人，专业技术人才占人才总量比例达到62%以上，高、中、初级专业技术人员比例达到1∶3∶6，企业专业技术人才占专业技术人才总量达到65%以上。

另外，党政人才队伍、社会工作人才队伍、农村实用人才队伍也需要结合温州实际需要，实现可持续发展。温州2015年计划主要劳动年龄人口受过高等教育的比例为14.5%，而杭州、苏州、宁波这一指标为26%、26%、16%；温州每万劳动力中研发人员为60人年/万人，而杭州、苏州、宁波这一指标分别为121人年/万人、78人年/万人、75人年/万人，结合温州当前产业结构升级和创新能力提升的需求，到2015年，温州主要劳动年龄人口受过高等教育的比例应达到16%，每万名劳动力中研发人员应达到70人年/万人。

第四节　人才支撑温州经济转型发展比较与借鉴

一　杭州：重视人才投入，“人才房”凸显政策吸引力

杭州一直以来都非常重视人才投入，早在2005年就设立了市本级人才专项投入资金5200万元，到2007年年末，预算投入人才专项资金1.6亿元，实际使用约1亿元。这其中用于各类人才培养投入约6500万元，用于人才引进投入约1100万元，用于人才载体建设投入约1300万元，用于人才激励投入约910万元。杭州的人才总量增长率在2008年达到10年来的最高峰，在全国范围内奠定了人才强市的地位，这与之前几年持续的大力度人才投入有密不可分的关系。

针对杭州居住成本高对人才引进的影响，杭州推出人才专项房政策，3年内将供地1500亩，用于建设人才专项用房150万平方米。仅杭州高新区2013年首期就拟配售人才专项房500套、配租房源1050套，配售价按市场价60%确定，同时还安排1亿元人才专项基金用于人才激励。

温州从杭州经验可以借鉴的有：

（一）创新人才投入多元模式，大力建设人才专项用房

杭州从2005年设立人才专项资金以来人才增长逐年提高，温州与杭州相比，人才总量与杭州2005年的数量接近（见图3-5），但人才年增长率远远低于杭州历年水平，因此温州应当学习杭州在人才投入方面的经验，加大投入力度、拓展投入渠道、提高投入效益。由于温州财政收入无法与杭州相比，所以温州更应该结合自身情况创新人才投入的方式。可以借鉴杭州人才房的经验，将温州房价居高不下的引才劣势转变为引才优势，通过大力推广人才专项用房来吸引高层次人才，通过推广人才房租赁政策来保障中基层人才的生活需求。

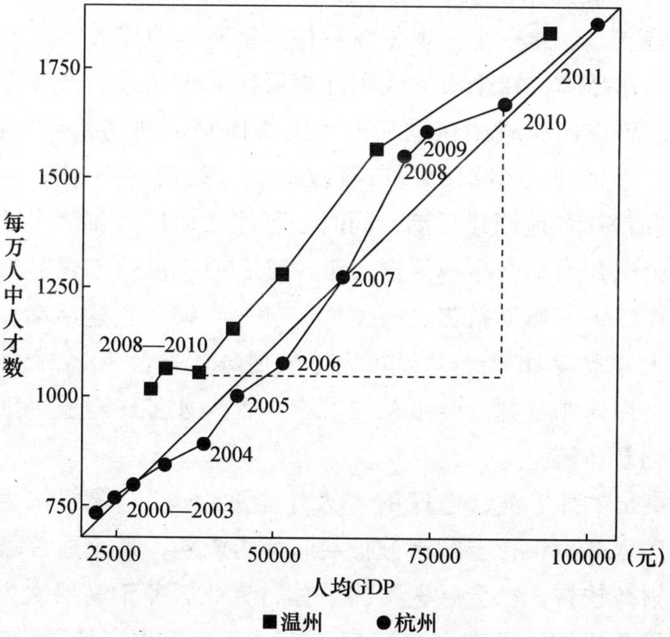

图3-5 温州与杭州人才与经济发展阶段对比

（二）发挥温州优势打造创业之城，用资本与市场集聚创业人才

杭州依托产业优势、高校集聚优势和环境优势集聚大批创新创业人才，温州与杭州相比，上述三方面都不存在优势，因此要从自身特色着手，发挥温州民间资本发达、民营经济活跃、市场机制完善的优势，用温州的创业文化、创业环境和政府的创业服务来吸引人才来温州创业创新。通过新建和现有的创业、融资平台来集聚一批优质项目，整合民间资本与创新项目，结合温州企业家的经营运作能力，发挥出人力资本的整合优势。

从人才资源发展水平来看，温州目前处在杭州2005年左右的水平，杭州自从2005年开始设立人才专项资金后，经过两三年的积累，在2008年爆发了人才增长高峰。因此温州应该借鉴杭州经验，从现在开始加大人才工作的投入，设定人才工作追赶杭州、宁波的总目标，争取在两到三年内迎来温州人才增长的高峰，通过几年的跨越式发展，逐渐缩小与杭州的距离。

二　宁波：创新人才工作机制，抓住人才工作地区特色

2012年宁波开始围绕“人才强县”建设，指导县（市）区结合本地产业特点，创建一个体现创新特色、富有实践成效、具有推广价值的人才工作品牌，在全市形成海外高层次人才引进、产业急需紧缺人才开发、创业创新载体建设和人才工作体制机制创新4大类11个特色品牌。宁波市委组织部、市科技局、人社局等6家单位“一对一”指导和帮扶各地创建活动，同时把创建活动作为年度人才考核重要指标，组织开展优秀品牌评选表彰，排名前3位的创建品牌自动入选年度全市组织工作创新奖。通过“一县一品牌”创建活动，宁波各地出台了人才政策16个、建设了人才发展载体平台40余个、创新了一批人才工作体制机制，全市总结推广一批人才工作经验，助推人才工作整体创新突破。

其中突出的如宁波北仑区的“人才金融中心”，该机构由宁波市北仑区与国家开发银行宁波市分行共同组建成立，是全国首家集“政策指导、财政扶持、社会融资”为一体，专业服务于高层次人才的综合性金融服务机构。还有宁波江东区的“宁波人才广场”，该园区由宁波市人力资源和社会保障局与江东区人民政府共建，主要发挥集聚

产业、拓展服务、培育市场、打造高地四大功能。集聚国内外有代表性的人力资源服务企业，使园区成为宁波乃至浙江的人力资源服务业集聚区。

温州从宁波经验可以借鉴的主要有：

（一）根据各县市自身特色，打造不同的人才工作模式，形成线上联动的人才工作机制

温州2009年前的人才总量与宁波相差不大，但之后宁波人才年增长率远高于温州，两市人才总量的差距不断拉大。这一方面与宁波在人才方面的高投入有关，2012年宁波安排人才发展专项资金3.05亿元，比2011年增长19.6%。另一方面也与宁波近年在人才工作机制上的创新有很大关系。温州的人才投入囿于财政收入所限，不可能跟宁波看齐，但在人才工作机制的创新上，可以借鉴宁波的经验。温州各县市发展很不平衡，对人才的吸引力也有很大差距，因此可以学习宁波经验，发挥各县市自身的特色，不单纯从“千人计划”等硬性指标出发，而是从人才工作切实服务于当地发展角度出发，创立各县市的人才工作品牌。

（二）建设人才银行与人力资源产业集聚区，创新人才与资本对接模式

温州民间资本高度发达，也可以借鉴宁波，建设人才银行，创新人才与资本的对接模式。此外，温州的人力资源服务产业较为薄弱，应当发挥温州市场机制完善的优势，以政策优惠来引进优质的人力资源服务企业，建设温州的人力资源市场，通过政府担保等方式建立人力资源服务市场的信用机构，推进市场在人才工作中的配置性作用。

三　苏州：政、产、学、研结合，发挥人才工作的中介作用

苏州在集聚了大量高层次人才的基础上，近年来充分发挥各种人才资源的作用，大力培育人才中介机构，探索人才工作社会化的实现方式，全力创新以人才为中介的政、产、学、研、企的合作与互动模式。

如2008年试行的“科技镇长团”，如今已经发挥出高校院所与地方的桥梁纽带作用，不断深化产学研合作，成为推动苏州经济转型一股强大的科技力量。“科技镇长团”遵循“按需选派、双向选择”原

则，选派成员主要按照接收市（区）乡镇企业特色产业、专业需求和人选条件确定方向。“科技镇长团”利用自身的智力优势与技术优势，积极深入企业，有重点地开展调研活动。针对企业转型升级、自主创新进程中的难点、热点问题，从科技角度积极寻找办法，探索解决途径。此外，“科技镇长团”通过科技沙龙、科技合作洽谈会、镇级科技工作对接会等活动，积极与企业家交流互动，加快项目的推进和落实。

温州从苏州经验可以借鉴的主要有：

（一）发挥人才桥接作用，打造政、产、学、研、企综合平台

苏州的人才工作一直走在全国前列，目前已经到了引入市场机制、协调各方力量、发挥人才中介效应、实现人才自身价值的阶段。与苏州相比，温州人才工作还有很大的上升空间，但以人才为中介的产学研合作模式应该是今后发展的一个重要方向。温州应当学习苏州在这方面探索出的先进经验，通过加强产学研平台建设、开展针对产业升级的产学研合作项目等来增强各平台间人才的联动作用，发挥后发优势，对人才使用模式进行系统化的创新，提高人才使用效率。

（二）关注本土人才培养，集中力量引进一两名重点行业领军人才

苏州已经从对人才数量提高的目标逐渐转变到对人才质量和结构的改善上。温州由于区位、投入、环境等缺乏竞争力，单纯从数量上很难与其他发达地区相比，因此，温州应当一方面注重本地人才的培养和留住，尽量避免本地高层次人才的流失；另一方面应当集中力量引进一两名对产业升级有关键作用的高端领军人才，有了先进的示范作用，就能够大大发挥企业在引才中的主动性。

四　无锡：推广观念、宣传典型，增强人才工作的社会反响

无锡对人才工作的推进首先是领导机制的强化，对领导考核要看“人才指数”。围绕《人才强市战略实施纲要》（以下简称《纲要》），建立人才强市战略评价指标体系，建立监督考核机制，对《纲要》实施情况定期进行督查，并把落实《纲要》作为考核领导班子的重要内容。进一步建立健全市、市（县）区、乡镇三级人才工作网络，加强乡镇（街道）人才网点建设。更加注重“两新”组织人才队伍的开发与建设，扩大人才工作的组织覆盖面。

其次是注重在人才工作中引入社会力量。鼓励建立无锡市高层次人才联合会，打造高层次人才自我管理、自我教育、自我服务的组织运行平台，更好地把各类优秀人才凝聚到“一当好、三争创”的旗帜之下。成立无锡市留学人员联谊会“530”创业人才分会和无锡（日本）海外人才工作联络站，举办《无锡周末大讲堂》，在《无锡日报》开辟《无锡人才》专版等举措，打造无锡社会化人才服务平台，建立了人才人事工作宣传主阵地，开通了一列人才人事公共服务的“直通专列”。

最后，是用推广先进案例来作为人才工作社会化的重要手段。以召开全市人才工作大会为契机，宣传创新创业典型，弘扬“四尊四创”精神，倾情打造乐见成功又宽容失败的创业环境。评比表彰一批高层次创新创业人才，发挥“优秀人才贡献奖”、“留学归国人员创业奖”、“引进人才工作奖”等激励导向作用，营造鼓励创新创造、支持创业发展的良好氛围。坚持“四高联动”与“人才特区”建设并举，政府支持和社会投入相结合，以最优环境、最大诚意聚集最广泛的人才、吸引最优秀的人才、留住最需要的人才。

温州从无锡经验可以借鉴的主要有：创新人才工作宣传机制，营造人才优先的社会氛围。无锡一直把科技创新作为地区的核心竞争力，因此一直以来都在全社会树立人才优先的理念。温州与无锡的差距主要是产业的科技含量和国际竞争力，而这根本上就在于高端创新人才的差距。与无锡相比，温州对人才的吸引力固然不占什么优势，但在区位和环境上的劣势并不明显，主要还是社会氛围和政策上有所欠缺。所以，温州要借鉴无锡的经验，大力做好人才工作的宣传推广工作，建设更加开放、包容的社会氛围，通过推出一系列人才政策和工程来增强温州对人才的吸引力。

五　深圳：面向海外人才，集聚高校智力，全力推动创新发展

深圳由于区位优势和产业优势，在引进海外人才方面一直走在全国前列。2010 年 10 月深圳推出“孔雀计划”，重点围绕深圳经济特区发展战略目标，以推动高新技术、金融、物流、文化等支柱产业，培育新能源、互联网、生物、新材料等战略性新兴产业为重点，聚集一大批海外高层次创新创业人才和团队。纳入该计划的海外高层次人

才可享受80万—150万元的奖励补贴，并享受居留和出入境、落户、子女入学、配偶就业、医疗保险等方面的待遇政策。对于引进的世界一流团队给予最高8000万元的专项资助，并在创业启动、项目研发、政策配套、成果转化等方面支持海外高层次人才创新创业。

与此同时，深圳还在积极推进前海人才特区建设。提出力争三年左右，初步建设成国际人才高度聚集、人才载体高度发达、人才组织高度活跃的现代服务业人才高地。到2015年年底，将拥有各类高层次人才和紧缺人才超过5万人，人才贡献率居亚太地区领先水平。前海人才特区通过金融、物流、贸易、创业产业、信息服务产业等现代服务业产业集聚基地来实现全球高端人才集聚，在人才的跨境跨区域流动与整合、海外人才管理与服务等方面做出了很多创新之举。如对香港特区相关行业人才取消职业资格认证的门槛、允许港人在深圳建立独资医院和国际学校等。

深圳在大力吸引国际人才的同时，也非常重视国内人才。虽然深圳本地的高校资源并不丰富，但国内知名高校基本上在深圳都设有研究机构。1999年深圳就兴建“虚拟大学园”，引进国内先进院校的智力，是我国第一个集成国内外院校资源、按照一园多校、市校共建模式建设的创新型产学研结合示范基地。到2011年，深圳虚拟大学园聚集了53所国内外知名院校，包括清华大学、北京大学等38所中国内地院校，香港大学、香港中文大学等6所香港特区院校和加拿大阿尔伯达大学等6所国外院校以及中国科学院、中国工程院院士活动基地和中国社会科学院研究生院，建立事业单位建制、独立法人资格的成员院校深圳研究院42家。搭建“深圳虚拟大学园国家重点实验室（工程中心）平台”，在深设立研发机构113家；形成从学士到硕士、博士的在职学历学位培养和从短期专项到为企业量身定做的“订单式”人才培养体系，41所成员院校累计培训各类人员144604人，其中博士1438名、硕士32488名，引进实习研究生3479人、“订单式”培训42369人次。

温州从深圳经验可以借鉴的主要有：

1. 发挥全球温商网络优势，拓展海外引才渠道。温州与深圳相比，既无区位优势，也无产业优势。温州人力资本最大的优势在于温州的企业家人力资本，在世界范围内温州的企业家群体是有自身优势的。因此，温州要利用好世界范围内的温州人网络，通过世界温州人大会等平台来增强温商网络的凝聚力，通过温商网络来招揽、集聚海外人才。

2. 柔性引进国内外高校院所科研力量，加大产学研合作力度与范围。同深圳一样，温州高校资源较为匮乏，企业的研发力量较为薄弱。温州可以借鉴深圳的虚拟大学园，通过柔性智力引进的方式把国内外高校院所的科研力量与本地企业的需求结合起来，同时把企业人才送出去培养，通过一进一出的产学研合作模式，既满足了企业转型升级的发展需求，又提升了本地人才队伍的创新能力。

第五节　人才支撑温州经济转型发展战略思路

一　需求导向：服务温州转型发展的战略目标

人才工作的最终目的是使人才服务于经济发展和社会进步，并最终成为推动温州转型升级的核心力量。要将人才工作的方向方针与温州转型发展的战略目标紧密结合，以人才促发展，用发展聚人才，通过人才数量的增长、质量的提高和结构的优化给温州的转型发展注入新的活力和动力。

（一）顶层设计，保证政策的系统性和连贯性

温州以前经济的腾飞靠市场的自发行为和体制的先发优势，是自下而上的“全民创业”。在经济全球化的今天，温州要实现经济的二次腾飞，需要理性、统筹、全局观，必须进行自上而下的“顶层设计”。目前温州的人才工作虽然取得了不小的成绩，但还存在着政策片段化、平台零散化等问题，人才工作有时限于“头痛医头，脚痛医脚”，政策之间、平台之间缺少连贯和联动，尚未形成有效的合力。温州的转型发展是具有战略意义的经济、社会全方位的一次改革和进步，只有从大局着眼，提纲挈领地部署人才工作，才能发挥人才工作在转型发展中的重要推动作用。

（二）逐步推进，看清发展的阶段性和方向性

“十年树木，百年树人。”人才工作是一个长期持久的过程，不可能一蹴而就。一方面，要求温州的人才工作要遵循人才成长和发展的客观规律，根据现有的条件逐步推进，既不能不顾客观条件制约，将目标定得过高，也不能只顾眼前利益，忽视人才的成长性；另一方面，温州的人才工作要与温州转型发展的战略目标紧密结合，既要考虑当前发展迫切需要解决的问题，也要考虑未来发展可能遇到的障碍。

（三）以用为本，落实手段的实用性和可操作性

人才一定要在实际发挥作用中体现出自身的价值，人才工作也一定要落到实处。在统筹全局、把握方向的基础上，人才工作一定要具体细化到各职能部门，明确责任和分工，将政策真正运用到人才的引进、培养、使用、激励等各个环节中去，充分发挥政策的引导作用，不断优化温州的人才环境，从而推进人才成长和发展，为经济和社会的转型提供有力支持。

二　政府引领：强化政策系统协调的战略大局

（一）温州以前的辉煌靠人，今后发展也依然要靠人

以前靠的是企业家人力资本优势，这是一种结构性优势；以后要靠人力资本的整合性优势，不光靠企业家，还要靠科技人才、技能人才的加入和有效组合。因此温州的转型发展不能光靠市场和企业自身自发的行为，更要依靠政府统筹协调，建立综合性的人力资本新优势。

（二）建立统合有力、分工明确的人才领导机制

建立科学决策、分工协作机制，人才工作领导小组及时出台年度人才工作要点，提出年度人才工作总体要求，明确工作内容、做好任务分解、细化任务分工。为各部门协作配合和具体落实提供指导。建立督促检查机制，建立人才工作反馈制度，实行定期报告、专题汇报，随时了解掌握人才工作进展情况。推进人才工作政策法规体系建设，严格依法按章办事，不断提高人才工作的法制化、科学化、规范化水平。

（三）打造高端集聚、服务基层的人才发展平台

人才平台是人才工作的重要抓手，是转型发展的重要保障，其主要作用在于吸纳人才、人尽其用。集中力量打造人才高端引进、人才创新创业、人才联系服务平台，提升对人才的吸引力、集聚力和感染力。要一手抓高层次人才的引进和使用，给他们创业创新的发展平台；一手抓中基层人才的培养和提升，给他们学习进步的成长平台。

（四）完善立足当下、着眼未来的人才政策体系

人才政策体系应该是一个完整的政策系统。在实际工作中不仅要根据当前工作的需要安排实施相关政策也要对人才政策进行总体框架规划设计以保证人才政策的系统性、完整性和动态性。人才政策体系建构既要注重中长期目标乃至经济和社会转型发展的战略全局，又要重视近期目标，特别是急需解决的问题和障碍。要从人才政策的六个模块：人才引进政策、人才使用政策、人才培养政策、人才评价政策、人才激励政策和人才保障政策出发进行统筹与平衡，防止政策偏颇与缺失。

三　市场主体：遵循人才发展规律的战略基点

党管人才战略部署是否能发挥顶层设计的优势解决目前制约经济社会发展的人才障碍，关键在于是否遵循人才成长和发展的客观规律，是否遵循了企业成长和发展的市场规律。市场机制的完善是温州转型发展的一大优势，因此充分发挥市场主体作用，也是温州能否打开人才工作局面的重要因素。

（一）以转型为契机，重塑企业家人力资本优势

温商群体是温州最大的财富，温州的企业家人力资本优势开创了举世闻名的“温州模式”。温州传统的企业家有魄力、懂市场、讲诚信，这成就了温州经济以往的迅猛发展。但在知识经济主导、全球市场一体化的今天，温商群体也逐步暴露出长远战略眼光、现代管理理念和科教创新观念的缺失。这在很大程度上造成了温州目前经济发展后劲不足、众多企业面临困境的现状。因此必须抓住转型升级的关键时期，从观念转变、理念提升和眼光培养等方面着重改善温商现有的不足，重塑温州企业家的整体优势。

(二) 以企业为载体，整合各类优质人力资本

温州要实现经济的二次腾飞，不能光依靠企业家人力资本的优势，还需要整合科技人力资本、技能人力资本等各种优质的人力资本，打造人力资本的全面、综合性优势。只有实现企业家、科技创新人才、技能人才等有机结合，才能让人才发挥各自最大价值，实现经济和社会的转型发展。而企业作为各类人才最重要的载体，发挥着整合各类人才聪明才智的重要作用，因此人才工作必须充分发挥企业的主体作用，认清人才与企业的不可分割的联系。

(三) 以政策为推手，促进新老企业的更新换代

产业的转型升级实际上就是新老企业、新老产品更新换代的过程。人才工作要实现推动转型升级的作用，就必须引导企业通过人才的引进和培养，提高产品科技含量和附加值，实现生产、管理、营销等各方面的转型升级。中小企业常常追逐短期利益而忽视科技和人才的投入，人才政策应该成为推动企业进行科技升级、人才更新的重要动力，促进企业由内而外的转型，以适应新经济形势的要求。

温州在实施人才战略过程中，要遵循区域经济和人才耦合基本阶段规律（见图3－6），注意终极目标，做到长短结合。要把高层次人才引进、培养作为创新驱动的战略举措，围绕实施传统产业转型升级、战略性新兴产业不断发展、服务业提速，重点培养一批能够突破关键技术、拥有自主知识产权的高层次人才和掌握核心技术自主创业的科技企业家，不断发挥人才引领和推动产业发展的作用，推动经济社会发展走上依靠创新驱动的轨道。

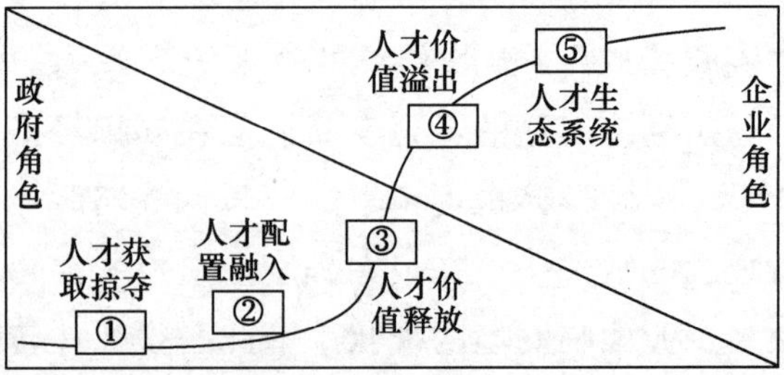

图3－6　区域经济和人才耦合的政企角色

第六节　人才支撑温州经济转型发展重点举措

一　创新三大机制，加强政府引导作用

（一）建立实体化人才工作领导小组，创新人才领导机制

温州市未来的人才工作由实体化的人才工作领导小组办公室提出，并由组织部牵头抓总。党委、政府有关职能部门主要负责人在领导小组担任职务，并明确各自的职能和义务。要逐步完善市委人才办的日常运行机制。在人才资源规模比较大的系统根据需要建立人才工作领导小组，完善各级人才工作领导小组办公室的机构设置，增加主要职能部门负责人兼任人才办副主任，进行定期办公，执行定期的主任办公会制度。提高全市人才工作的系统性、协同性。各级人才办的人员配备和经费安排要给予充分保障。

（二）“企业主体、政府引导”，创新人才引进和培养机制

政府要围绕企业发展制定人才队伍建设规划，贯彻“政府引导、企业主体”的指导思想，制订“温州市企业人才扶持计划”。围绕企业发展确定人才引进和培养重点，实现企业集聚人才、人才促进企业的良性互动。围绕企业发展方向，建立人才引进和培养平台、人才中介服务机构，吸引创新科技人才来温州创业和促进更多的科研成果产业化。围绕适应经济转型发展的战略需要，人才工作重点由面向机关、事业单位向企业倾斜转变。

（三）全社会树立尊重人才的观念，创新人才工作宣传机制

政府要引导在全社会树立“尊重人才，服务人才，争做人才”的观念，倡导崇尚创新、追求科学的社会风气，弘扬改革创新的时代精神，培育全社会的创新意识，发展创新文化，营造鼓励创新、宽容失败的社会氛围。要通过媒体、网络等各种有效载体，积极宣传科学人才观、“人才是第一资源”等观念，努力建设“新温州人融合计划”，形成温州人关心、支持、参与全社会人才队伍建设的社会认同。要定期表彰奖励各种人才工作的先进事迹，为深入实施人才强市战略提供

良好的舆论导向。

二 搭建六大平台，实现全球全国引才

根据科学系统调研的结果，温州应搭建三类六大平台，以实现人才对城市经济与社会转型的综合效益。

（一）创业创新人才发展平台

1. “政、产、学、研、企”综合创新平台。鼓励共建企业投资政府配套相结合，建设一批政企合作、校企合作的工业研究院和公共研发平台，助推产业升级。第一，大力引进大院名校科研分支机构，围绕温州传统支柱产业和战略性新兴产业，探索建立政府搭台、企业主体的产学研战略联盟，重点引进建设一批科研院所，服务当地产业转型升级。政府需要努力帮助解决引进科研院所人员的事业编制问题，并引导当地企业与科研院所进行项目合作。第二，加强企业平台人才载体建设，积极鼓励引导有条件的企业建立院士专家工作站、博士后工作站、企业技术研发中心、硕士研究生项目实习基地、引智示范基地，并通过股权激励、业绩奖励、人文关怀等措施激励企业平台研发人才。第三，加大投入力度，重点扶持两三个领域的国家级研究室和实验基地，为高层次人才创新创业提供舞台。第四，以温州大学、温州医学院等本地高校为基地，强化海外工程师及高端高技能人才的高校人才驿站平台。采取“人才＋项目＋基地”模式，加强温州大学海外工程师及高端高技能人才的人才驿站、重点实验室、行业公共科技平台、省博联温州科技创新基地、留学人员创业园、大学科技园、高层次人才创业创新基地等载体建设。第五，以行业协会为依托，围绕重点产业建设高技能人才的公共实训平台。行业协会帮助政府制订产业升级计划，制订实施“温州市蓝领精英养成计划”，引导行业企业向高级化发展。鼓励行业协会设立行业专门的培训机构，为本行业的全面提升提供服务。温州市将建成能源石化、生物医药、鞋革服装、机电模具、IT 产业、旅游会展、文化服务、港口物流、经管经贸、金融保险等符合产业发展方向的专业人才培养基地，基本建成面向先进制造业和现代服务业、职前教育与职后培训有机沟通的职业教育实习基地，推动地方主导支柱产业发展，提升人才资源配置能力。

2. 国家级创业创新平台。以国家级高新技术开发区、国家级经济

开发区、省级经济开发区为基地，打造吸引创业人才集聚、温商回归的国家级创业创新平台。打造区内创业创新平台和优良的环境，以温州科技城、国家级创业服务中心、留学人员创业园、激光与光电科技企业孵化器、激光与光电产业联合研究院等创业平台，中国科学院、北京科技大学等一大批大院名校的分院、分中心、成果转移平台为依托，为海内外人才创新创业创造发展空间。除了已有制定的园内人才创业创新扶持奖励政策，要在园区内制定实施“企业人才扬帆起航计划”，政府在初期给予引进人才及其企业以项目资助，帮助企业完成资本的原始积累。

（二）人才服务平台

1. 人力资源服务产业集聚平台。探索建立人力资源服务产业园区——温州人才港，坚持“政企分开、管办分离”的原则，积极推进政府所属人才服务机构的体制改革和机制创新，积极构建公益性服务平台，促进人才充分就业，大力培育发展专业化的人力资源服务产业集聚平台，逐步形成分布合理、结构多元、特色鲜明的专业化、规模化、品牌化的人才中介服务机构。人才中介服务机构要大力提供人才招聘、人才派遣、人事代理、行政事务代理核心职位招聘、管理咨询、教育培训、职能外包等人才服务，发展形成布局合理、功能完备的社会化人才服务体系。努力引进高端猎头公司，政府在猎头公司与企业之间起到“担保人”的角色，探索制订实施“人才支付宝”计划，完善人才担保机制。政府需要规范市场行为，清理规范劳务派遣公司，加强对人力资源市场中介机构和各类人力资源交流活动的监督管理。通过人力资源服务产业集群吸引专业人才，做到产业与人才的互动发展。

2. 创新创业融资平台。第一，建立整合“民间资本 + 人才项目”的金融投资平台。通过成立国有人才担保公司，即“温州人才银行”，整合人才、科技、产业、金融等优惠政策，探索建立财政补贴的新模式。同时将自主知识产权、核心技术、个人及团队信誉等“软资产”纳入可质押和担保范畴，使高层次人才在创业初期即可获得相应的资金扶持，变“事后投资”为“事前投资”。此外，积极引入创投基金，为其提供长期的资金支持。第二，借力金融改革，打造金融产品创新人才集聚平台。既要为温州金融综合改革提供人才支撑保障，同时，也利用金融综合改革的成果，如科技金融的发展，创投基金的设立，引进一批风投机构等，建设“温州投资广场”，发挥温州民资充裕、机制灵活的优势，吸引海内外高层次人才到温州从事科技创业、科技创新。

3. 人才区域共享平台。现代城镇化建设需要引进国际国内的专业建设人才，温州当前非常缺乏相关类别的高级人才。第一，建立人才区域共享平台，聘请发达国家、发达地区规划、旅游等城镇化建设方面的专家，借鉴他们成熟的经验。第二，可以在美国、欧洲等先进国家和地区，以及北京、上海等国内城市，建立一个虚拟国内外城镇化建设技术中心。如此可以随时让这一机构为温州产业发展提供技术支持，而且也可以将该机构作为温州城镇化建设的人才对接平台。第三，根据产业发展的需求，举办人才论坛、人才交流会，为吸纳创新科技人才提供一个国际化、专业化的交流平台。

（三）人才储备平台

创办“中欧国际创业大学”、“温州肯恩大学”，提升温州人才培养平台。发挥全球温商和温州籍学者在欧洲广泛的人脉资源优势，以培养国际化人才的特色大学为目标，面向温州和全国招生，并招收在欧洲打拼的温州人后代和全球华裔，开展融合现代先进文化和中国传统文化的国际化教育，集聚全球创新创业人才，推进温州国际化跨上新的台阶。

三　完善政策环境，实现居留联动效应

（一）制定力度更大的高层次人才引进培养政策

第一，按照高端引领、重点带动、统筹发展的思路，全力实施“580海外精英引进计划”、“温州市重点创新团队遴选培养工程”、“市551人才工程”、“百千万人才培养工程”等一批重大人才工程，有力地牵引各类人才队伍统筹发展，2013年人才投入不低于温州市公共财政收入的1.5%，2014年人才投入不低于温州市公共财政收入的2%。

第二，重点突出，集聚有限资源财力，加大力度引进“紧缺人才目录”中涉及的高端领军性科技创新人才。

第三，重点行业创新型科技人才的引才力度应富有区域竞争力，不低于周边同等层次城市，继而全面支撑产业升级。

（二）支持传统产业改造提升的企业人才激励政策

第一，发挥企业引才的主体作用，制定实施“温州市引才标杆企业家荣誉制度”。对于温州市引进海外精英人才及重点创新团队、高层次人才队伍及创新团队的企业家颁发荣誉证书，并在全市范围内进行表彰。

第二，制定实施“企业高层管理人员引才荣誉制度”。对于引进温州市紧缺产业研发团队及经营管理团队的企业高层管理人员，颁发荣誉证书。

第三，对于获奖企业、企业家和企业高层管理人员给予物质和精神奖励，同时对相关企业推行一系列转型升级扶持政策，如优先支持技改项目（给予资金配套的激励）等。

第四，制定实施温州市“企业人才与青年拔尖人才选拔管理办法”。放宽企业人才评选的学历和职称条件，主要考察企业人才研发成果与工作绩效。

（三）支持战略新兴产业发展的人才激励政策

第一，多元支持的创业型科技人才的创业投融资政策。政府每年遴选优秀的科技创业人才，今后五年遴选的优秀科技创业人才，以年递减形式巨额资助几家科技创业企业。资助来源采取多元化的方式，即政府与风投机构结合，多渠道、多形式给予创业科技人才支持。

第二，引进激发企业创新和容留研发人才的财税政策。根据企业R&D投入给予税收计免。将企业按照行业、R&D投入进行分类分级，根据不同的类别和级别进行税收计免。R&D投入等级越高的企业，税收计免幅度越大，从而激发企业创新和容留研发人才。

第三，启动温州市“青年科学家培养计划”。着眼推动企业技术创新，培养一批青年科学家和科研团队带头人，三年内从高校、科研院所选派30名优秀青年科技人才到激光与光电、新能源、新材料、节能环保、电动汽车、海洋等先进装备制造领域的重点企业研究院工作，开展技术难题攻关，推动科研成果产业化。优秀青年科技人才在企业从事的研究优先申报省级、市级科研立项，所取得的业绩和成果、知识产权归企业所有。技术荣誉奖励等可作为评审专业技术资格重要依据，优先晋升专业技术职务。表现特别优秀的优秀青年科技人才，可破格申报高级职称，直接纳入省级相关人才工程和计划。

（四）发布“温州紧缺人才指数体系”的人才预警政策

依据温州经济社会发展走势，以紧缺急需、供给困难的高层次创新人才为主体展开。一是建立“五个子系统”，即紧缺人才指标系统、基础数据系统、紧缺人才指数测算系统、指数分析报警系统和政策系统；二是确立由综合指数和数量指数、质量指数、供给指数等构成的指标体系；三是界定“级”紧缺度划分等级，即极度紧缺、非常紧缺、相当紧缺、比较紧缺和基本紧缺。根据温州经济社会发展的传统产业和战略性新兴产业，开展分行业、分岗位的大样本抽样调查，通过专家综合评分和决策层次模型评分和计算，获得全部人才分行业、分岗位的紧缺指数数值系列，并从数量、质量、供给、结构等角度提出相应的预警提示和政策建议。

（五）高端紧缺人才的柔性引进和使用政策

第一，在全球范围内选择对于温州经济社会发展有重要作用的、在本学科中处于前沿地位的专家，尤其是温州籍专家，授予“瓯江学者”称号，给予物质和精神的待遇。通过瓯江学者带动温州新技术、新产品、新产业的发展，同时培养一批本土专家的成长，形成一个梯队，建立与国际、国内高级人才接轨的机制，时刻追踪本领域的发展前沿，及时转化为温州生产力，促进温州产业的升级。

第二，制定企业柔性人才引进鼓励政策，通过政策鼓励支持企业创建企业博士后基地、企业与国内知名高校合作的研发项目、海外工程师项目，柔性引进人才。

（六）企业投资、政府共建职业技术学校的技能人才培养政策

第一，政府通过发布与产业政策配套的“紧缺人才培养计划”，引导企业的人才建设。

第二，实行“温州高技能人才培养工程”，以高职院校、技师学院和重点中职技术培训基地为核心，大力开展紧缺岗位高级技能培训项目。

第三，组织开展“万人技能大赛”，通过开展技能比武、技能鉴

定、校企合作、评选表彰首席技师、建设技能大师工作室等措施，培养企业高技能人才，促进解决温州市各类人才建设滞后问题。

第四，推进本地职业技术学校的快速发展，将学校的课程设置、实习实训等与当地重点行业的转型升级发展相结合，努力缓解温州本地高技能工人极度缺乏的现状。

（七）人才住房建设工程和滚动租赁政策

第一，加大各类人才保障性住房经费投入力度，增加各类人才保障性住房建设，完善各类人才保障性住房供应政策，从价格、面积、程序及转让等方面予以明确规定。实施购房补助制度，根据引进人才层次、级别，明确相应补助标准。

第二，加快人才公寓建设，重点开展大学生人才公寓建设，抓好"聚英家园"一、二期入住管理，加快三期建设。完善公共租赁房制度，重点解决新就业研究生、大学生的住房问题。实施租房补助制度，在房源不足的情况下，给予引进人才适当的租房补助。

第三，支持企业构建职工住房。包括在各个工业园区和生产集中地，建立专家楼群。在工业园区建设过程中，企业直接将厂房和职工的住房规划统一，使园区可以直接容纳员工住宿，有效解决员工的住宿问题。

第四，进一步完善住房公积金制度，为各类引进人才在住房公积金提取和贷款等方面提供优惠政策。

（八）公民待遇的海外人才医疗、教育、社会保障政策

第一，深入实施"浙江红卡"（高层次人才居住证）制度，制定完善外来高层次人才居住证管理办法及实施细则，对符合条件的外来高层次人才在温居留、出入境、税收、保险、职称评聘、子女入学、住房购置等方面给予本地居民待遇。

第二，制定实施"服务高层次人才专项例会制度"，政府设立领导小组定期开展针对海外高层次人才需求调查摸底，准确掌握辖区内海外高层次人才需求，并努力帮助解决海外高层次人才及其家属在工作生活中遇到的困难。在海外人才集聚区建立"一对一"联系服务机制，为人才提供零距离、心贴心服务。

第三，完善《温州市高层次人才享受生活待遇暂行办法》，明确

高层次人才在居留和出入境、落户、医疗、社保、住房、税收、通关、配偶安置、子女入学、薪酬、游览和咨询各个方面享受全面优待。企业要尽可以能地努力解决人才的后顾之忧，如积极联系子女的教育入学问题，帮助解决家属的就业问题，安排员工的住房租赁等问题。

（九）多元宣传手段的舆论环境营造工程

加大优秀人才典型事迹宣传力度，切实营造出“尊重劳动、尊重知识、尊重人才、尊重创造”的良好氛围。对于引进高层次人才的企业及企业家，制订实施“温州市引才标杆企业推广计划”，帮助联系网络、电视、报刊媒体进行广告宣传，并根据实际情况退返广告费用。

第四章　实用人才评价体系构建与应用研究

——以义乌国际贸易实用人才评价为例

2011年3月，国务院正式批准义乌市作为国际贸易综合改革试点，这是浙江省唯一的国家级国际贸易综合改革配套试验区。几年来，义乌市委、市政府根据总体方案精神，在义乌市开展国际贸易综合改革试点，以转变外贸发展方式为主线，着力推进国际贸易体制机制创新，建立并试行“市场采购”新型贸易方式，改革试点取得初步成效。要进一步推进国际贸易综合改革试点工作，离不开义乌国际贸易及相关行业实用人才的有力支撑，对人才的培养与激励也显得越发重要。

国家提出“人人皆可成才”的科学人才观，为义乌培养造就一支数量充足、结构优化、素质优良、布局合理、实力强劲的国际贸易实用人才队伍指明了方向。科学人才观指出，要以实践和贡献作为评价人才的主要依据，要不拘一格选才、育才、用才，让每个人都有成才的机会，让每个有志成才的人都有发展的空间，让每个为国家和人民做出贡献的人都能得到社会尊重。“不唯学历、不唯职称、不唯身份”的理念，正在得到全社会的广泛认同。义乌市在实践层面开发出适合国际贸易综合改革及义乌社会认同的国际贸易实用人才评价标准，继而制定科学的人才培养与激励政策，可以更好地践行科学人才观“人人皆可成才”的理念，服务国际贸易综合改革试点及义乌市产业经济的转型升级。

另外，通过构建国际贸易实用人才评价体系，可以提升义乌实用人才主观幸福感，从精神文明建设的层面提升义乌民众的综合素质，形成良好的社会价值观和社会氛围；可以提高义乌实用人才的政治参与度与社会地位，让每个人都能找到自己在社会中得到认可的一席之地，从而提升民众的社会责任感，让每个人都愿意为社会做出自己的贡献；通过构建国际贸易实用人才评价体系，可以创新政府基层社会管理模式，并最终服务义乌市和谐社会的建设。

基于上述背景，本书通过深入调研义乌国际贸易实用人才现状，应用科学的研究分析方法，尝试建立义乌国际贸易实用人才评价体系。

第一节　构建国际贸易实用人才评价体系的必要性和可行性

一　必要性分析

（一）国际贸易综合改革试点持续推进的要求

《浙江省义乌市国际贸易综合改革试点总体方案》提出“转变外贸发展方式示范区、带动产业转型升级的重要基地、世界领先的国际小商品贸易中心和宜商宜居宜游的国际商贸名城”三大目标。通过试点，有效解决对外贸易中长期存在的出口产品低端、交易方式传统、管理体制制约等一系列深层次矛盾和问题，促进国际贸易发展方式转变，进一步提高对外开放水平。要实现这些战略目标，必须有一支数量充足、结构优化、素质优良、布局合理、实力强劲的国际贸易实用人才队伍作为试点持续推进的有力支撑。

（二）国际贸易人才队伍素质结构特殊性要求

义乌国际贸易人才队伍具有不同于其他类型人才队伍的特点。国际贸易人才从业人员年龄普遍不大，相关研究显示，20—25 岁的占 46%，26—30 岁的占 25%，30 岁以上的占 29%。从学历来看，36% 的从业人员学历在本科及以上，45% 的从业人员学历为大专或高职毕业，19% 的从业人员学历为高中或以下。英语或国际贸易专业毕业的外贸人员占 56%，有 44% 的工作人员并没有接受过相关专业系统的理论教育。国际贸易从业人员虽然为义乌经济产业的发展做出了重要的贡献，但由于学历及理论素养较低，在传统人才评价体系下难以获得晋升与社会认同。目前针对义乌国际贸易实用人才的评价并不完善，与科技创新人才相比，国际贸易实用人才的评价界定难度较大。一批业绩明显、贡献突出的优秀国际贸易实用人才享受不到现有人才优惠政策，一定程度上影响了实用人才创造性和积极性的发挥。

（三）义乌经济社会推广人才优先理念要求

要全方位推动义乌国际贸易综合改革，需要着重审视“人才”这个关键性问题。义乌市委、市政府采取了一系列措施，努力加强人才队伍建设，促进人才作用的发挥。但人才优先的理念没有深入到义乌社会各部门、各组织，相关政策还没有充分落到实处，国际贸易人才发展体制机制障碍仍然存在，人才创新环境有待改善。为满足国际贸易综合改革试点的人才支持，给予国际贸易实用人才科学的激励扶持政策，帮助其在各自岗位各司其职，顺利实现每一个义乌人的“中国梦”，需要建立以国际贸易实用人才的能力和业绩为主要权重的、科学的人才综合评价体系。

二　可行性分析

（一）义乌构建国际贸易实用人才评价体系具备坚实产业基础

义乌是国际贸易集聚地，是全球最大的小商品集散地和我国最大的小商品出口基地，拥有全球最大的小商品批发市场，全国最大的内陆海关，是我国十分重要的国际贸易窗口。截至2012年，市场主体总量达159103户，而义乌市41.2万人的人才总量中，国际贸易实用人才就达到了20.8万人，超过了人才总量的50%。这支队伍中大部分人才是没有学历和职称的国际贸易实用型人才，构建针对此类群体的人才评价体系不仅有必要，更具有广泛的群众基础。另外，国际贸易、电子商务、物流、会展等几类行业多年来业已成为支撑义乌经济发展的基础行业，对这些行业的实用人才进行评价，符合义乌市的“市情”，也符合持续推进国际贸易综合改革及义乌产业转型升级的需要。

（二）义乌构建国际贸易实用人才评价体系具备有力的政策支持

义乌市委、市政府早已经在“十二五”规划中提出了一系列人才建设的新思路和新举措，如2011年义乌市委、市政府又制定了《义乌市人才发展规划（2011—2015 年）》，努力加强人才队伍建设；义乌市人力和社会保障局制定了《义乌市职业培训工作流程》，对培训事前申报、计划审核、培训监督、鉴定管理、经费补助等环节作了进一步明确，建立工作时限承诺制；还制定了《义乌市职业技能鉴定考评人员管理办法》等；义乌市委组织部与浙江省人才发展研究院几年来深入合作，共同完成了《探索建设义乌国际贸易人才特区，助推义乌国际贸易综合改革试点》课题、《以人才政策工作推进义乌国际贸易综合改革试点建设》课题，课题部分成果得到省委组织部、市委领导认可，这为政府相关部门进行国际贸易实用人才评价体系研究并深入实施国际贸易实用人才评价奠定了良好的基础。

第二节　国际贸易实用人才评价体系概述

一　指导思想、基本原则和总体目标

（一）指导思想

以邓小平理论和“三个代表”重要思想为指导，坚持用科学发展观统领人才工作，坚持“尊重劳动、尊重知识、尊重人才、尊重创造”的方针，进一步解放思想，创新人才资源开发与管理机制，打破学历、职称、身份的界限，大力培养和吸引国际贸易创新型实用人才，推动国际贸易综合改革试点健康发展。

（二）基本原则

1. 以人为本原则。树立和落实科学人才观，落实“尊重劳动、尊重知识、尊重人才、尊重创造”的方针，优化人才工作体制机制和发展环境，有效促进国内外国际贸易人才集聚。

2. 需求导向原则。以建设义乌国际贸易名城为目标，确定国际贸易人才队伍建设的目标，制定评价体系与相关政策措施。突出人才开发重点，整体推进人才评价工作，加大国际贸易人才队伍建设力度。

3. 不断创新原则。解放思想，探索人才工作新思路，破除人才成长创业难题，构建国际贸易人才激励与促进机制，充分调动国际贸易人才工作积极性与创业热情。

4. 能力建设原则。努力提高国际贸易人才质量，注重国际贸易人才综合素质和创新能力的培养，不断提升国际贸易人才的创新创业能力。

（三）总体目标

力争到2015年建立一整套系统完善的国际贸易实用人才评价体系与相关政策体系，服务义乌国际贸易综合改革的人才队伍建设需要。力争到2020年基本建立起一支规模适当、素质优良、结构优化、布局合理的国际贸易人才队伍，为建设国际贸易名城、顺利推进义乌国际贸易综合改革提供坚实的人才保证和广泛的智力支持。

二　理论基础

（一）胜任力模型理论

胜任力模型理论是人才评价体系构建的核心理论之一。1973年，哈佛大学心理学教授麦克莱兰在《测试胜任力而非智力》一文中提出胜任力概念。胜任力是指“能将某一工作（或组织、文化）中有卓越成就者与表现平平者区分开来的个人的潜在特征，它可以是动机、特质、自我形象、态度或价值观、某领域知识、认知或行为技能——任何可以被可靠测量或计数的并且能显著区分优秀与一般绩效的个体特征。”

（二）人—职匹配理论

人—职匹配理论由美国波士顿大学教授帕森斯最早提出，基本思想是每一种职业由于其工作性质、环境、条件、方式的不同，对任职者的能力、人格、生理特征等有不同的要求。当任职者具备职业所要求的素质时，会产生协同作用。

（三）个体差异与素质可测论

个体差异论强调人与人之间素质的差异，素质指个体实施社会行为的基本条件和潜在能力，它是在人的先天生理条件的基础上，经过后天教育和社会环境的影响，内化而形成的相对稳定的身体和心理品质，是稳定性和可变性的统一。

三　主要内容

（一）评价对象

国际贸易实用人才评价对象是具有国际贸易相关基础知识和业务

技能，了解国际贸易惯例和规则，具有一定的跨文化交流和创新能力，能够有效开展相关国际贸易活动的人员。主要包括国际贸易人才、国际物流人才、国际电子商务人才和国际会展人才四种人才类型。

（二）维度构成

国际贸易实用人才评价体系旨在打破原有以学历、职称为重的评价模式，重点鼓励业绩明显、贡献突出的优秀国际贸易实用人才。根据国际贸易实用人才评价的基本原则，评价体系主要从四个维度对人才进行评价，即行业经验、工作业绩、业务能力、职业道德，并采取行业经验和工作业绩评价为主、业务能力与职业道德评价为辅的方式进行综合评定。

（三）评价模式

国际贸易实用人才采用“名额制”的评价模式，即通过对拟申报实用人才的各行业企业评级，以确定企业可申报的实用人才名额，并采取企业对拟评定人员进行评价，义乌市政府相关部门审核通过的方式，确定被评定人员是否成功评定为相应等级的实用人才。

（四）研究特色

国际贸易实用人才评价体系采用专业测评方法，即综合采用履历分析法、问卷调查法对评价标准进行测定，以支持评价体系的科学性。

履历分析法又称资历评价技术，是通过对评价者的个人背景、工作与生活经历进行分析，来判断其对未来岗位适应性的一种人才评估方法，是相对独立于心理测试技术、评价中心技术的一种独立的人才评估技术。使用个人履历资料，既可以用于初审个人简历，迅速排除明显不合格的人员，也可以根据与工作要求相关性的高低，事先确定履历中各项内容的权重，把申请人各项得分相加得总分，根据总分确定选择决策。实用履历分析法的意义在于：一是能够得到履历定量分析成绩；二是实现了测评的职位区分；三是有效利用应聘者各种重要的履历信息，对资格审查合格的入围者进行区分，使测评选拔更加科学合理。研究结果表明，履历分析对申请人今后的工作表现有一定的预测效果，个体的过去总是能从某种程度上表明他的未来。

问卷调查法也称问卷法，是调查者运用统一设计的问卷向被选取的调查对象了解情况或征询意见的调查方法。研究者将所要研究的问题编制成问题表格，以邮寄方式、当面作答或者追踪访问方式填答，从而了解被试对某一现象或问题的看法和意见，所以又称问题表格法。问卷调查法的最大优点是，它能突破时空限制，在广阔范围内，对众多调查对象同时进行调查，同时便于对调查结果进行定量研究。

第三节　国际贸易实用人才评价手册制定

一　基本框架

国际贸易实用人才评价体系的建立应把握以下几点：

首先，根据义乌国际贸易从业人员现状，即从业年限和基础学历两个基本要素，区分出各级国际贸易实用人才的个人申报条件，进行实用人才的级别内评定，申报条件突出“实用”的特点，即关注人才已有工作经验的积累。另外，考虑到国际贸易相关行业所具有的特殊性，在各行业人才各层级评定服务年限一项的界定上设置了相对独立的标准。

其次，根据国际贸易用人单位要素和个人要素对实用人才等级进行评定。用人单位要素具体分为用人单位基本要素和用人单位导向要素两个方面，代表了参与申报个人所在单位的发展状况、近年的业绩增长、行业地位及资质等，其主要目的是评定申报企业的等级，以此确定相应等级的企业可获得的实用人才的申报名额。其中，用人单位基本要素关注的是用人单位的发展状况、近年业绩增长以及奖励荣誉等，而导向要素则是根据其单位实际已获得的行业相关资质、认证、牌照给予加分。考虑国际贸易相关行业所具有的特殊性，在各行业用人单位发展状况、近年业绩增长的层级界定上，同样设置了相对独立的标准。

个人要素分为个人基本要素和个人参考要素，代表参与申报的个人所体现的综合素质。其中，基本要素包括教育经历、工作职位、经验与业绩、知识技能认证等；个人参考要素包含用人单位对个人的能力评价、职业道德评价，以及不在个人基本要素计分范围的其他认证、证书、个人知识技能等。

整个评价体系基本框架如图 4－1 所示。

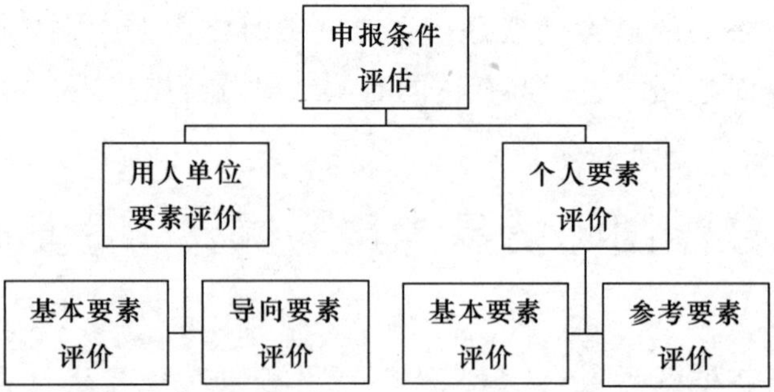

图 4－1　国际贸易实用人才评价体系基本框架

二　评价管理和应用

根据实际评价结果，将国际贸易实用人才由低到高分成：初级国际贸易师、中级国际贸易师、高级国际贸易师、资深级国际贸易师四个不同等级，并附国际贸易实用人才评价手册。

1. 初级国际贸易师：初级国际贸易师申报条件是：了解现代国际贸易（物流、电子商务、会展，以下同）相关基础知识，基本了解国家相关法律，较好地完成国际贸易实际的基层工作和操作实务。

2. 中级国际贸易师：具有较丰富的国际贸易专业知识基础及实践经验，了解国际规则和惯例，熟悉并掌握国家相关法律法规，能熟练运用科学管理手段，全面履行工作岗位职责。

3. 高级国际贸易师：具有丰富的国际贸易专业理论知识及实践经验，熟练掌握国家相关法律法规，精通国际贸易规则，能熟练运用科学管理手段主持一般国际贸易项目，规划设计国际贸易项目方案，解决国际贸易问题。

4. 资深级国际贸易师：具有丰富的国际贸易专业理论知识、实践经验及前沿领域视野，熟练掌握国家相关法律法规，精通国际贸易规则，能熟练运用科学管理手段主持重大国际贸易项目，解决重大国际贸易问题，在国际贸易领域具有突出贡献。

第四节 建立国际贸易实用人才评价体系的政策建议

一 建立义乌国际贸易实用人才数据库

建立义乌国际贸易实用人才评价体系，能够精确把握当前义乌国际贸易及相关行业的人才储备情况。根据评价体系，建立“国际贸易实用人才数据库”，追踪人才的流动趋势，形成义乌国际贸易及相关行业人才储备的预警平台，对于促进义乌国际贸易行业转型升级，推进国际贸易综合改革试点具有重要的战略意义。同时，对有突出贡献的国际贸易实用人才实施评价与激励，对于义乌社会管理工作创新、和谐社会的构建具有重要的意义。

二 人才激励政策

在国际贸易实用人才评价等级划分基础上，逐步完善国际贸易实用人才培养、使用和待遇相结合的激励机制，建立与评价等级相对应的薪酬、福利、培训等方面的奖励政策。

（一）人才培养

由政府宏观引导，行业协会或行业主管部门具体组织，定期开展国际贸易及相关行业的业务及管理培训。根据国际贸易实用人才评价等级不同，制定不同层次的人才培养支持政策。对于初级、中级国际贸易实用人才，定期开展国际贸易基础知识、国家相关法律、科学管理方法等方面的培训；按照选派一流人才、到境内外一流机构、学习一流知识的要求，对高级国际贸易实用人才实施“国际贸易骨干人才国际化培训计划”：对高级国际贸易实用人才，进行为期 3 个月至 1 年的境内培训；对资深级国际贸易实用人才，进行为期 3 个月至 1 年的境外培训，实现由过去低层次、短时间、开阔眼界的境内外培训转变为高层次、中长期、系统化的境内外培训。

（二）人才激励

对获得国际贸易实用人才称号的人才给予精神奖励，颁发“国际贸易实用人才等级荣誉证书”，并在企业及社会进行广泛宣传推广，树立人才的榜样标杆作用；针对获得高级、资深级国际贸易实用人才等级的优秀人才，市政府优先给予养老保险、医疗保险等社会保障方面的扶持政策；对积极参与国际贸易实用人才评价且人才贡献突出的企业推行一系列转型升级扶持政策，如优先支持技改项目（给予资金配套的激励）等。

三 人才服务政策

科学配置人才资源，促进人岗相适、用当其时、人尽其才，形成有利于国际贸易实用人才脱颖而出、充分施展才能的用人环境。

（一）落户安置

充分解决国际贸易实用人才的落户安置问题，对不同级别的人才给予相对应的落户优惠政策。对于初级、中级国际贸易实用人才，在原有落户政策的基础上，采用加分的方式，给予人才落户政策的优惠；对于高级、资深级国际贸易实用人才，要切实解决其个人、子女配偶的落户安置问题。

（二）子女就学

帮助解决国际贸易实用人才子女就学问题，对不同级别的人才给予相对应的子女就学优惠政策。对于初级、中级国际贸易实用人才，各用人单位要努力帮助其解决子女就学问题；对于高级国际贸易实用人才，要制定关于其子女就学的优惠政策，政府协助用人单位或个人帮助其解决子女就学问题；对于资深级国际贸易实用人才，政府要充分落实解决其子女就学问题。

（三）住房保障

帮助解决国际贸易实用人才住房问题，对于不同级别人才给予相对应的住房保障优惠政策。对于初级国际贸易实用人才，用人单位要关心帮助其解决住房保障问题；对于中级、高级国际贸易实用人才，政府要出台相应的住房保障政策：对于中级国际贸易实用人才，出台优先享受“人才公寓”租赁的政策；对于高级国际贸易实用人才，出台优先申请购买“人才经济适用房”的住房保障政策。

第五节 国际贸易实用人才评价体系的组织实施与保障

一 组织实施

（一）组织实施单位

国际贸易实用人才评价工作由各人才类型所属的行业协会负责组织实施，行业协会尚未成立的，由行业主管部门负责组织实施。企业配合行业协会或行业主管部门确定内部员工的参选名额及参选级别。

（二）人才评价工作领导小组

各实施单位成立人才评价工作领导小组，主要负责制定人才培养、评价、使用和激励等制度，制定人才评价实施方案和工作细则，审定考核评价评委，审定考核评价合格人员以及做好其他人才评价相关具体事务。

（三）评价认定单位

四级至一级国际贸易师国际贸易实用人才由实施单位自主评价认定，可根据实际评价需要在各级别内增设若干档位；资深级国际贸易师国际贸易实用人才由实施单位会同人社局、市委人才办共同认定。

二 保障措施

（一）建立健全组织领导保障

1. 加强组织领导，把握评价体系实施的阶段性和方向性。由义乌国际贸易实用人才评价体系工作领导小组统一协调评价工作的部署安排，在时间上厘清评价体系执行的各阶段主要目标和推进步骤，在空间上明确各项主要任务的责任人和相关职能部门，从组织领导上推进评价体系的实施。

2. 建立考评机制，落实工作的实用性和可操作性。建立与绩效挂钩的人才工作长效机制，分期分阶段制定评价体系实施计划和年度工作目标，分解到各相关部门，年终进行考核评估，评估结果直接与相关部门和人员的工作绩效挂钩。

3. 加强统筹协作，保障评价体系后续政策的系统性和连贯性。建立组织部门牵头抓总、各相关部门统筹协作人才工作模式，保障政策连贯和统一。由组织部参与并协调各部门相关政策的制定，将人才工作涉及的各方面工作和责任切实落实到人，增强各部门政策相互配合，全面优化评价体系人才工作的政策环境。

（二）深化完善相关后续政策

1. 规范评价操作。各实施单位要制定和完善国际贸易实用人才评价的规章、制度，严格评价流程，规范评价操作。

2. 创新服务机制。为国际贸易行业关键领域的实用人才留出上升通道。除普遍的引才政策外，要重视针对实用人才特别是能够引领国际贸易行业发展的领军型人才政策的灵活性。既要在大范围引才时有据可依，又要在特殊人才引进上特事特办。

3. 鼓励实施运作。对国际贸易实用人才评价组织实施规范，评价数量多、质量高、效果好的实施单位，按照实际情况给予一定的补贴和奖励，进一步营造有利于国际贸易实用人才成长的良好环境，加快推进国际贸易综合改革试点。

（三）强化执行情况监督

1. 建立人才工作目标责任制。组织部人才办要制订年度计划分解落实国际贸易实用人才评价的目标，以年度工作任务完成来确保评价工作的推进。人力资源和社会保障局要加强研究国际贸易实用人才评价的政策支持和工作指导，帮助制订符合国际贸易实用人才实际应用的评价方案。

2. 制定规划实施监控指标体系。建立人才量化考核制度，完善人才量化考核的主要内容、评分标准和操作程序。加强评价质量监管，强化考务管理，规范考核流程，对各实施单位的国际贸易实用人才评价计划实施、相关工作机制执行、评价工作成效等进行年度审查评估。跟踪分析和研究解决评价实施中出现的新情况、新问题，根据反馈信息对人才评价的目标进行必要的调整和完善，及时改进，确保人才评价有效实施。

第六节　国际贸易实用人才评价指导手册的具体内容

一　目的

为明确义乌国际贸易各类人员定级标准，更好地为义乌国际贸易和相关产业从业人员服务，为义乌发展提供更好的人才支持和政策支撑，为义乌国际贸易各类实用人才，即国际贸易实用人才、国际电子商务实用人才、国际物流实用人才、国际会展实用人才的定级工作提供依据，特制定本办法。

二　适用范围

凡在义乌从事国际贸易相关产业，包括国际贸易、国际电子商务、国际物流和国际会展四大类从业人员，以及从事以上行业的其他相关产业，并有意愿申报以上四大类实用人才的在义乌从事各行业的人员，符合义乌国际贸易实用人才申报评定条件的均可申报。

三　评价体系

义乌国际贸易实用人才评价体系意在打破原有以学历、职称为重的评价模式，重点鼓励业绩明显、贡献突出的优秀国际贸易相关行业实用人才。因此，本评价体系主要关注行业经验、工作业绩、业务能力和职业道德四个方面，并采取行业经验和工作业绩评价为主、业务能力与职业道德评价为辅的方式进行评定。

义乌贸易实用人才划分集中体现三个特点：一是区分四大行业实用人才，即针对国际贸易、国际电子商务、国际物流和国际会展四大类从业人员，分别进行评定。二是采用名额制的评价模式，即通过对拟申报实用人才的各行业企业评级，以确定企业可申报的实用人才名额，并采取企业对拟评定人员进行评价，义乌市政府相关部门审核通过的方式确定被评定人员是否成功评定相应等级的实用人才。三是采用经验和业绩为主，能力和道德品行为辅的评价体系，打破以往单一的以学历和职称等要素为重的评判模式，激发义乌国际贸易相关产业实用人才的创造性和积极性，克服义乌国际贸易人才工作发展的“瓶颈”，更好地为义乌国际贸易综合改革试点提供人才支持。

四　国际贸易实用人才个人申报评定条件

在义乌从事国际贸易相关产业（国际贸易、国际电子商务、国际物流、国际会展），且满足以下各级国际贸易实用人才申报条件中的其中之一的，可申报相应等级国际贸易实用人才：

1. 资深级：在义乌从事国际贸易或国际会展行业满十年的从业人员；从事国际电子商务或国际物流行业满八年的从业人员；已获得国际贸易实用人才资格满三年的从业人员。

2. 高级：具备大专及以上学历，在义乌从事国际贸易（含国际会展、国际电子商务、国际物流，下同）行业满三年的从业人员；学历大专以下，在义乌从事国际贸易行业满五年的从业人员；已获得中级国际贸易实用人才资格满一年的从业人员。

3. 中级：具备大专及以上学历，在义乌从事国际贸易（含国际会展、国际电子商务、国际物流，下同）行业满两年从业人员；学历大专以下，在义乌从事国际贸易行业满三年的从业人员；已获得初级国际贸易实用人才资格满一年的从业人员。

4. 初级：具备大专及以上学历，在义乌从事国际贸易（含国际会展、国际电子商务、国际物流，下同）行业满一年的从业人员；学历大专以下，在义乌从事国际贸易行业满两年的从业人员。

五　等级评定要素及评分标准

国际贸易实用人才等级评定的要素包含用人单位要素和个人要素两大类。

用人单位要素分为用人单位基本要素和用人单位导向要素两个方面（见表4－1），代表了参与申报的个人所在单位的发展状况、近年业绩增长、行业地位及资质等，其主要目的是评定拟申报国际贸易实用人才的企业的等级，以此确定相应等级的企业可获得的实用人才的申报名额（注意，为申报名额，非最终可成功评定的名额）。其中，用人单位基本要素关注的是用人单位的发展状况、近年业绩增长以及奖励荣誉等，而导向要素则是根据其单位实际已获得的行业相关资质、认证、牌照给予加分（参考《国家统计局关于印发统计上大中小微型企业划分办法的通知》，详见附录2）。

表 4－1　　　　　　用人单位等级评定分值参考

评价项目	满分	评价指标	评价标准	分值
单位所属行业符合性	15 分	行业符合性	主营业务是国际贸易、电子商务、物流和会展四类之一	15 分
			行业类型（国际贸易、电子商务、物流和会展四类之一）为单位从事的非主营业务	8 分
单位业绩和发展状况	60 分	企业业绩（30 分）	国际贸易行业近三年年均销售额、净利润、纳税额分别达到 4 亿元以上、5000 万元以上、1000 万元以上（满足之一） 国际电子商务行业近三年年均销售额、净利润、纳税额分别达到 1 亿元以上、2500 万元以上、600 万元以上（满足之一） 国际物流行业近三年年均销售额、净利润、纳税额分别达到 3 亿元以上、4000 万元以上、800 万元以上（满足之一） 国际会展行业最近一期期末资产总额为 12 亿元以上	30 分
			国际贸易行业近三年年均销售额、净利润、纳税额分别达到 5000 万—4 亿元、1500 万—5000 万元、400 万—1000 万元（满足之一） 国际电子商务行业近三年年均销售额、净利润、纳税额分别达到 1000 万—1 亿元、300 万—2500 万元、80 万—600 万元（满足之一） 国际物流行业近三年年均销售额、净利润、纳税额分别达到 2000 万—3 亿元、600 万—4000 万元、150 万—800 万元（满足之一） 国际会展行业最近一期期末资产总额为 8000 万—12 亿元	25 分

续表

评价项目	满分	评价指标	评价标准	分值
单位业绩和发展状况	60分	企业业绩（30分）	国际贸易行业近三年年均销售额、净利润、纳税额分别达到1000万—5000万元、300万—1500万元、80万—400万元（满足之一） 国际电子商务行业近三年年均销售额、净利润、纳税额分别达到50万—1000万元、10万—300万元、3万—80万元（满足之一） 国际物流行业近三年年均销售额、净利润、纳税额分别达到100万—2000万元、20万—600万元、5万—150万元（满足之一） 国际会展行业最近一期期末资产总额为100万—8000万元	20分
			国际贸易行业近三年年均销售额、净利润、纳税额分别达到100万—1000万元、20万—300万元、5万—80万元（满足之一） 国际电子商务行业近三年年均销售额、净利润、纳税额分别达到20万—50万、5万—10万元、1万—3万元（满足之一） 国际物流行业近三年年均销售额、净利润、纳税额分别达到50万—100万元、10万—20万元、2万—5万元（满足之一） 国际会展行业最近一期期末资产总额为50万—100万元	15分
		业绩增长（20分）	单位近两年销售额、净利润、纳税额增长率分别达到50%、30%、25%（满足之一）	20分
			单位近两年销售额、净利润、纳税额增长率分别达到30%—50%、20%—30%、15—25%（满足之一）	15分
			单位近两年销售额、净利润、纳税额增长率分别达到10%—30%、10%—20%、10%—15%（满足之一）	10分
			单位近两年销售额、净利润、纳税额三项指标其中之一的增长率达到5%—10%	10分
			单位近两年销售额、净利润、纳税额三项指标其中之一的增长率达到2%—5%	5分

续表

评价项目	满分	评价指标	评价标准	分值
单位业绩和发展状况	60 分	单位规模（10 分）	1000 人以上	10 分
			500—1000 人	9 分
			400—500 人	8 分
			300—400 人	8 分
			200—300 人	6 分
			100—200 人	5 分
			20—100 人	4 分
			10—20 人	4 分
			5—10 人	2 分
			5 人以下	2 分
单位或部门获得荣誉奖励	15 分	奖励（包括各类称号、荣誉，如知名商标、诚信商铺等）（每项计分一次，总计最高不超过 15 分）	全国或国际性	15 分
			全省或区域性	10 分
			全市范围、区县（市）、商贸城范围	5 分
企业导向要素	10 分	行业相关资质、认证、牌照（每项计分一次，总计最高不超过 10 分）	全国或国际性	10 分
			全省或区域性	5 分
			全市范围、区县（市）	3 分

个人要素分为个人基本要素和个人参考要素两个方面（见表 4－2），代表了参与申报的个人所体现的各项要素。其中基本要素包括教育经历、工作职位、经验与业绩、知识技能认证等；个人参考要素包含与用人单位对个人的能力评价、职业道德评价（见表 4－3 至表 4－7），以及不在个人要素分计分范围的其他认证、证书、个人知识技能等。

表4-2　个人等级评定分值参考

<table>
<tr><th>评价项目</th><th>满分</th><th>评价指标</th><th>评价标准</th><th>分值</th></tr>
<tr><td rowspan="14">教育培训信息</td><td rowspan="14">10分</td><td rowspan="4">最高学历（3分）</td><td>本科及以上</td><td>3分</td></tr>
<tr><td>大专/高职</td><td>3分</td></tr>
<tr><td>高中/中专</td><td>2分</td></tr>
<tr><td>初中及以下</td><td>2分</td></tr>
<tr><td rowspan="3">毕业学校（2分）</td><td>教育部重点建设高校、“211工程”高校与“985工程”高校</td><td>2分</td></tr>
<tr><td>省部共建、省属高校</td><td>2分</td></tr>
<tr><td>其他高校</td><td>1分</td></tr>
<tr><td rowspan="3">接受高等教育类型（2分）</td><td>普通（统招）</td><td>2分</td></tr>
<tr><td>自考</td><td>1分</td></tr>
<tr><td>成教、电大、网络教育</td><td>1分</td></tr>
<tr><td rowspan="4">培训信息（3分）（每项只计一次分，总计不超过3分）</td><td>全国或国际性</td><td>3分</td></tr>
<tr><td>全省或区域性</td><td>3分</td></tr>
<tr><td>全市范围、区县（市）</td><td>2分</td></tr>
<tr><td>其他培训机构组织的或20人以上规模的企业自身组织的能确实证明其存在的培训</td><td>1分</td></tr>
<tr><td>工作现状</td><td>60分</td><td>现任职位（25分）</td><td>国际贸易行业近三年年均销售额、净利润、纳税额分别达到4亿元以上、5000万元以上、1000万元以上（满足之一）
国际电子商务行业近三年年均销售额、净利润、纳税额分别达到1亿元以上、2500万元以上、600万元以上（满足之一）
国际物流行业近三年年均销售额、净利润、纳税额分别达到3亿元以上、4000万元以上、800万元以上（满足之一）
国际会展行业最近一期期末资产总额为12亿元以上</td><td>企业主：直接评定为资深级国际贸易实用人才
高层管理者、其他高层岗位：25分
中层管理者、其他中层岗位：20分</td></tr>
</table>

续表

评价项目	满分	评价指标	评价标准	分值
工作现状	60 分	现任职位（25 分）	国际贸易行业近三年年均销售额、净利润、纳税额分别达到 5000 万—4 亿元、1500 万—5000 万元、400 万—1000 万元（满足之一） 国际电子商务行业近三年年均销售额、净利润、纳税额分别达到 1000 万—1 亿元、300 万—2500 万元、80 万—600 万元（满足之一） 国际物流行业近三年年均销售额、净利润、纳税额分别达到 2000 万—3 亿元、600 万—4000 万元、150 万—800 万元（满足之一） 国际会展行业最近一期期末资产总额为 8000 万—12 亿元	企业主：25 分 高层管理者、其他高层岗位：22 分 中层管理者、其他中层岗位：18 分
			国际贸易行业近三年年均销售额、净利润、纳税额分别达到 1000 万—5000 万元、300 万—1500 万元、80 万—400 万元（满足之一） 国际电子商务行业近三年年均销售额、净利润、纳税额分别达到 50 万—1000 万元、10 万—300 万元、3 万—80 万元（满足之一） 国际物流行业近三年年均销售额、净利润、纳税额分别达到 100 万—2000 万元、20 万—600 万元、5 万—150 万元（满足之一） 国际会展行业最近一期期末资产总额为 100 万—8000 万元	企业主：22 分 高层管理者、其他高层岗位：18 分 其他中层岗位：14 分
			国际贸易行业近三年年均销售额、净利润、纳税额分别达到 100 万—1000 万元、20 万—300 万元以下、5 万—80 万元（满足之一） 国际电子商务行业近三年年均销售额、净利润、纳税额分别达到 20 万—50 万元、5 万—10 万元、1 万—3 万元（满足之一） 国际物流行业近三年年均销售额、净利润、纳税额分别达到 50 万—100 万元、10 万—20 万元、2 万—5 万元（满足之一） 国际会展行业最近一期期末资产总额为 50 万—100 万元	企业主：20 分 高层管理者、其他高层岗位：14 分 中层管理者、其他中层岗位：10 分
			现任职基层管理者、基层专业技术岗位	10 分
			现任职普通员工岗位	5 分

续表

评价项目	满分	评价指标	评价标准	分值
工作现状	60分	近两年合同交易额（25分）（个体经营户评定项，与上面“现任职位”为互斥选项，任何评定对象只可参评其中之一）	1000万元以上	个体经营户：20分 雇员：12分
			500万—1000万元	个体经营户：16分 雇员：10分
			100万—500万元	个体经营户：14分 雇员：5分
			20万—100万元	个体经营户：12分 雇员：4分
		国际贸易行业最近一年月均个人实现产值（20分）(互斥选项，只可参评一个行业，会展不参评)	100万元以上	20分
			50万—100万元	18分
			20万—50万元	15分
			10万—20万元	13分
			5万—10万元	10分
			5万元以下	8分
		国际物流行业最近一年月均个人实现产值（20分）(互斥选项，只可参评一个行业，会展不参评)	50万元以上	20分
			30万—50万元	18分
			20万—30万元	15分
			10万—20万元	13分
			5万—10万元	10分
			5万元以下	8分
		国际电子商务行业最近一年月均个人实现产值(20分）（互斥选项，只可参评一个行业，会展不参评）	50万元以上	20分
			20万—50万元	17分
			10万—20万元	13分
			5万—10万元	10分
			5万元以下	8分

续表

<table>
<tr><th>评价项目</th><th>满分</th><th>评价指标</th><th colspan="2">评价标准</th><th>分值</th></tr>
<tr><td rowspan="6">工作现状</td><td rowspan="6">60 分</td><td rowspan="6">当前个人源于现任职位的年收入（国际贸易、物流、电子商务按满分 15 分计，会展按满分 35 分计）</td><td colspan="2">100 万元以上</td><td>15 分，会展 35 分</td></tr>
<tr><td colspan="2">50 万—100 万元</td><td>13 分，会展 31 分</td></tr>
<tr><td colspan="2">20 万—50 万元</td><td>10 分，会展 24 分</td></tr>
<tr><td colspan="2">10 万—20 万元</td><td>8 分，会展 19 分</td></tr>
<tr><td colspan="2">5 万—10 万元</td><td>5 分，会展 12 分</td></tr>
<tr><td colspan="2">5 万元以下</td><td>3 分，会展 7 分</td></tr>
<tr><td rowspan="12">个人所获与从事工作相关证书、认证、奖励、荣誉</td><td rowspan="12">15 分</td><td rowspan="4">奖励（包括专业称号、奖励荣誉等）（5 分）（每项计一次，总计不超过 5 分，个体户主可以商铺所获荣誉为依据，如诚信商铺等）</td><td colspan="2">全国或国际性</td><td>5 分</td></tr>
<tr><td colspan="2">全省或区域性</td><td>5 分</td></tr>
<tr><td colspan="2">全市范围、区县（市）、商贸城范围</td><td>4 分</td></tr>
<tr><td colspan="2">100 人以上规模的企业自身组织的企业范围内的面向主营业务部门员工的奖励</td><td>3 分</td></tr>
<tr><td rowspan="8">各类执业（职业）证书、专业认证、技能证书等（10 分）（每项计分一次，总计最高不超过 10 分）</td><td rowspan="3">专业技术职称（3 分）</td><td>高级经济师、高级国际商务师</td><td>3 分</td></tr>
<tr><td>中级经济师、中级国际商务师</td><td>2 分</td></tr>
<tr><td>初级经济师、初级国际商务师</td><td>1 分</td></tr>
<tr><td rowspan="5">专业技能等级（4 分）</td><td>一级电子商务师、一级物流师、一级报关员</td><td rowspan="2">4 分</td></tr>
<tr><td>二级电子商务师、二级物流师、二级报关员</td></tr>
<tr><td>三级电子商务师、三级物流师、三级报关员</td><td>3 分</td></tr>
<tr><td>四级电子商务师、四级物流师、四级报关员</td><td>2 分</td></tr>
<tr><td>五级电子商务师、五级物流师、五级报关员</td><td>1 分</td></tr>
</table>

续表

<table>
<tr><th>评价项目</th><th>满分</th><th>评价指标</th><th colspan="2">评价标准</th><th>分值</th></tr>
<tr><td rowspan="2">个人所获与从事工作相关证书、认证、奖励、荣誉</td><td rowspan="2">15 分</td><td rowspan="2">各类执业（职业）证书、专业认证、技能证书等（10 分）（每项计分一次，总计最高不超过 10 分）</td><td rowspan="2">英语、计算机水平（3 分）（各项中满足其一即可得相应分值）</td><td>大学英语六级，专业英语八级，上海外语口译证书高级，全国外语翻译证书考试（NAETI）二级、一级，翻译专业资格（水平）考试（CATTI）三级及以上，雅思，托福，GRE，GAMT</td><td>3 分</td></tr>
<tr><td>大学英语四级，专业英语四级，上海外语口译证书中级，全国外语翻译证书考试（NAETI）四级、三级，翻译专业资格（水平）考试（CATTI）一级、二级，国家/省级计算机二、三级</td><td>2 分</td></tr>
<tr><td rowspan="11">个人参考要素</td><td rowspan="8">15 分</td><td rowspan="4">能力（具体能力维度另作说明）（8 分）</td><td colspan="2">优</td><td>8 分</td></tr>
<tr><td colspan="2">良</td><td>5 分</td></tr>
<tr><td colspan="2">中</td><td>3 分</td></tr>
<tr><td colspan="2">差</td><td>0 分</td></tr>
<tr><td rowspan="4">道德品行（具体项目另作说明）（7 分）</td><td colspan="2">优</td><td>7 分</td></tr>
<tr><td colspan="2">良</td><td>5 分</td></tr>
<tr><td colspan="2">中</td><td>3 分</td></tr>
<tr><td colspan="2">差</td><td>0 分</td></tr>
<tr><td rowspan="3">不良记录扣分项（个体户主可以商铺为依据）</td><td>严重不良记录</td><td colspan="2">如近两年内出现过采购商投诉，不良诚信记录，形成不良口碑，造成恶劣行业影响</td><td>直接否决评定资格</td></tr>
<tr><td>较严重的不良记录</td><td colspan="2">如近两年出现过不良诚信记录，造成一定负面影响，通过积极措施负面影响得以消除</td><td>-8 分</td></tr>
<tr><td>一般不良记录</td><td colspan="2">如近两年出现过不良记录，但基本未造成负面影响</td><td>-4 分</td></tr>
</table>

续表

评价项目	满分	评价指标	评价标准	分值
个人参考要素	附加分（在100分外另计分）	其他认证、证书、个人知识技能（5分）	说明具体项目，并提供相关证明材料	用人单位酌情给分，最高不超过5分
		以往工作经历（5分）	能确实证明曾在最高年销售规模1亿元以上或者最大人员规模300人以上的公司任职中层（中层管理者或者中层专业技术岗位），可以加3分 能确实证明曾在最高年销售规模1亿元以上或者最大人员规模300人以上的公司任职高层（高层管理者或者高层专业技术岗位），可以加5分 能确实证明其曾为企业主或者个体经营主，可以加5分	用人单位酌情给分，最高不超过5分

表4－3　　国际会展行业申报人员能力评价标准

考察维度		创新能力	沟通能力	学习能力	积极主动	资源整合
分值		100分	100分	100分	100分	100分
评分标准及要点	优	90—100分	90—100分	90—100分	90—100分	90—100分
		行业内创新的先驱，热衷于创造性地解决问题。对新事物有强烈的偏好，对旧事物非常反感。积极营造创新氛围，对新观点、新方法的提出非常欢迎和赞同	能清晰、完整地表达自己的观点。总是能耐心地倾听客户的想法，设身处地地为客户着想，从而与客户建立可信有效的关系	具有强烈的学习愿望。能够定期总结个人工作经验，以寻找提高业绩的途径。善于分析自身的知识和工作要求的差距，并快速采取行动弥补之	表现出对工作的狂热。提前行动，以便创造各种机会来为公司发展更多更长期的客户	善于洞察内外部资源的价值，厘清各种可能资源。且擅长为公司争取外部资源

续表

考察维度		创新能力	沟通能力	学习能力	积极主动	资源整合
分值		100 分	100 分	100 分	100 分	100 分
评分标准及要点	良	80—90 分	80—90 分	80—90 分	80—90 分	80—90 分
		及时关注行业内外的新动态和新发展。对新事物具有良好的接受性。解决问题时愿意尝试新的方法，经常能提出与众不同的观点和方法	大多数时候，能较为清晰地表达自己的观点。通常能够理解客户的想法，并与之建立长期的合作关系	具有较强的学习愿望。不定期地总结个人工作经验，以寻找提高业绩的途径。通常能够意识到自身知识的不足，有时会采取行动加以弥补之	热爱从事的工作，主动承担职责以外的事情。大多数时候，会主动帮助客户解决问题，尝试多种方法去开拓客户	资源洞察力强，知道所在单位需要什么资源来完成工作。能够争取一些外部资源
	中	60—80 分	60—80 分	60—80 分	60—80 分	60—80 分
		对行业内外的新动态和新发展有一定关注。一般能够接受新事物。有时难以接受新观点、新方法	表达自己观点的能力一般。懂得去尝试与客户建立关系，但是客户表达想法时有时不耐烦	具有一定的学习愿望。有时会总结个人工作经验，但是却较难发现提高业绩的途径。一般能够意识到自身知识的不足，但是较少采取行动弥补之	一般能够自主地完成工作，有时会做职责以外的事情。当工作容易开展时，也会尝试开拓客户	有一定的资源洞察力，一般能够发现单位需要资源，但是争取外部资源能力较弱
	差	60 分以下	60 分以下	60 分以下	60 分以下	60 分以下
		对行业内外的新动态和新发展的关注度不够。较难接受新事物。相比于新方法，更信任惯用方法	表达自己想法时容易混乱不清。不太愿意去倾听客户的要求和想法，几乎不关注与客户的关系	学习意识不足，一般不会思考如何提高自身业绩的问题。较难意识到自身知识的不足	需要主管督促才能完成工作。开拓客户的动力不足	较难发现单位所需资源，也不会想到争取外部资源

表4-4　　国际贸易行业申报人员能力评价标准

考察维度		客户导向	沟通能力	学习能力	适应变化	勤奋坚持
分值		100分	100分	100分	100分	100分
评分标准及要点	优	90—100分	90—100分	90—100分	90—100分	90—100分
		积极参与并及时解决客户问题，能够采取具体措施来实现客户的潜在需求	能清晰、完整地表达自己的观点。总是能耐心地倾听客户的想法，设身处地地为客户着想，从而与客户建立可信有效的关系	具有强烈的学习愿望。能够定期总结个人工作经验，以寻找提高业绩的途径。善于分析自身的知识和工作要求的差距，并快速采取行动弥补之	做事灵活，能积极拥抱、从容面对环境的变化，适应能力很强。面对变化反应极其迅速，有很强的变化创造力，并带来绩效突破性的提高	勤奋热情地投入工作，积极主动地采取有效措施去克服工作中的困难，面对挫折时坚持从头再来
	良	80—90分	80—90分	80—90分	80—90分	80—90分
		一般能够解决客户的问题，关注和挖掘客户潜在需求的能力较强	大多数时候能较为清晰地表达自己的观点。通常能够理解客户的想法，并与之建立长期的合作关系	具有较强的学习愿望。不定期地总结个人工作经验，以寻找提高业绩的途径。通常能够意识到自身知识的不足，有时会采取行动加以弥补之	做事比较灵活，能从容面对环境变化，适应能力较强。面对变化反应较为迅速，有一定的创造能力	对工作有激情，会采取有效的行动去克服工作中的困难，面对挫折时能从错误中吸取教训
	中	60—80分	60—80分	60—80分	60—80分	60—80分
		解决客户问题的能力一般，有时会去了解客户的潜在需求	表达自己观点的能力一般。懂得去尝试与客户建立关系，但是客户表达想法时有时会不耐烦	具有一定的学习愿望。有时会总结个人工作经验，但是较难发现提高业绩的途径。一般能够意识到自身知识的不足，但是较少采取行动加以弥补之	做事有一定的灵活度，能适应变化的环境，但调整不快。面对变化偶尔会产生负面情绪	工作中吃苦耐劳，会采取一定行动克服业务拓展中的困难，面对挫折时一般能意识到自己的不足

续表

考察维度		客户导向	沟通能力	学习能力	适应变化	勤奋坚持
分值		100分	100分	100分	100分	100分
评分标准及要点	差	60分以下	60分以下	60分以下	60分以下	60分以下
		偶尔能解决客户问题，对客户的潜在需求不够了解	表达自己想法时容易混乱不清。不太愿意去倾听客户的要求和想法，几乎不关注与客户的关系	学习意识不足，一般不会思考如何提高自身业绩的问题。较难意识到自身知识的不足	做事容易刻板，不容易适应变化的环境，总是坚持己见、固执。面对变化经常不知所措，容易带来抱怨等负面情绪	工作投入度较低，被动接受工作中的困难，面对挫折时倾向于放弃

表4-5　国际物流行业申报人员能力评价标准

考察维度		客户导向	适应变化	学习能力	沟通能力	勤奋坚持
分值		100分	100分	100分	100分	100分
评分标准及要点	优	90—100分	90—100分	90—100分	90—100分	90—100分
		积极参与并及时解决客户问题，能够采取具体措施来实现客户的潜在需求	做事灵活，能积极拥抱、从容面对环境的变化，适应能力很强。面对变化反应迅速，有很强的变化创造力，并带来绩效突破性的提高	具有强烈的学习愿望。能够定期总结个人工作经验，以寻找提高业绩的途径。善于分析自身知识和工作要求的差距，并快速采取行动弥补之	能清晰、完整地表达自己的观点。总是能耐心地倾听客户的想法，设身处地地为客户着想，从而与客户建立可信有效的关系	勤奋热情地投入工作，积极主动地采取有效措施去克服工作中的困难，面对挫折时坚持从头再来
	良	80—90分	80—90分	80—90分	80—90分	80—90分
		一般能够解决客户的问题，关注和挖掘客户潜在需求的能力较强	做事比较灵活，能从容面对环境变化，适应能力较强。面对变化反应较为迅速，有一定的创造力	具有较强的学习愿望。不定期总结个人工作经验，以寻找提高业绩的途径。通常能够意识到自身知识的不足，有时会采取行动加以弥补之	大多数时候，能较为清晰地表达自己的观点。通常能够理解客户的想法，并与之建立长期的合作关系	对工作有激情，会采取有效行动克服工作中的困难，面对挫折时能从错误中吸取教训

续表

考察维度		客户导向	适应变化	学习能力	沟通能力	勤奋坚持
分值		100 分	100 分	100 分	100 分	100 分
评分标准及要点	中	60—80 分	60—80 分	80—90 分	60—80 分	60—80 分
		解决客户问题的能力一般，有时会去了解客户的潜在需求	做事有一定灵活度，能适应变化的环境，但调整不是很快。面对变化偶尔会产生负面情绪	具有一定的学习愿望。有时会总结个人工作经验，但是较难发现提高业绩的途径。一般能够意识到自身知识的不足，但是较少采取行动加以弥补之	表达自己观点的能力一般。懂得去尝试与客户建立关系，但是客户表达想法有时不耐烦	工作中吃苦耐劳，会采取一定行动去克服业务拓展中的困难，面对挫折时一般能意识到自己的不足
	差	60 分以下	60 分以下	60 分以下	60 分以下	60 分以下
		偶尔能解决客户问题，对客户的潜在需求不够了解	做事容易刻板，不容易适应变化的环境，总是坚持己见、固执。面对变化经常不知所措，容易带来抱怨等负面情绪	学习意识不足，一般不会思考如何提高自身业绩的问题。较难意识到自身知识的不足	表达自己想法时容易混乱不清。不太愿意去倾听客户的要求和想法，几乎不关注与客户的关系	工作之投入度较低，被动地接受工作中的困难，面对挫折时倾向于放弃

表 4-6　　国际电子商务行业申报人员能力评价标准

考察维度		创新能力	客户导向	学习能力	积极主动	适应变化
分值		100 分	100 分	100 分	100 分	100 分
评分标准及要点	优	90—100 分	90—100 分	90—100 分	90—100 分	90—100 分
		行业内创新的先驱，热衷于创造性地解决问题。对新事物有强烈的偏好，对旧事物非常反感。积极营造创新氛围，对新观点、新方法的提出非常欢迎和赞同	积极参与并及时解决客户问题，能够采取具体措施来实现客户的潜在需求	具有强烈的学习愿望。能够定期总结个人工作经验，以寻找提高业绩的途径。善于分析自身的知识和工作要求的差距，并快速采取行动弥补之	表现出对工作的狂热。提前行动，以便创造各种机会为公司发展更多更长期的客户	做事灵活，能积极拥抱、从容面对环境的变化，适应能力很强。面对变化反应极其迅速，有很强的变化创造力，并带来绩效突破性的提高

续表

考察维度		创新能力	客户导向	学习能力	积极主动	适应变化
分值		100分	100分	100分	100分	100分
评分标准及要点	良	80—90分	80—90分	80—90分	80—90分	80—90分
		及时关注行业内外的新动态和新发展。对新事物具有良好的接受性。解决问题时愿意尝试新的方法，经常能提出与众不同的观点和方法	一般能够解决客户的问题，关注和挖掘客户潜在需求的能力较强	具有较强的学习愿望。不定期地总结个人工作经验，以寻找提高业绩的途径。通常能够意识到自身知识的不足，有时会采取行动加以弥补之	热爱从事的工作，主动承担职责以外的事情。大多数时候，会主动帮助客户解决问题，尝试多种方法去开拓客户	做事比较灵活，能从容面对环境变化，适应能力较强。面对变化反应较为迅速，有一定的创造能力
	中	60—80分	60—80分	60—80分	60—80分	60—80分
		对行业内外的新动态和新发展有一定关注。一般能够接受新事物。有时难以接受新观点、新方法	解决客户问题的能力一般，有时会去了解客户的潜在需求	具有一定的学习愿望。有时会总结个人工作经验，但是却较难发现提高业绩的途径。一般能够意识到自身知识的不足，但是较少采取行动加以弥补之	一般能够自主地完成工作，有时会做职责以外的事情。当工作容易开展时，也会去尝试开拓客户	做事有一定灵活度，能适应变化的环境，但调整不是很快。面对变化偶尔会产生负面情绪
	差	60分以下	60分以下	60分以下	60分以下	60分以下
		对行业内外新动态和新发展的关注度不够。较难接受新事物。相比于新方法，更信任惯用方法	偶尔能解决客户问题，对客户潜在需求不够了解	学习意识不强，一般不会思考如何提高自身业绩的问题。较难意识到自身知识的不足	需要主管督促才能完成工作。开拓客户的动力不足	做事刻板，不容易适应变化的环境，总是坚持己见、固执。面对变化经常不知所措，容易带来抱怨等负面情绪

表 4-7　　申报人员道德品行评价标准

考察维度		诚实守信	责任意识	爱岗敬业
分值		100 分	100 分	100 分
评分标准及要点	优	90—100 分	90—100 分	90—100 分
		工作认真仔细，能够勇于承认错误，不计较个人得失，不弄虚作假。把守信作为个人的基本价值观，当履行诺言会损害自己利益时，依然会坚持完成自己的承诺	工作总是兢兢业业、任劳任怨，工作中往往乐于奉献。总是勇于承担错误，并努力弥补，具有很强的责任意识	清晰地认识到自己的行为对企业形象的影响，把企业的事当自己的事，以促进企业发展为出发点设置自己的职业目标和工作目标
	良	80—90 分	80—90 分	80—90 分
		讲究诚实工作，不会为了提高业绩而弄虚作假。重视承诺，言出必行，积极克服各种困难来完成目标和承诺	工作往往兢兢业业、任劳任怨，工作中经常乐于奉献。常常勇于承担错误，具有较强的责任意识	能够积极将个人目标与工作职责有机结合，把工作当成是自己的事业来做，愿意把企业作为发展自己的舞台
	中	60—80 分	60—80 分	60—80 分
		具有诚实工作的意识，一般不会弄虚作假。能够尽量履行自己的承诺，但是当履行承诺遇到较大困难或需要付出较多代价时，可能会考虑放弃履行承诺的义务	一般不会因为遇到困难而降低工作质量，做事情有始有终。当工作中出现错误时，有时不能完全承担自己的责任	能够感觉到自己的工作有一定作用和意义，比较了解自己所从事的工作对实现组织目标的重要性
	差	60 分以下	60 分以下	60 分以下
		喜欢说谎，逢迎溜须，经常为了提高业绩弄虚作假。总是难以履行自己的承诺	工作时有时会抱怨，不能认真做好工作，做事情有时有始无终。当工作中出现错误时，有时会找借口推卸自己的责任，责任意识比较淡薄	较难感觉到自身工作的作用和意义

需要说明的是，对于个体经营户主，在评定过程中，只需要进行个人等级评定，不存在用人单位的评定；对于个体经营户中的受雇人员，同一个体经营户下最多可申报两个名额，即参照用人单位的最低等级申报名额（用人单位与个人等级评定标准见表4-8和表4-9）。

表4-8　　用人单位等级评定与相应可申报实用人才名额

评定得分X	X≥85	55≤X<85	30≤X<55	15≤X<30
评定等级	一级	二级	三级	四级
可获申报名额	20	10	5	2

表4-9　　个人各等级实用人才申报后成功评定标准

评定得分X	X≥80	X≥65	X≥45	≥30
评定等级	资深级	高级	中级	初级

第七节　义乌国际贸易综合改革试点人才政策改革

2011年3月，国务院正式批复《浙江省义乌市国际贸易综合改革试点总体方案》，表明义乌市在转变国际贸易发展方式上拥有先行先试权。义乌市委、市政府根据总体方案精神，在义乌市开展国际贸易综合改革试点，以转变外贸发展方式为主线，着力推进国际贸易体制机制创新，建立并试行“市场采购”新型贸易方式，改革试点取得初步成效。要进一步推进国家贸易综合改革试点，人才是关键因素，人才政策改革势必会成为下一阶段国际贸易综合改革试点工作的重要内容，结合贯彻落实《义乌市人才发展规划（2011—2015年）》，本书建议进行“义乌市特色”人才发展体制机制和政策创新，助推义乌市国际贸易综合改革试点平稳有效进行。

一 人才政策改革的紧迫性和必要性

（一）人才已成制约国际贸易综合改革试点推进的“瓶颈”

2010 年是国际贸易综合改革试点的启动之年。试点启动后，义乌市委、市政府广泛凝聚改革力量、深入推进政策创新、加快平台建设、完善服务体系，改革试点开局总体良好。

但是，随着改革进程的不断推进，综合改革试点工作也遇到了不少困难和障碍，目前正面临以下主要问题：第一，改革推进不平衡。对于义乌市国际贸易综合改革的政策，当地各个部门尚缺乏统一的认识，对改革的具体内容和目标，尤其对于确立以“市场采购”新型贸易方式为核心的国际贸易体制机制转型理解不够清晰，相关政策解读不够深入。第二，改革人才缺乏。义乌国际贸易综合改革试点批复以来，各项改革工作任务繁重，从政策制定和实施到各行业转型升级都缺乏相应的人才支持，这成为制约国际贸易方式转变和产业升级的主要障碍，究其原因，可以概括为“两大矛盾”：

1. 国际贸易及相关行业人才严重不足与综合改革试点工作持续推进之间的矛盾。目前，义乌市人才总量 41.2 万人，其中商贸实用人才 20.8 万人，高层次商贸人才 5.86 万人，仅占商贸人才总量的 1/4。国际贸易人才总量及层次不能适应国际贸易综合改革试点的需要。重点行业企业中超过 90% 的企业存在中高层次国际贸易人才短缺的问题，尤其是国际贸易行业以及与国际贸易相关的物流、电子商务、会展、金融、创意、知识型中介等行业人才缺口巨大，不管是高层次管理人才、高技能人才还是中、基层配套人才都无法达到行业发展的需求，人才集聚度离国际贸易综合改革试点的要求还存在较大差距。而这些行业是推进国际贸易转型升级发展的主要力量，这些人才不足问题势必导致综合改革试点推进动力不足。

2. 党政机关事业单位有限的人才资源与综合改革试点工作整体推进之间的矛盾。义乌市党政机关事业单位的人员配备能够较好地完成义乌市的行政任务，但是，在推进国际贸易综合改革试点工作上略微显得有些力量不足。高层次和专业性的政策研究人才引进十分困难，行政人员大部分精力都用于日常事务性工作，对国际贸易综合改革试点缺乏有高度、有理论的研究和规划，对国际贸易综合改革试点工作的实施也无法有力的推动。针对以上问题，省委组织部制订“百人计划”，通过各级单位党政机关人才到义乌挂职的方式，为义乌市国际贸易综合改革试点工作注入了崭新的活力和动力。但是，在“百人计划”的推进过程中还存在着人才匹配与适应等问题需要进一步解决。

（二）人才政策改革是突破人才“瓶颈”的关键

一直以来，义乌市委和市政府高度重视人才工作，提出打造“人才特区”，助推国际贸易综合改革试点工作。但是，义乌市的人才引进受到很多“先天不足”的制约：第一，义乌市作为一个县级市，跟全国的大城市如广州、南京，周边的大城市杭州、宁波等相比，缺乏对人才的吸引力（其他城市人才政策情况详见表4-10）。编制问题制约了政府和事业单位的引才工作，收入水平不高更降低了义乌市在“人才战争”中的竞争力。第二，义乌市具有大量中小企业，这些企业中还未普遍树立人才优先发展的理念，引才育才的自主性不高，如果没有政策引导，自发投入成本去吸引和培养人才的内在动力不足。第三，义乌市城市规划不够完善，居住环境有待改善，生活成本较高，教育医疗资源不足，与高层次人才满意的生活环境存在一定差距。第四，义乌市国际贸易及相关行业企业层次不高，行业规范不够健全，良性竞争的行业发展氛围尚未完全形成，还不能完全满足高层次人才对工作环境的要求。

当前义乌市人才发展水平远不能适应经济社会发展的需要，与先进地区相比还有较大差距，这一方面与义乌市人才引进的区位劣势有关，另一方面则体现出义乌市现有人才政策在体制机制上存在着一些障碍。诸多“先天不足”问题需要“后天努力”来解决，而义乌市城市环境优化、人才观念改变、产品优化升级、行业经营规范加强等均需要政府政策引导。因此，义乌市只有下大决心突破现有人才体制机制的障碍，进行人才政策改革，才能真正解决现有人才的“瓶颈”问题。

表4－10　　三省代表城市人才特区部分人才政策展示

	南京紫金人才特区（江苏省）	广州开发区（广东省）	杭州海创园（浙江省）
创业资助	1. 省“双创”专项资金给予300万—800万元人才经费资助 2. 各相关主管部门给予1000万—3000万元项目经费资助（以江苏省人才团队引进为例）	1. 省财政给予第一层次8000万—1亿元，第二层次3000万—5000万元，第三层次1000万—2000万元 2. 珠三角地区和其他地区按不少于省财政工作专项经费的1/2、1/3提供配套资金（以广东省人才团队引进为例）	1. 每个重点科技创新团队给予一个周期（3年）300万元资助 2. 通过重大科技专项、重大创新平台和重大成果转化项目给予配套支持（以浙江省人才团队引进为例）
	1. 100万元或200万元启动资金 2. 不低于150万元或300万元创业投资和不低于150万元或300万元融资担保 3. 给予50万元到200万元知识产权质押贷款 4. 提供不少于100平方米工作场所（以南京紫金人才特区创业人才“321”计划为例）	1. 不超过600万元创业启动资金 2. 给予不超过500万元参股投资 3. 对所获金融机构贷款给予二年期贷款贴息，年贴息按3%计，最高不超过200万元 4. 提供不超过500平方米的孵化器、2000平方米的加速器，3年内免租金（以广州开发区科技领军人才引进为例）	1. 国际一流人才及团队给予不低于1000万元支持，国内一流人才及团队，给予不低于500万元支持 2. 创业投资基金最高跟进投资600万元 3. 给予两年内最高500万元贷款贴息 4. 按房屋租金的60%给予补贴，每年最高不超过50万元，补助期限不超过3年（以杭州海创园“重点项目补助政策”为例）
投融资	科技金融“111”工程，建立投融资综合服务平台、股权投资促进平台和产权交易平台	1. 设立了10亿元创业投资引导基金 2. 奖励企业上市，最高可达300万元 3. 鼓励发展金融产业，提供购租房优惠，对金融机构经营团队给予一次性100—200万元资助	1. 建立引导和防线补偿基金。杭州市、余杭区各出资2500万元设立贷款“风险池”，作为引导基金存入合作银行，由合作银行按1∶8放大提供信贷支持 2. 创新信贷融资模式，引进杭州银行科技支行，发挥国有担保公司作用，为创业企业提供信贷融资

续表

	南京紫金人才特区（江苏省）	广州开发区（广东省）	杭州海创园（浙江省）
生活服务	1. 实施人才安居“195”工程，到2015年，形成6万套规模的人才住房保障体系 2. 探索完善“南京蓝卡”制度 3. 实行技术移民政策试点 4. 落实人才特别政治待遇	1. 给予100万元购房补贴，免租入驻80平方米公寓 2. 帮助解决家属就业、子女入学问题，提供医疗保健服务 3. 给予每月2000元交通补贴（以科技领军人才引进为例） 4. 争取在特殊政治待遇方面实现突破	1. 建立人才住房奖励政策，对不同层次人才给予专用房出售、购房补贴、租房补贴等优惠 2. 解决配偶工作、子女入学问题，落实医疗待遇

二　人才政策改革指导思想、基本原则和总体目标

（一）指导思想

高举中国特色社会主义伟大旗帜，坚持以邓小平理论和“三个代表”重要思想为指导，坚持用科学人才观指导人才工作，坚持“尊重劳动、尊重知识、尊重人才、尊重创造”的方针，牢固树立人才资源是第一资源的理念，按照“四位一体”，即“市场、资本、人才、政策”的人才发展机制，发挥义乌的市场优势，将政策引导与市场机制相结合，实现资本与人才的对接。结合义乌市经济社会发展实际要求，遵循人才发展规律，健全人才工作机制，加强人才政策支持，创新人才引进方式，加大人才培养力度。坚定不移地贯彻落实党管人才原则，通过宏观指导、协调力量和整合资源来推进国际人才体制机制创新、综合环境优化，加快义乌市人才队伍建设，促进义乌市国际贸易方式的转型和产业的升级。

（二）基本原则

1. 贸易人才引领、深入推动改革。把义乌市国际贸易体制机制创新及相关产业科学发展和转型升级作为人才工作根本出发点和落脚点，确立义乌市人才优先发展的战略布局，坚持人才资源优先开发，人才结构优先调整，人才投入优先保证，人才制度优先创新，以人才优先发展引领产业健康可持续发展。

2. 人才以用为本、发挥市场优势。建立以用为本的新型人才评价体系，把用好人才，充分发挥人才效能作为人才工作根本任务，发挥义乌的“高市场化水平”在引进人才、培养人才、留住人才和用好人才四个方面的重要作用，积极为各类人才提供事业拓展和实现价值的平台，真正让人才在创新中发展，在实践中锻炼，在创业中建功。

3. 贸易产业主导、优化人才结构。根据义乌市国际贸易及相关产业发展需要，依托优质商贸企业、电子商务企业、物流企业、会展企业、技术研发机构等平台项目，重点引进高端人才和高技能人才，充分发挥领军人才的引领作用，统筹推进各类别、多层次人才队伍建设，提升义乌市国际贸易人才队伍的整体素质和竞争力。

4. 优化城市环境、创新用人机制。从重点领域、关键环节入手，进一步加大改革创新力度，着力打造有利于义乌市人才作用发挥的政策环境、工作环境和生活环境，进一步完善人才引进、培养、使用和激励机制，真正做到引得进、留得住、用得好，把义乌市打造成为各类人才集聚的“人才特区”。

（三）总体目标

培养造就数量充足、结构优化、素质优良、布局合理、实力强劲的与“市场采购”新型贸易方式相配套的人才队伍，营造更加开放、充满活力的人才发展环境，建立与国际贸易综合改革试点和转型发展相适应的人才资源结构，推进人才强市建设。

1. 建立“四位一体”人才战略发展机制。以市场为核心，构建“市场 + 资本 + 人才 + 政策”四位一体的人才战略发展机制。充分发挥市场规模和产业集聚效应在人才引进中的主要作用；积极发挥市场调控和引导在人才培养和评价中的主体作用；充分体现市场规律在人才使用和配置中的主导作用。通过人才战略发展机制构建“四个对接”：一是民间资本与高端人才对接，整合创业要素；二是异质性人力资本对接，即全球人才、科技人才、专业人才、技能型人才相融合，实现人力资本综合优势；三是企业创新冲动与政府政策激励对接，形成优良的创新环境；四是市场机制和政府政策激励对接，吸引高端人才，助推国际贸易方式转变和产业升级。

2. 建立国际贸易人才评价体系。适应产业转型升级的需要，人才的产业分布更趋合理，重点领域人才比重明显增加，企业高端技术人员比重明显提高，建立“以用为本、产业主导”的国际贸易人才评价体系。

3. 高层次人才不断集聚。对于适合义乌市经济和城市发展的海内外个人和团队，加大引才力度，实现人才总量和质量持续较快增长。海内外国际贸易人才大量聚集，涌现出一大批达到国际领先水平的创新创业团队。区域人才资源和国际贸易模式创新对经济增长的贡献率达到世界领先水平。

4. 打造“人才特区”。着眼于解放人才、解放科技生产力，采取务实灵活的措施，先行先试，探索建立有利于人才引进、人才成长和创业创新的政策环境、服务环境和社会环境，拓宽人才工作思路，发挥“人才特区”政策优势。

具体来说，人才政策改革要在3—5年的时间内，提升义乌市人力资源的以下方面：

（1）人才数量。人才资源总量由现在41.2万人增长至50万人以上，人才占人口总数比例增长至20%以上，人才年增长率在最初3年逐年增高。

（2）人才质量。高层次人才总数由5.86万人增长至8万人以上，高级技能人员占技术人员比例达到25%以上。

（3）行业人才集聚。国际贸易及相关行业人才中高学历人才所占比率逐年增高，商贸实用人才完成知识培训的达到60%以上，经营管理人才占员工比例不断增大，工艺创新和文化创意人才重点关注。

（4）人才效用。人力资本投资占生产总值比例和人才贡献率达到国内先进水平。

（5）人才国际化。海归和外籍人才数量逐年增高。

（6）人才市场化。人才服务型企业、社会团体数量逐年增高。

三　人才政策改革重大举措

（一）建立市场、人才、资本和政策“四位一体”的人才战略发展机制

1. 打造“中国未来科技市场”集聚中国科技顶尖人才。

（1）中国未来科技市场是依托于义乌市小商品市场的新型科技成

果展示平台。设立“中国未来科技市场专属区”，主要聚集国内外领先的科技创新成果及产品进行展示、推广，借助义乌市市场的品牌效应将最先进的产品在最短的时间内推向最广阔的国际市场。

（2）中国未来科技市场不仅是科技创新成果的展示平台，还是民间资本、风投公司等寻找优秀项目和人才的对接平台，有利于实现人才和资本的主动对接。

（3）中国未来科技市场引进对象主要包括获得过国际顶级奖项的优秀项目、国家千人计划入选项目和国家级的科技创新园区和孵化器的优秀项目。

（4）对于引进的优秀项目，第一年每个项目在专属区给予100—200平方米的免费展示空间，超出部分给予租金50%的补贴，定期召集投资人与入驻人才举办论坛和交流沙龙。

2. 探索符合义乌市场需求的人才引进构成。以国际贸易为核心，与国际贸易相关行业为重要辅助，探索义乌市人才引进构成。人才的引进要切实服务于义乌市国际贸易转型升级的需要。

从行业上，重点引进国际贸易及相关行业（电子商务、物流、会展、金融等）、工艺创新和文化创意行业领域的人才。

从类型上，重点引进高级管理人员和专业技术人员。

从层次上，重点引进高层次人才和相关配套人才。

3. 构建“政策引导、市场跟进”的人才与资本对接渠道。将人才与资本的对接分成两个阶段：初期项目风险大，但占用金额相对较小，政府应发挥政策引导作用，建立创业引导基金；中期项目孵化后，用市场机制吸引民间资本投资，政府资金逐渐撤回。

（1）政府可以与国内外知名风投公司联合成立创业基金，由风投公司对创业项目进行严格的审核。

（2）建立人才与资本交流平台，将具有经营和生产能力的公司、具有科技创新和创意发明的人才、具有雄厚资本的企业家、风投公司和基金组织起来，定期交流沟通，催化创新创意产品的市场化。

（3）利用义乌会展业的优势，举行国际化的专业性会展，聚集特定行业最尖端的工艺创新技术，让亟须转型升级的本土制造型企业找到新的发展契机，让国际领先的产品在义乌生产。

(4) 推进发展服务平台建设，打造“市场引才”新模式。发挥义乌市场优势，整合现有市场资源，对引进的高端创新创业项目提供一站式的市场推广支持，打造“市场引才”新模式。建立市场需求的信息发布机制，通过市场需求不断引导企业创新，以市场需求反映人才需求，增强企业引才的自主性。加快商贸服务业集聚区、国际生产资料市场、国际电子商务城、人力资源服务集聚区等公共服务平台建设，通过专业技术人才及高端管理人才引进，推动各行业科学化、国际化、系统化、规模化发展，进而促进本土国际贸易人才成长。打造具有义乌特色的旅游商贸集聚平台，吸引旅游和文化创意人才。

(二) 建立“刚柔并济”的人才引进机制

1. 实施“五洲学者计划”、“1+1人才引进计划”。为了解决义乌市人才短缺的问题，充分发挥义乌市场优势、产业优势，面向全球为义乌市配置创新人才，形成人才引进、培养和使用蓬勃发展的生动局面。

(1) 制订实施义乌市“五洲学者计划”，对获得诺贝尔奖等世界顶尖级奖项的专家学者或团队给予最高2亿元创业资助。

(2) 制订实施义乌市“1+1人才引进计划”，对国际贸易及相关行业、科技创新的世界一流人才给予创业基金资助，资助标准见表4-11。

表4-11　义乌创新团队引进创业基金资助标准

序号	团队类型	团队水平	研究方向	资助金额
1	行业创新人才	世界一流	属国际贸易及相关行业、工艺创新和文化创意的重大应用问题前沿	500万—1000万元
		国际先进、国内顶尖	属国际贸易及相关行业、工艺创新和文化创意的重大应用问题前沿	200万—500万元
		国内先进	属国际贸易及相关行业、工艺创新和文化创意的应用问题前沿	100万—200万元

续表

序号	团队类型	团队水平	研究方向	资助金额
2	科技创新人才	世界一流	属国际重大科技、重大基础理论、重大应用研究问题前沿	5000 万—1 亿元
		国际先进、国内顶尖	属国内重大科技、重大基础理论、重大应用研究问题前沿	3000 万—5000 万元
		国内先进	属国内科技、基础理论、应用研究问题前沿	1000 万—2000 万元

（3）入选“千人计划”的高层次人才，义乌市给予资金配套支持，入选国家千人计划给予 1∶2 配套，入选省千人计划给予 1∶1 配套。

2. 实施“国际贸易项目带动计划”。在义乌市重点推进国际生产资料市场、国际电子商务城、国际国内物流区、综合保税区和高端制造业、海量数据存储与信息处理中心等重大工程和项目，以此吸引和聚集更多高层次人才。特别鼓励通过国际项目攻关，主动拓展吸引、培养和使用海外科技人才（团队）项目平台，通过签订项目合作协议，建立国际合作战略伙伴关系，参与重大国际项目团队合作和人员交流；努力争取具有国际水准的重大专项、国际贸易及相关产业项目落户义乌市，引进和培育一批具有竞争优势的行业人才和创新团队。

3. 加大柔性引才力度。创新柔性引才模式，加强博士后工作站、虚拟研究院等模式作用。党政机关事业单位与国内外顶尖高校院所，以项目、课题、论坛等方式进行合作，一方面，为义乌市贸易转型发展提供理论指导；另一方面，开阔政府工作视野、提升义乌国内外的影响力。探索使用临时团队、虚拟团队、智力兼职、人才租赁等模式，集聚高层次人才。柔性人才引进要突破国籍、户籍、人事关系等限制。柔性引进人才在我市工作期间取得科研成果、专利权等，应冠以用人单位名称，享受与本地人才同等优惠政策。

（三）实施“双百计划”，加强党政机关事业单位人才队伍建设

1. 深入推行和完善义乌市“百人计划”，由用人单位提出人才需求，根据需求规定挂职人员数量、所在部门、任职期限等，省委组织

部予以批复和监督。可以“多批次、小批量”引进人才，并对其在义乌市期间的工作表现进行考核。

2. 在原有“百人计划”的基础上，制订和实施义乌市“双百计划”。除政府部门挂职外，建立“政府雇员制”，引进100名高、中、基层政府雇员，雇用期最短可一年，对政府雇员发放人才特别津贴，其中，涉及城建、物流、金融、商贸、旅游等紧缺领域的国内外高级专家给予每年100万—200万元的津贴。

3. 可通过项目合作、举办论坛、课题研讨等方式柔性引进义乌市综合改革试点政策研究人才。

（四）建立义乌市国际贸易人才评价体系

1. 创新国际贸易实用型人才评价标准。建立国际贸易及相关行业的行业人才评价标准，评价标准的制定更多地考虑人才对义乌市国际贸易发展的实际贡献。对于重点行业的龙头企业，政府根据企业近三年营业额、纳税额、研发成果等指标将人才引进名额分配给企业，企业根据自身发展的需要，自主对人才进行评价；对于国际贸易中小企业和个体商户，政府根据营业额、纳税额和经营年限等指标将人才引进名额分配给企业或个体商户，由其自主对人才进行评价。对于符合行业人才引进标准的个人，义乌市政府提供人才引进政策的各项优惠条件。

2. 强化用人单位评价主体地位。对用人单位起到重要作用的人才需要由用人单位作为主体来评价，可以采用用人单位推荐、政府审核的标准，放宽现有政策的学历、职称等硬门槛条件。

3. 发挥政府监督监管职能。对用人单位上报的人才登记备案，定期抽查，建立诚信档案。对发现违规舞弊行为的用人单位，撤销其人才申报资格。

（五）针对“市场采购”贸易方式，构筑“高端引领、集群推动”人才支撑体系

1. 高端企业引领行业转型升级。对行业内领先企业的规范化经营、高级人才引进、人才培训、技术研发等投入给予适当补贴，对引进人才达到一定层次和数量、培训研发投入达到一定比例的企业给予税收优惠或政府补贴。

2. 中小企业集群化发展，建立行业规范，发挥规模优势。以行业协会为主体，对中小企业进行集体人才培训与招聘；与高校院所共建培训学院和研发中心，解决中小企业人才引进和培养的困难；提升企业层次，利用服务外包等方式进一步降低企业成本，发挥中小企业灵活低价的优势；政府主导建立行业规范，避免恶性竞争和区域内人才频繁流动；在劳动合同中明确员工的保密义务，离职后3年内不得在相关行业工作，由原公司给予一定的经济补偿。

（六）实施“骨干人才国际化培训计划”

1. 通过国际组织合作，主动拓展培养国际人才培训平台。按照选派一流人才、到海外一流机构、学习一流知识要求，选派一批懂外语、高素质、有潜力的骨干人才进行为期3个月至1年的境外培训和挂职锻炼，实现由过去低层次、短时间、开阔眼界的境外培训转变为高层次、中长期、系统化的境外培训；每年选派一批高级公共管理人才到境外参加为期3个月至1年的国际培训和挂职锻炼，重点对象是在职在编的中层管理人员和各部门业务骨干。

2. 加快建设适应国际化人才需要的国际化高等院校。为了扭转义乌市高等院校极度匮乏、人才培养专业单一、层次不高的局面，建立一所具有国际化视野，汇聚全球一流国际贸易领域专家、学者的国际商学院，应当成为义乌市人才发展的一项战略目标。

（七）加强人才环境建设，深入推进人才安居工程

1. 推进“腾笼换鸟”模式，促进创业创新项目孵化。义乌市传统制造业企业如将空置的厂房出租或出售给享受县级以上人才政策待遇的个人或团队，政府将按出租或出售的面积给企业租金或售价的20%作为补贴。

2. 设立面向高层次人才的“一站式”服务专窗。完善人才服务平台建设，为人才提供出入境、投资、办证、税务、租赁、招聘、学习、娱乐等一揽子服务。

3. 建立人力资源服务产业集聚区，加快人才工作市场化进程。推进国际贸易人力资源服务产业发展，加强人才中介组织和市场体系建设，引入国际猎头公司，对引进高层次人才的猎头公司，给予最高100万元的奖励；由政府购买公共服务，为企业、高校和政府三方搭

建人才培养、配置渠道；建立国际贸易人才开发的宏观监测和预警系统，定期发布国际贸易紧缺人才目录，引导国际贸易相关人才合理有序流动。

4. 加快义乌市城市规划进程。加快引进具有国际化水准的医疗、餐饮、文化服务单位和企业入驻义乌市；建立一所适合海归人才子女入学的国际学校。

5. 打造义乌市人才宜居环境。市政府建造“花园式”人才公寓并发展周边配套设施建设，为人才提供良好的居住环境；妥善解决子女入学问题，对于各类引进人才，优先解决子女入学，并简化子女入学手续；妥善解决配偶工作问题；继续完善引进人才的户籍管理工作。

第五章　中长期人才发展战略规划案例研究

“十一五”以来，A市[①]经济技术开发区深入贯彻落实科学发展观，大力实施人才强区战略，坚持创新驱动、集聚领先和产城融合三并重，着力打造“两港八园”，以产业平台集聚人才，积极推进包括中国科学院院理化技术研究所、A市东方运动科技城在内的高端创业创新平台进驻开发区。目前，开发区人才与经济发展政策成效初显，全区入选国家“千人计划”9人、浙江省“千人计划”21人、A市全球引才“521”计划14人、入选浙江省“151人才工程”10人、A市“131”中青年人才培养计划51人。人才发展体制机制创新取得较大突破，人才规模快速扩大，人才质量大幅提升，人才发展环境明显改善，为经济社会发展提供了有力支撑。

开发区区域内不仅集聚了相当数量与规模的工业企业，还集聚了14所大专院校，是浙江省高校最为集中的区域。但是，由于历史原因，与高新区、海创园相比，开发区高端产业品牌尚未树立。开发区人才工作还存在着部门联动机制有待完善、平台及政策体系尚未健全、高校集聚与产业集群优势未充分发挥、创业创新文化与氛围尚未形成等问题。当前是开发区经济社会发展创新提升的关键时期，社会和谐发展、经济转型升级与生态文明建设任务紧迫，开发区必须加快脚步，大力推动人才工作发展。

① 本章选取的案例均以字母替代区域名称。

第一节　A 市经济技术开发区中长期人才发展规划

一　要处理好四对关系

2013—2020 年是开发区经济社会发展创新提升的关键时期。国际国内经济转型、长三角区域一体化、A 市大都市发展等都将为开发区人才的集聚和培养带来重大发展机遇。与此同时，经济全球化背景下转变经济增长方式的需求也越来越强烈，开发区作为劳动密集型企业的集聚区域，面临着由物质资本驱动转变为人力资本驱动的重大任务。要实现创新驱动、推进转型升级，就必须处理好以下四对关系。

（一）“新与老”关系

开发区经过多年发展，已经形成机械制造、汽车及零部件、食品饮料和电子信息等一批优势产业，集聚了大量相关企业。但这些企业不少属劳动密集型，生产效率不高，受土地、人力资源的制约，已经进入了发展的瓶颈期。目前开发区也在大力引进创业创新人才，发展生物制药、新能源、新材料等新兴产业，这些产业的企业科技含量高，能够在有限的土地上创造更高的价值。在开发区今后的人才工作中，人才支撑“老”企业的转型和引领“新”企业的发展是两个最重要的方向，必须把有限的资源合理分配到这两个方向。其中，大力发展战略性新兴产业、推动高层次人才创业创新、积极调整开发区产业布局是开发区未来人才工作的首要任务。以“四新”企业为主体的战略性新兴产业能够为开发区经济发展注入新的活力与动力，这是可持续发展的战略要求，需要大力引进高层次创业创新人才，形成创新驱动经济增长新模式。“老”企业的转型升级是开发区未来人才工作的重中之重。开发区要与海创园、高新区错位发展，充分发挥自身优势，走出一条特色之路。开发区目前“四优”行业中有大批的中层和基层人才，这些人素质的提高对开发区人才队伍的整体质量有着至关重要的影响。

（二）“长与短”关系

从开发区长期发展的战略角度看，企业必须引进高层次创新人才，从技术创新入手提高生产率，减少对土地、劳动力的依赖。只有这样，开发区的经济才能够从劳动力驱动转变为创新驱动。从企业的短期效益看，目前开发区大部分传统企业都面临着劳动力短缺的问题，而技术升级和人才引进的成本短期内无法产生很大收益，因此企业更愿意先解决“用工荒”问题，而缺乏引进高层次人才或者进行技术改造的眼光和动力。在开发区今后的人才工作中，要引导企业将眼光由短期效益放大到长期战略，通过优化政策环境来降低企业转型升级的成本，拓展企业引才用才的渠道，优化企业自身人才的成长环境。同时通过高层次创业创新人才的引进给开发区注入新的活力与动力，从产业与企业两个层面进行“更新换代”。

（三）“远与近”关系

A市高教园区容纳了14所大专院校，有18万在校学生，共有教师11400余人，其中包括两院院士、博士生导师156人，具有高级职称教师人数达到4282人，占51.95%，可以说是一座蕴藏着巨大潜力的创新资源与人才资源宝库。开发区与A市高教园分布在同一片区域，在空间上两者距离很“近”。但在行政区划上两者隶属不同，没有制度上的直接联系，在体制上两者距离很“远”。目前主要存在“两园”管理考核与工作时间不一致、人才供需与科技供需不匹配、缺乏制度化有效沟通渠道等问题。开发区人才工作中，要积极创新，破解体制和机制难题，将高校的人才资源和创新资源与企业的人才需求和转型需求结合起来，真正实现协同创新，建立两园融合的新型发展机制，走出一条具有开发区特色的人才工作新路。

（四）“内与外”关系

未来5—10年，是人口红利转化为人才红利的关键时期。A市提出国际化的人才战略目标，争取在2020年进入世界人才强市行列。A市高新区（滨江）人才工作发展势头强劲，“十一五”期末累计拥有留学人员创业企业370家（占全市80%），留学回国创业人员690人，其中拥有国家“千人计划”入选者12人（占全市70%），浙江省“千人计划”入选者33人（占全市50%）。而未来科技城（海创园）在各方政策大力支持下，2010 年 7 月挂牌至 2012 年年底，已经建立 7 个海外联络站。累计引进海外高层次人才 316 名，其中国家“千人计划”人才 16 名，省“千人计划”人才 14 名，3 位国内外院士领衔的项目落户园区。与上述两个园区相比，开发区在空间的灵活性、产业的高端性、政策的倾斜性等方面都不具备优势。因此开发区的人才工作除了从开发区内部的产业结构、人才现状、经济特点等方面进行部署和规划外，还要把开发区放在 A 市、浙江乃至全国的范围内，着眼于构筑区域人才高地、打造特色人才网络、树立人才工作品牌，在全市、全省乃至全国树立人才吸引、培养、使用和激励的相对竞争优势。面对各区域的“人才大战”，开发区一方面要从自身内部因素入手，加大人才投入、优化人才政策、改善人才环境；另一方面要从外部环境入手，借鉴国内外先进地区的经验，不断提高开发区人才政策与环境的比较优势。

二　指导思想与基本原则

（一）指导思想

以邓小平理论和“三个代表”重要思想为指导，全面落实科学发展观和科学人才观，大力贯彻党的十八届三中全会全面深化改革的重要精神，坚持“以人为本、党管人才”原则，大力实施“人才强区”战略，为加快推进开发区经济社会各项事业科学发展、和谐发展和领先发展提供坚强的智力支持和人才保障。

坚持以人为本、党管人才原则，大力实施“人才强区”战略，以引领“两四发展”、服务“两园融合”、支撑“两港建设”为中心，以开发人才资源为主题，以提高人才综合素质为目标，以引进高层次创业创新人才、合理配置人才资源和培养实用人才为重点，以创新人才资源开发机制为动力，尊重人才、尊重知识、尊重创新，紧紧抓住引进、培养和用好人才资源三个环节，全面加强党政人才、专业技术人才、企业经营管理人才、高技能人才和社会工作人才队伍建设，为加快推进开发区经济社会各项事业科学发展、和谐发展、领先发展提供坚强的智力支持和人才保障。

（二）基本原则

1. 市场主导：发挥市场配置人才作用。随着人才工作逐步推进，重视发挥市场在人力资源配置中的主导作用，在人才的引进、培养、使用和服务等环节逐步建立市场机制。政府的工作重心逐渐由人才的吸引、服务转向人才的培养和环境的打造上。形成人才辈出、人尽其才、才尽其用的大好局面。

2. 制度保障：建立集聚人才体制机制。进一步完善各部门联动的内部工作机制和校企相关单位联系机制，建立健全人才引进、培养、评价、服务等政策体系，形成人才政策合力。通过政策的整合与机制的创新来破除人才工作的障碍，提升政策环境的吸引力。

三　发展目标

“十二五”期间，开发区人才工作将以本规划为纲要，努力实现人才工作主要指标在全国开发区保持领先，成为国内有一定影响力的人才集聚区域。到2020年，产学研结合程度、高技能人才和重点产业人才数量与集聚程度达到A市领先水平，成为产业特色鲜明、体制机制灵活、具有区域竞争优势的人才高地。

（一）人才总量目标

到2015年年末，全区人才资源总量达到17.5万人。其中，经营管理人才4.5万人；专业技术人才8万人；高技能人才5万人。到2020年年末，全区人才资源总量达到22.5万人，其中，经营管理人才6万人；专业技术人才10.5万人；高技能人才6万人。

（二）人才素质目标

到2015年年末，全区每万从业人员中人才资源拥有量达到7000人以上，其中专业技术人才拥有量达到3200人以上；全区从业人员中大专及以上学历占40%以上，本科及以上学历占20%以上。高技能人才占技能劳动者的比例达到38%。到2020年年末，上述指标分别达到8000人、4000人、60%、50%、45%。

（三）领军人才目标

到2020年，分批引进和培养5—10个国际领先级创业创新团队；10—15名（含柔性）国家两院院士、长江学者；400名国家、省、市重点人才工程，在开发区经济和社会发展重点集聚一批数量众多的国家级和世界级领军人才。

（四）产学研结合目标

到2015年，开发区企业与开发区高校合作项目经费占区内高校横向经费比例达到18%，开发区企业接受开发区高校学生实习人数占实习生总人数比例超过10%，开发区企业与开发区高校联合培养工程硕士人数占高校工程硕士总人数比例超过10%，开发区高校毕业生在开发区就业的比例超过10%。到2020年，上述四个指标分别达到30%、15%、20%、15%。

四　主要任务

（一）加强重点产业领域人才开发

1. 大力开发集聚“四优四新”产业人才。一是从“四优四新”产业发展布局出发，以汽车及零部件、新能源新材料、服务外包及文化创意、现代物流四大新兴产业为人才引进与发展重点，以生物医药、电子信息、食品饮料、装备制造四大优势产业为人才集聚与提升重点，加大优势产业与战略性新兴产业人才的培养和引进力度，特别是针对“四新”产业引进一批国内外知名创业创新领军人才。二是开展人才需求预测，定期发布紧缺急需人才目录，加强战略性新兴产业人才队伍发展规划和分类引导。三是制定优惠政策，加大新兴产业领域急需人才引进和培养力度，引导和鼓励高层次人才向新兴产业领域集聚。四是针对优势产业，有重点地引进国内外高层次人才，提升产业科技含量与附加值；有选择地引进上下游产业相关企业与人才，努力发展产业链经济。五是加强产学研合作，依托开发区内高校的合作平台，加强优势产业与新兴产业领域人才的培养和输送，完善产、学、研、用密切合作的渠道和机制。六是立足企业主体，鼓励和扶持企业通过企业研究院、院士工作站、博士后科研工作站、研发中心、技术中心等创新载体，自主培养开发重点产业人才，为重点产业的发展提供智力支撑。

2. 大力开发集聚现代服务业人才。一是围绕建设“宜业宜学宜居”的A市副城目标，构建开发区现代服务业体系，着力打造一支支撑产业发展、助推科技创新、完善城市功能的专业化现代服务业人才队伍。二是努力培养现代商贸和商务服务业人才，加快在高端酒店、餐饮、连锁等行业培养一支高级经营管理团队和职业经理人队伍，提升开发区商贸服务业从业人员的整体素质。三是立足开发区 A 市副城基础优势，提升开发区的生活品质，优化人才环境。四是大力培养文化创意和科技服务业人才，重点在工业设计、信息咨询、科技培训、技术推广、检验检测、知识产权等领域培养造就一支以企业为主体、市场为主导的高水平科技服务业人才队伍。五是着力培养金融服务业人才，打造以金沙湖区块为核心的金融集聚区，注重科技与金融的有机融合，重点引进和培养一批证券、保险、金融、信托、基金、期货等专业人才。六是加快现代物流业人才的培养与引进，以推进物流业的专业化、信息化、标准化为目标，努力培养一批具有世界眼光、战略思维、熟悉国际惯例和规则、掌握本行业专业知识的现代物流业高层次人才。

3. 大力开发集聚国际化人才。一是围绕提高开发区产业和城市发展国际化水平，着力形成有利于进一步扩大开放的社会发展环境，大力开发各类国际化人才。二是以“国家海外高层次人才创新创业基地”为依托，积极开展海外招才引智活动，重视发挥海外留学人员社团组织作用，大力引进海外高层次留学人才来开发区创新创业。三是充分发挥企业特别是大型跨国企业在吸纳国际化人才中的主体作用，通过吸引跨国公司和国际功能性总部等进驻开发区，吸引国际化人才来开发区工作。四是支持国外企业在开发区设立科技研发基地、生产制造基地和产业配套基地，吸纳国外管理人才和技术人才。五是鼓励支持区内企业大力引进外国专家和外国智力，共同开展科技合作和解决技术中的难点问题。

（二）统筹推进各类人才队伍建设

1. 建立具有战略眼光和实干精神的党政人才队伍。党政人才总量基本保持稳定的同时，优化人才结构，提高队伍活力。到 2020 年，大学本科及以上学历的比率达到 90%，40 岁以下的青年人所占比率达到 50%。一是要加强培养力度，进一步提高党政人才综合素质。二是要加强柔性引才力度，在保持规模不变的情况下拓展政府职能。三是要加强复合型人才的培养，打造一批一专多能的党政人才骨干。四是要建立目标导向的绩效考评体系。

2. 建立具有国际视野和先进理念的企业经营管理人才队伍。一是加强企业经营管理人才培训，鼓励和引导企业采取多种形式培养各类经营管理人才。依托跨国公司、知名高校和其他培训机构，建立国内外人才培训基地，组织企业家赴境外培训和交流，拓宽国际视野，提升管理水平。二是发挥政府引导作用，树立企业转型升级意识和现代化管理理念。对重点企业、重点人才开展风险管理、产业转型、企业国际化等专题培训。宣传表彰转型升级、引才育才先进企业，发挥示范引领作用。三是充分发挥行业协会带动作用，以行业协会引领中小企业开展人才培训、交流与合作。四是大力扶持优秀创业团队与创业项目，引进和培养新生代创业型企业家。到2020年，引进50名全国知名企业家，引进500名高层次创业人才。

3. 建立具有创新思维和开放观念的专业技术人才队伍。一是加强产学研结合。在重点行业的龙头企业设立博士后流动站和行业实训基地，引进国内外高层次科技人才入驻，提高企业的研发和创新能力，另外通过校企联合培养工程硕士等途径吸引大专院校相关专业人才前来实习，既为企业研发注入活力，又为企业引才打下基础。二是加大柔性引才力度。实施“周末工程师”、“海外工程师”等柔性引才计划，鼓励企业通过灵活的工作时间、丰厚的工作待遇和创新的用人机制柔性引进国际、国内同行业专家，鼓励企业积极与国内外大专院校、知名企业开展项目合作。三是加强重点创新团队建设。对企业引进的高层次人才给予配套优惠政策和相应待遇，对高层次创新和创业人才给予土地、政策、经济等方面的优惠措施，并积极倡导创新人才与本地企业的对接。通过上述措施不断提升专业技术人才队伍的素质，到2020年，专业技术人才中硕士及以上学历的比例达到35%。

4. 建立具有创造能力和实践经验的高技能人才队伍。开发区要打造成国内领先的先进制造业中心，必须大幅度提升高技能人才占技能劳动者比重，到2015年高技能人才占技能劳动者的比例要达到38%，2020年达到45%。一是加强企业的培养主体作用，鼓励引导企业通过内部培训、以师带徒、课题攻关、外送研修等形式自主培养高技能人才，对培训投入经费达到一定比率或培训成效特别突出的企业给予奖励或税收优惠。二是搭建高技能人才选拔、展示和交流的平台，通过定期举行的技术交流论坛、技能竞赛等活动选出开发区拔尖的高技能人才，对其进行表彰和奖励，设立专项基金组织高技能拔尖人才开展“传、帮、带”活动。三是积极鼓励校企合作，深化企业与高教园区高职院校的合作，帮助企业与高校建立制度化的沟通合作机制或平台，通过项目合作、定制课程、委托培养等方式培养一批高技能骨干人才。

5. 建立具有服务意识和专业技能的社会工作人才队伍。一是开展专业培训，大幅度提升现有从事社会服务人员的专业素质和职业能力，逐步扩大社会工作专业人才队伍规模。二是逐步建立社会工作专业人才培养、选拔、使用、流动、评价、激励等方面法规制度体系。三是着力加强中国特色社会工作专业人才在基层的宣传普及，提升社会工作专业人才的认知度和认可度。

五　政策机制创新和重点人才工程

（一）人才政策与机制创新

1. 人才优先与投资多元结合的人才投入机制。一是加大人才和科技专项基金投入力度，保证每年人才专项投入不低于本级公共财政收入的1.5%，且当年增长幅度不低于本级公共财政支出幅度。二是每年安排不低于1亿元专项资金，支持园区“四优四新”产业领域创新创业人才的引进、培养和奖励。三是加快引进国内外投融资机构，积极探索与银行、民营企业、风投公司等合作的有效机制和长效机制，探索多元化的投资主体与投资形式，通过政府人才投入带动多方资本，提高政府投入产出效益与效率。

2. 外部引进与内部培养结合的人才工作网络。一是通过“引育结合”方法，针对高、中、低不同层次和特点的人才群体，通过创新平台（高校与大院名所）、社会平台、公共服务平台和柔性平台等重要人才工作平台的支撑来构建人才工作网络，形成“平台+人才”的实用人才政策体系。针对开发区目前产业低端、人才工作名气和口碑不足的情况，持续加大人才工作的宣传推广力度，以多种形式与国外的猎头公司和协会合作，引进高层次创业创新人才，加强本土人才的国际化。并积极建立更广泛的合作网络，在海外直接建立孵化器，形成人才与资本的循环流通体系。一是要协调多个部门：人才工作牵涉面广，需要构建各部门参与的工作网络；二是要整合多方力量：人才工作要落到实处，最终需要发挥市场调节作用，整合政府、企业、高校、民间组织等多方力量，构建跨区域、跨领域的合作网络；三是要开拓多种渠道：通过多种路径开发人力资源，拓宽引进渠道、创新培养方法，构建统合人才、项目、资本与平台的流动网络。

3. 企业主导与政府引导结合的人才开发机制。一是通过建立区域与企业人才指数数据库，定期监测开发区内企业的人才开发情况，通过各项客观指标反映企业人才投入程度、人才集聚程度、人才优化程度和人才成长潜力，通过系统评价筛选出人才开发较好的企业，对企业自主的人才开发行为进行政策性优惠和奖励。二是运用政策和评价的导向性引导企业投入更多成本进行人才引进与培养，不断优化转型企业的政策环境，提升企业的核心竞争力，促进更多企业尽快转型升级。三是对企业的内外部培训、引进高端人才等投入达到企业效益一定比例的，企业人才指数达到一定标准或提高特别快的，给予税收、土地、项目等方面的政策优惠。四是在开发区中选拔人才集聚程度高的“聚才名企”、人才开发力度大的“育才名企”、人才指标提升快的“潜力名企”，分别给予奖励与政策优惠，并可以享受开发区给予的人才开发指导与服务，帮助企业用好人才，帮助人才实现自身价值。

4. 短期利益与长期效益结合的人才创业投融资政策。扩展各类人才创业项目信息沟通、风险评估、投资运营等渠道，整合各类产业平台，为人才创业提供全方位服务。一是设立财政专项资金，通过开发区控股投资公司以投资参股商业性融资担保机构的方式，支持和引导商业性融资担保机构做大做强。二是建立科技信贷风险补充财政专项资金和科技信贷风险分担机制，进一步调动商业银行从信贷投向上支持开发区内科技型中小微企业发展的积极性。三是探索建立与商业银行的“投资”、“投保”联动机制，引导商业银行加大对中小微企业的信贷倾斜力度，支持开发区有条件的中小企业进入浙江省“小升规”（小企业升级为规模以上企业）计划，做大做强。四是重点对开发区控股投资公司盈利模式进行改革，使投资公司从以追求项目投资收益为主，变为由财政提供稳定资金来源、国资以“资本金 + 利息”退出的模式，支持创新型中小企业的发展，从机制上推动国有资本在市场机构不愿意投资的科技企业初创阶段起到补位作用。

5. 资源共享与优势互补结合的“7 + 7”政产学研联盟。立足开发区内14所高校，充分发挥高校集聚带来的人才资源优势，建立政府、企业与高校定期沟通的长效机制，定期发布企业实际需求、园区产业导向、高校学科优势信息，针对高教园区的创新资源和人才资源设立专门的人才工程，鼓励资源共享和成果转化，实现政产学研有机结合、协同创新。对于高层次人才，通过设立人才驿站、创新团队扶持、重点项目合作等方式落户高校、服务企业，满足引进人才既能享受高校的学术环境与资源，又能服务企业发展需求，达到科研成果迅速转化。实施“未来工程师计划”，积极探索校、企联合培养研究生模式，整合高校工程硕士资源，为开发区企业提供优质创新资源。鼓励开发区高校学生到开发区企业实习，政府给予一定资助，实习成绩优异、留在企业工作的给予奖励。分行业组织企业联合招聘会，鼓励开发区高校毕业生留在开发区工作，政府给予租房补贴、人事代理服务等优惠。

6. 软件环境与硬件条件结合的人才综合服务载体建设。按照人才服务“功能区”、人才宣传“展示区”、人才发展“充电区”、人才引进“前哨区”的基本定位将东部人才港打造成“四位一体”的人才综合服务载体。人才服务“功能区”定位为集聚各类需求的综合窗口、畅通人才合作交流的温馨家园，整合人才工作中各个相关部门的操作环节，为各类人才提供一站式服务。人才宣传“展示区”定位为开发区面向全国乃至全球人才的门户网站、开发区人才工作“线上载体”、开发区人才信息发布平台和人才机构互动网络平台，宣传开发区人才政策和人才环境优势，为开发区内企业人才招聘、校企联合项目发布等提供便利。人才发展“充电区”定位为开发区企业人才的综合培训平台、实训基地平台，针对重点行业，由企业提出培训需求，通过行业协会或特定组织进行培训资源整合，政府鼓励企业参与培训或建立实训基地，鼓励开发区高校学生到开发区内的实训基地实习。人才引进“前哨区”定位为整合国内外资源的人才发展联盟，是通过市场化机制、社会化平台引进国内外高端人才的海内外人才组织、机构的“联合体”。

（二）重点人才工程和计划

1. “1555”高层次创业人才引进计划。面向海内外精英启动引才“1555计划”征集活动。到2020年，计划引进国际领先级人才15名，引进全国知名企业家50名，引进各类高层次创业人才500名。对“1555计划”入选人才和项目给予最高2000万元产业发展资金、2000万元银行贷款全额贴息和2000万元股权投资资金。同时为人才提供办公场所、人才专项房、人才公寓等配套，在社会引才、产业联盟、会展参展、平台建设等方面给予相应的政策支持和资金资助。

2. “金沙学者”创新人才和团队支持计划。着眼于战略性新兴产业，特别是“四新”产业领域，针对三个层次的创新人才推出鼓励创新资源共享和产业化的扶持政策。第一层次是“千人计划”专家及海外相关领域知名学者，鼓励其他地区的“千人计划”专家来开发区落地创业，鼓励其与开发区企业合作共享创新资源；第二层次是国内相关领域权威学者，鼓励其通过建立企业、科研机构等方式在开发区落地，或通过项目开发等方式与开发区企业建立合作关系；第三层次是开发区内高校的高层次人才及其科研团队，鼓励创新人才与开发区内企业开展产学研合作，实现创新资源共享和价值转化。到2015年，计划引进第一层次10人、第二层次50人、第三层次200人；到2020年分别达到100人、500人和2000人。

3. “四优”产业创新人才支撑工程。大力引进“四优”产业领军创新人才和紧缺人才，计划到2015年，引进领军创新人才300名，到2020年达到1000名。对能够在助推企业转型升级中发挥关键作用的高端人才给予特惠人才政策，鼓励企业以股权激励、科技入股等方式留住人才，对符合股权激励条件的团队和个人，经批准，给予股权认购、代持及股权取得阶段个人所得税代垫等资金支持。定期发布开发区紧缺人才目录，每年引进紧缺人才1000人以上。探索柔性引才模式，开展“周末工程师”项目，引进周边地区相关行业高层次人才为开发区内企业服务，计划用3—5年时间，柔性引进2000名以上教授、高工或企业紧缺高技能人才；开展“海外工程师”项目，引进国外相关行业经验丰富退休工程师提升开发区企业技术和管理的国际化程度，计划用3—5年时间，柔性引进1000名以上海外人才。

4. 高技能人才“蓝领精英”培养计划。突破学历、职称等传统考量标准，突出市场对人才的个人成就、社会贡献以及创新价值的认可，由开发区企业为主体评选“A 市卓越人才”和“A 市优秀人才”。到 2015 年，计划评出“A 市卓越人才”100 人，“A 市优秀人才”1000 人；到 2020 年达到 800 人和 5000 人。对入选者给予物质奖励、培训机会、优惠政策等，鼓励入选者以“传帮带”形式培养学生，充分发挥自身价值。对入选人数多的企业给予政策优惠和内部培训补贴，在高技能人才集聚的企业建立相应的实训基地，计划到 2020 年，建立企业实训基地 100 家以上。

5. “未来工程师”工程硕士培养计划。充分利用开发区内高校创新资源，整合企业需求，建立统一的信息发布平台，全面、及时、准确发布企业提供的项目，工程硕士生可以根据自己学科和特长选择企业项目作为硕士论文题目，建立学校与企业双导师的联合培养模式，在学校培养人才的同时让企业也享受创新成果。政府设立专项经费，给在开发区内校企联合培养的工程硕士一定的补助，每年评选优秀工程硕士和优秀硕士论文，对优秀成果予以奖励。计划到 2020 年，每年开发区内校企联合培养的工程硕士占高教园区工程硕士总数达到 50%。

6. 产业提升人才梯队建设工程。着眼于“四优四新”行业产业转型升级，以有较强创新能力和很大发展潜力的企业中基层人才为重点，以自主培养、联合培养、外派学习等方式为主，建设能够配合高新技术改革、助推企业转型升级的中坚人才梯队。按照人才的层次分为两个梯队。第一梯队是对产业转型升级发展起到主要作用的技术带头人，采取引进与培养相结合的办法，到 2015 年，培养 100 名与国际接轨的技术专家，到 2020 年达到 200 名。第二梯队是对技术升级和转化起到推动作用的技术骨干，以自主培养为主，到 2015 年，培养 1000 名具备较高创新能力的技术人才，到 2020 年达到 2000 名。

7. “金沙投资人”创业投资支持计划。整合风投公司、民间资本、民营企业家等各方面资本，建立投资人、科技人才与项目、转型期企业等多方面结合的投资人俱乐部，初期以开发区内高校科技项目与开发区内企业对接为主，逐步扩大范围，定期举办“吹尽狂沙始到金”的项目评估与对接沙龙。对于落户开发区的项目，政府给予投资、土地和政策配套优惠等。

8. 人力资源服务产业集聚工程。以“东部人才港”和“东部科技港”为依托，开拓一个特定区域，用于国内外知名人力资源服务公司的引进，在初期给予租金、税收等政策优惠。根据创新创业企业的具体需求，集聚人力资源、法律与金融服务等各方面的服务型企业，从上市、投融资、项目管理、人才招聘、人事代理、管理咨询等各方面满足企业的需求，实现创业企业的“一站式”服务和人力资源服务产品的“一揽子”采购。构建开发区人力资源发展市场化机制。

六 实施保障

（一）建立健全组织领导保障

1. 加强组织领导，把握规划的阶段性和方向性。由开发区人才工作领导小组统一协调人才规划各项工作的部署安排，在时间上厘清人才规划执行的各阶段主要目标和推进步骤，在空间上明确各项主要任务的责任人和相关职能部门，从组织领导上推进人才规划的实施。

2. 建立考评机制，落实工作的实用性和可操作性。建立与绩效挂钩的人才工作长效机制，分期、分阶段制订人才规划实施计划和年度工作目标，分解到各相关部门，年终进行考核评估，评估结果直接与相关部门和人员的工作绩效挂钩。

3. 加强统筹协作，保障政策的系统性和连贯性。建立组织部门牵头抓总、各相关部门统筹协作的人才工作模式，保障人才政策的连贯和统一。由组织部参与并协调各部门相关政策的制定，将人才工作涉及的各方面工作和责任切实落实到人，把人才规划作为行动纲要，增强各部门政策相互配合，全面优化人才工作的政策环境。

（二）深化完善相关政策法规

1. 细化人才界定标准。从开发区当前转型发展需求出发，“不唯学历、不唯职称、不唯资历、不唯身份”，把知识、能力和业绩作为主要标准，不拘一格选人才。

2. 创新人才服务机制。为重点行业关键领域的特殊人才留出上升通道。除了普遍的引才政策外，要重视针对特殊人才特别是能够引领行业发展的领军型人才政策的灵活性。既要在大范围引才时有据可依，又要在特殊人才引进上特事特办。

3. 明确人才政策导向。加强人才政策对人才和用人主体的导向性，让政策落到实处。对各项政策实施成果进行定期调查考核，落实专门的职能单位负责政策的宣传和引导，大力加强政策的舆论导向和宣传动员功能。引进各界研究力量，定期发布行业人才需求报告。

（三）不断强化执行情况监督

1. 建立人才工作目标责任制。把人才发展重要指标率先纳入基本实现现代化目标内涵和年度经济社会发展目标考核体系。各部门要制订年度计划分解落实中长期人才规划的目标，以年度工作任务完成来确保总体规划的推进。

2. 制定规划实施监控指标体系。建立人才量化考核制度，完善人才量化考核的主要内容、评分标准和操作程序。建立规划目标任务实施情况定期报告制度和年度评估制度，跟踪分析和研究解决规划实施中出现的新情况、新问题，根据反馈信息对人才规划的目标进行必要的调整和完善，及时改进，确保规划有效实施。通过课题研究的形式对人才规划的内容和实现路径不断细化和分解，对“人才与科技评价体系”、“区域人才发展指数”、“资本与人才”等重要问题进行深入研究。

3. 注重人才投入与产出分析。经费的使用要与人才、企业的发展阶段相适应。对人才经费与科技经费的使用进行科学、合理的计划，以人才规划的各项任务为经费投入的主要方向，对经费投入较高的项目实施专家论证和第三方评估等方式减少风险。定期对人才经费的投入与产出进行评估与分析，并依此来调整和优化人才经费的使用。

（四）努力优化人才服务环境

1. 引进高质量的人才服务机构。一方面通过这些机构的引入提高开发区人才服务的质量；另一方面借助机构的引进促进相关方面高级人才的引进，包括创业者、高级研发人员和学者。建立人力资源服务产业园区，逐步形成人力资源服务产业的集聚优势，发挥市场在人才集聚与流通中的基础性作用。

2. 提高人才服务的整体水平。要打造人才安居乐业的软、硬环境，对提升开发区人才环境的营利性组织与中介公司进行政策性优惠与引导，对非营利性组织进行扶持与宣传。建立人才服务的沟通交流平台，引进专业研究力量定期开展交流活动。

3. 强化人才服务激励作用。对享受人才房、土地优惠等政策的相关人才与企业进行分阶段的定期考核，根据考核结果确定下一阶段所能享受的政策。

第二节　各地服务创新驱动的人才政策

党的十八大报告指出，坚持科学发展观要以加快转变经济发展方式为主线，把推动发展的立足点转到提高质量和效益上来，着力激发各类市场主体发展新活力，着力增强创新驱动发展新动力，着力构建现代产业发展新体系，着力培育开放型经济发展新优势，不断增强长期发展后劲。中央的要求和国民经济发展的现实都表明我国正处于产业转型升级的关键时期，必须依靠技术进步、自主创新和提高劳动力素质，切实增强产业竞争力和提高全要素生产率。党的十八大关于创新驱动的论述表明创新驱动已经成为国家发展的重要战略。人才是创新驱动的核心动力，是决定创新质量与层次的关键要素，因此通过引进、培养各类创新人才来构建以企业为主体、市场为导向、产学研相结合的全面创新体系，成为全国各地实现经济发展方式转变的重要任务。

一　创新驱动的意义与内涵

（一）创新驱动的意义

按照经济学原理，一个国家竞争力的发展要经过要素驱动、投资驱动阶段，然后进入创新驱动、财富驱动阶段。在新发展时期，必须努力实现增长动力的转换，努力从要素驱动、投资驱动转向通过技术进步来提高劳动生产率的创新驱动，从过度依赖“人口红利”和“土地红利”转向依靠“创新红利”和深化改革形成的“制度红利”。过去中国依靠要素驱动成功跨越了低收入国家的“贫困陷阱”，迈入中等收入国家行列。但是，在取得辉煌成就的背后存在严重的隐忧：经济规模很大，但大而不强；经济增长很快，但快而不优。企业陷入低端产业的“比较优势陷阱”，在全球产业链和价值链上处于弱势地位。目前资源环境对中国经济发展的约束增强，要素驱动模式难以为继，加快经济发展方式转变关键是从依靠要素驱动向依靠创新驱动转变。创新驱动的意义在于：

1. 实现可持续发展要求创新驱动。我国传统的高储蓄、高投资的发展模式导致了经济发展的高速度和低质量，一方面表现为经济发展与社会发展的失衡日益严重，另一方面表现为经济增长与资源环境的矛盾十分突出。在这种发展模式中，人与社会、自然关系失衡，意味着其不可持续性。在当前经济发展过程中，人口红利已开始削减，劳动力成本优势也有所减弱。同时，随着欧美国家再工业化浪潮的兴起，承接国外技术和产业转移的难度加大，技术引进受到更多限制。因此，要实现可持续发展就必须实施创新驱动，通过全面构建创新体系，发挥各项创新机制的协同作用来提升生产效率。

2. 提高国际竞争力要求创新驱动。现代社会的国际竞争是创新能力和科技实力的竞争。国际金融危机后，经济复苏和新经济增长点的形成将主要依靠创新驱动，并以新产业的发展为主要特征。因此，发达国家和新兴经济体都更加重视国家层面的创新战略，希望通过创新实现经济复苏，抢占未来竞争制高点。在这种大背景下，我国就必须通过实施创新驱动，加快关键领域的核心技术突破，加速创新成果转化为现实生产力，在本轮经济复苏过程中提升国际竞争力。

3. 实现经济结构的转型升级要求创新驱动。经济发展方式转变不仅意味着从要素扩张向生产率提高转变，而且意味着要在经济发展过程中实现经济结构转变，改变经济结构中投入结构不合理、物质资源消耗太多、科技进步贡献率低的状态。经济结构的转变包括：在产业结构方面，从主要依靠第二产业带动向第一、第二、第三产业协同带动转变，大力培育战略性新兴产业；在空间结构方面，调整城乡二元结构，缩小城乡差距，推进工业化、城镇化、农业现代化和信息化的同步协调发展；在动力结构方面，促进经济发展由主要依靠投资拉动向消费、投资、出口协调拉动转变，从需求管理向供给管理方面转变；在要素投入结构方面，以提高创新能力为核心，促进经济增长从要素驱动型向创新驱动型转变。这些结构性转变都需要通过创新驱动来实现。

(二) 创新驱动的内涵

创新驱动不是单一方面创新，而是一种综合创新，是产业创新、科技创新、产品创新、制度创新、战略创新和文化创新所发生的综合协同作用。创新驱动的内涵是：

1. 以产业创新形成新型产业体系。一是加快建设先进制造业、资源深加工业、新型能源产业、高新技术产业和外向型特色优势产业，构建现代工业体系。大力推广以信息技术为代表的高新技术，加快用高新技术和先进适用技术改造提升传统工业产业，促进工业化与信息化融合。二是不断提升服务业的产业层次和产业能力，构建现代服务业体系。总体来说，产业创新的目标是：构建以高端制造、创新驱动、品牌引领、低碳发展为特征的新型产业体系。

2. 以科技创新形成完备的技术创新体系。现代创新型经济的重点已经从技术创新转向了科技创新。从我国情况来看，虽然科技发展取得了一定成果，但自主创新能力还不强。科技创新的目标是，大力推动自主创新，实现从模仿创新到自主创新的转型，形成完备的技术创新体系。

3. 以产品创新形成新市场和经济增长点。产品创新是建立全面创新体系的基本形式。产品创新源于市场对企业的产品技术需求，也就是技术创新活动以市场需求为出发点，创造出适销产品，使市场需求得以满足。产品创新的动力从根本上说是技术推进和需求拉引共同作用的结果。产品创新的目标是：通过产品创新引领经济社会发展，形成新的市场和经济增长点。

4. 以制度创新为经济发展方式转变提供保障。制度创新是建立全面创新体系的基本前提和根本保证。我国部分生产要素和资源价格形成机制仍不健全，要素市场的行政性垄断和区域、行业部门的市场分割仍然存在，市场竞争机制尚未充分发挥作用，抑制了企业的自主创新热情。制度创新的目标是，进一步深化改革，为经济发展方式的转变提供有利的制度环境。

5. 以战略创新形成协同创新体系。战略创新实质上是通过发展战略的调整来统筹各方面资源，进而达到协同创新。通过引进国外高新技术吸收创新，同时加大对高新技术人才的培养与引进，加强对技术方面的投入，最终形成具有自主知识产权的协同创新体系，并在此基础上发展具有比较优势的产业链，带动我国经济快速增长。战略创新的目标是，提高国家创新能力，根据比较优势形成自己的产业链以增强国际竞争力。

6. 以管理创新提升各类创新绩效。管理创新是指形成一种创造性思想并将其转换为有用的产品、服务或工作方法的过程。管理创新包括社会管理创新、经济管理创新和企业管理创新。管理创新的目标是提升各类创新绩效：从宏观经济管理创新来看，一方面，要转变政府职能，改善公共决策系统，提高公共政策质量；另一方面，要建立宏观经济管理信息系统。从微观企业管理创新来看，企业要通过商业模式创新、战略创新、产品创新、技术创新、管理创新、体制创新、机制创新和市场创新，提高企业的核心竞争力。

7. 以文化创新提供精神动力和智力支持。文化创新是建立全面创新体系的精神引领和智慧支撑。在科技创新驱动基础上提出文化创新驱动，不仅深化了对加快转变经济发展方式的认识，更符合了加快转变经济发展方式的演化方向。文化创新的目标是：通过培育勇于创新、善于创新的创新文化，营造开放和包容的创新氛围，为建成全面创新体系提供精神动力和智力支持。

二　服务创新驱动的各地人才政策

（一）积极培育新兴产业，大力引进创业创新人才

产业创新要求在产业层次和产业能力上有所突破，这是经济发展方式转变的根本体现。实施创新驱动战略，就是在要素禀赋结构不断升级的基础上，通过产业层次和产业能力的提升，不断地发展适合本地区比较优势的产业，实现从传统产业向高新技术产业、从低附加值产业向高附加值产业、从低加工度产业向高加工度产业迈进。因此，只有把握世界新技术革命方向和全球产业分工格局，积极发展新一轮经济增长的朝阳产业，才能适应不断发展的要素禀赋结构和比较优势，使本地区产业发展具有最大的竞争力。

1. 高层次人才引进政策。具体来说，有以下几个方面：

（1）浦东新区的“百人计划”：该计划是浦东新区为吸引海外高

层次人才于2011年正式启动实施的，入选“百人计划”的海外人才可以获得多项优惠政策，就包括价值100万元的综合性资助（50万元一次性奖励和50万元的安家补贴）。另外，优秀的创业团队还可以获得50万元的团队建设经费。此项工程鼓励了广大海外人才回国创业，也为其提供了很大的优惠。浦东选择的人才更为“新鲜”：创新型人才必须是1年内回归的；创业型人才则要求是3年内回归的。在评选标准上，向浦东重点发展行业急需的紧缺人才倾斜，包括金融、航运、生物医药、集成电路、软件信息、文化创意、先进装备制造等。对于入选“百人计划”的人才在工作发展中遇到“瓶颈”问题，都将获得有针对性的“度身帮助”。5年内可以免费使用150平方米的人才公寓，并为其提供出入境、户籍、子女入学、医疗保险等方面的综合性生活保障。3年内还可按照浦东新区相关行业人才政策个人贡献奖励的最高标准给予一定奖励。浦东新区“百人计划”是上海“千人计划”的补充，入选“千人计划”的人才，将按照“从优不重复”原则享受该政策。

（2）入驻杭州海创园优惠政策：入驻的企业和人才在享受国家、省、市有关企业扶持、人才服务政策的同时，可享受各项优惠政策。其中，对研发项目，在前3年按研发机构实际购买设备金额的20%、实际发生研发费用的30%予以补助。单个企业当年度资助金额最高不超过200万元。研发机构租赁的本部自用办公用房，按房屋年租金的60%给予补贴，单个企业每年最高补助不超过50万元，补助期限不超过3年。对获国家科技进步一、二等奖（或与之相当的其他奖项），或浙江省科学技术一、二、三等奖（或与之相当的其他奖项），并在规划指定区域实施产业化的研发成果，分别给予500万元、200万元、150万元、100万元、50万元奖励。其中，引进国际一流创业创新领军人才及其团队，经认定给予总额不低于1000万元的支持；引进国内一流创业创新领军人才及其团队，经认定给予总额不低于500万元的支持。

（3）杭州高新区广发“英雄帖”：杭州高新区面向海外精英启动2013年第二批海外引才“5050计划”征集活动。按照新修订的政策，杭州高新区将对“5050计划”入选人才和项目给予最高“三个1000

万元”的政策资助，即1000万元产业发展资金、1000万元银行贷款全额贴息和1000万元股权投资资金。另外，该区还将为人才提供办公场所、人才专项房、人才公寓等的配套，同时对社会引才、产业联盟、会展参展、平台建设等方面给予相应政策支持和资金资助。

2. 人才投入机制。具体来说，有以下几个方面：

（1）长春高新区财政投入：每年列支1亿元，用于“长白慧谷”建设。围绕全省产业发展和长春高新区发展需求，提出5年人才开发计划，计划重点引进海外高端领军人才30名，引进和培育高层次创新创业人才200名、高级经营管理人才300名、高技能人才1000名。规定对引进的海外高端领军人才给予60万—200万元启动经费，对于能带来巨大经济效益和社会效益的世界一流创新团队，最高给予5000万元启动经费，300万—500万元创业风险投资和一定的贷款贴息。

（2）杭州高新区财政投入：每年安排1亿元专项资金，支持园区战略性新兴产业领域创新创业人才引进、培养和奖励。具体条件为在高新技术企业或年纳税2000万元以上重点企业或入园区世界500强、世界软件50强企业或实际到位注册资本1亿元以上总部型企业内，年收入在15万元以上、本科以上的技术和管理骨干都可享受资助。此外，两院院士、国家杰出青年科学基金获得者、长江学者、“百人计划”杰出人才等，领衔以其科技成果到杭州高新区创办企业的，经审核，园区都将给予一次性100万元创业资助。国家和浙江省“千人计划”入选者，园区分别给予100万元和80万元奖励。带技术、带项目、带资金新入区创业的领军型留学人才，可申报园区“5050计划”获得相应扶持。

3. 产学研合作。具体来说，有以下几个方面：

（1）南京市“科技九条”：允许高校院所人才在职创业、离岗创业，鼓励在宁高校院所、国有企事业单位职务发明成果收益，按至少60%、最多95%的比例划归科技人员所有，激发体制内人才创业热情。通过这些政策突破，完善“创新在高校，创业在园区”的人才开发模式，鼓励本地高校院所人才到园区企业当科技老总、技术股东，打通高校和园区产学研合作“最后一米”障碍。这一政策已促成12所高校出台配套政策，推动144位高校教师和1480名大学生投身创业。

（2）为了推动自主创新、促进转型升级，新政还对企业争取科技大奖、设立创新载体、制定各类标准、开展专利发明、推进品牌建设和节能减排等设置了奖励。例如，对新获得国家技术发明奖、国家科学技术进步奖一、二等奖的，杭州高新区（滨江）将分别给予企业一次性50万元、30万元奖励；当年新获得国际标准立项，牵头制定完成国际标准的，每项给予企业100万元奖励。

4. 创新资源共享。具体来说，有以下几个方面：

（1）中关村“开放实验室”工程：2006年，北京中关村为挂牌重点实验室一次性补贴50万元，以鼓励其向园区内企业开房仪器、开展产学研合作。经过几年的时间，1亿多元“杠杆资金”撬动了109家实验室向园区新型技术企业开放价值64亿元的仪器，为高新企业节省了巨额的购买、安放、操作和维护等开支，同时也促进产学研的深度合作。

（2）南京人才管理改革试验区：整合南京市域研发资源，集成1500台（套）科研仪器设备，建成南京大型科学仪器设备协作共用网，以政府补贴方式供人才使用。

（二）搭建人才载体，全面推动体制机制创新

经济发展本身就是经济结构不断优化升级的过程。发展创新型经济，既包括科技创新，也包括制度创新和结构创新。结构创新就是通过构建现代产业体系来形成以知识产品和技术产品为主的产业结构。结构创新的内容包括提升扩张现代服务业、集聚拓展现代高效农业和大力发展高新技术产业。比起科技创新，制度创新对经济结构带来的提升和改善更大。

1. 综合服务载体。上海浦东新区开展“四个一”项目（一城、一网、一平台、一联盟）建设。“一城”即“浦东国际人才城”，定位为集聚各类需求的综合窗口、畅通人才合作交流的温馨家园、构建上海人才高地的地标象征，2012年9月正式开城；“一网”即“浦东国际人才城网”，定位为浦东面向全球国际人才的门户网站、浦东人才工作“线上载体”、浦东人才信息发布平台和人才机构互动网络平台，目前已正式上线；“一平台”即“浦东国际人才引进协调平台”，

统筹开展“1166”国际高端人才引进和服务；“一联盟”即“浦东国际人才发展联盟”，是通过市场化机制、社会化平台引进国际高端人才的海内外人才组织机构“联合体”。

2. 科研创新平台。2011 年南昌高新区获批中组部“千人计划”海外高层次人才创新创业基地，拥有包括国家半导体照明工程产业化基地等 20 个“国字号”创新平台，成为吸引海外高层次人才的重要载体。南昌经开区企业自办科研机构有 12 家，7 家被评定为省级企业科研机构；523 人从事科研工作，其中博士 6 人，硕士 52 人。大力搭建成果转化孵化平台，通过优化小微企业发展所需的软、硬件发展环境，为科研成果转化和小微企业健康成长构建创业、孵化的重要平台，形成北大科技园、清华科技园和南昌大学科技园等一批孵化基地。

3. 区域人才合作。深圳前海、广州南沙、珠海横琴，一区三地，深化粤港澳全面合作，打造自有开发的国际人才港。其中深圳将鼓励前海企业与香港高校、科研机构等签署合作协议，制订人才合作计划，广泛开展深港跨境人才合作。鼓励在前海的企业独立设置或与香港企业、有关行业协会联合创办行业人才培训机构或特色学院。支持香港高校和国际教育培训机构在前海合作办学，推动境内外人才联合培养，此外还提出建立深港跨境职业资格准入和互认机制，引进香港及国际资质认证和考试机构，鼓励内地人才取得国际专业资质。按照先行先试的要求，分类推进具有香港执业资格的专业人士在前海直接提供专业服务，逐步推进深港跨境专业资格互认。

福建省不断探索海峡两岸人才交流合作先行“试验区”。在两岸合作模式上，福建平潭探索“五个共同”（共同规划、共同开发、共同经营、共同管理、共同受益）的新模式，多层面、多形式、多主体对接，探索两岸合作的具体途径和形式。采取有效措施，支持台湾地区高校毕业生到平潭实验区就业创业；探索扩大我国台湾地区居民申报评审专业技术资格系列范围；支持台湾地区人力资源服务机构到实验区设立合资机构，放宽股权比例，开展人力资源服务；实施方便台胞就业、生活的政策。

4. 股权激励方式。安徽芜湖研究制定企业股权和分红激励试点“1 +7”政策体系。在全省率先出台了《芜湖市企业股权和分红激励试点工作实施意见》。同时，分别对市级事业单位科技成果的处置权和收益权改革、获得股权奖励的企业相关人员缓缴个人所得税、各类企业开展试点的激励条件、方式和审批问题进行了细化明确。目前全市正式启动4—5家企业进行股权和分红激励试点。

广西南宁推行股权激励。在高校、科研院所以科技成果作价入股的企业、国有控股的院所转制企业、高新技术企业实施企业股权（股权奖励、股权出售、股票期权）激励及分红激励试点。设立股权激励专项资金，对符合股权激励条件的团队和个人，经批准，给予股权认购、代持及股权取得阶段个人所得税代垫等资金支持。

5. 管理制度创新。北京中关村人才特区在北京生命科学研究所等一批有条件的高校、科研机构推行与国际接轨的科研管理制度，建立以学术和创新绩效为主导的资源配置和学术发展模式，扩大科研机构用人自主权和科研经费使用自主权，完善股权激励机制，打造让科研人员全心全意做科研的机制和环境。

上海财经大学为提升师资队伍的国际化水平，积极探索实行“常任轨”制度，参照北美著名大学师资管理模式，按照国际学术标准对教师进行考核、管理和使用，并给予相应待遇，先后聘任120名海外高层次人才担任“常任轨”教师，初步形成海外人才集聚的规模效应。

6. 完善评价机制。中关村创新高端人才评价机制，依托中关村创新平台，开展企业教授级高级工程师职称评审试点，首批有54名高层次人才获得高级职称。拓宽人才评优渠道，22人获市级留学人员科技活动择优资助奖项。

上海张江突破学历、职称等传统考量标准，突出市场对人才的个人成就、社会贡献以及创新价值的认可。由2000家企业参加评选出了5名“张江卓越人才”和15名“张江优秀人才”。

江西新余市打破地域限制，积极争取支持，为外籍海外人才评定了职称；打破学籍限制，拓展人才评价领域，对非公有制经济和社会组织部分特殊工种的专业技师人员评定职称。

（三）重点营造创新文化，着力提升硬件、软件环境

创新文化是一个区域在竞争中取得优势的关键因素，是衡量区域竞争力的重要标志，更是实施创新驱动战略重点所在。创新型经济必

须要有创新文化的支撑。向创新型经济转型，要通过优化政策环境、服务环境、居住环境和人文环境，营造开放和包容的创新氛围，培育勇于创新、善于创新的创新文化。通过形成全面创新氛围，使人们以开放的思想、开拓的精神、开明的风尚和包容的心态，去接受和吸收新思想、新理论、新技术，为创新驱动战略的实施提供思想动力和行动保障。

1. 企业融资服务。为解决小企业特别是“轻资产型”中小科技企业“融资难”的问题，2011 年以来，上海市财政局会同上海银监局、金融办等职能部门制定实施了以“三个 10 亿元”为主要内容的财政政策，包括设立总量规模为 10 亿元的市级财政专项资金，通过市有关国有投资公司以投资参股商业性融资担保机构方式，支持和引导商业性融资担保机构做大做强；安排总量规模为 10 亿元的科技信贷风险补充财政专项资金，建立科技信贷风险分担机制，进一步调动商业银行从信贷投向上支持本市科技型小微企业发展的积极性；设立总量规模为 10 亿元的投资专项资金，探索建立与商业银行的“投资”、“投保”联动机制，引导商业银行加大对小微企业的信贷倾斜力度。

2010 年 7 月起，浦东新区重点对国资投资公司盈利模式进行改革，使国资投资公司从以追求项目投资收益为主，变为由财政提供稳定的资金来源、国资以“资本金 + 利息”退出的模式，支持创新型中小企业的发展，从机制上推动国有资本在市场机构不愿意投资的科技企业初创阶段起到补位作用。同时，开展创新型银证合作，引导银行进行信贷服务创新，破解中小企业特别是轻资产型企业的融资难问题。近期又设立 5 亿元的代持股专项资金，给予股权认购、代持及股权取得阶段所产生的个人所得税代垫等资金支持，管委会已统筹安排 2 亿元资金。目前已有中兴派能、华虹设计等 6 家企业作为首批试点单位。

武汉东湖对人才企业开展知识产权质押贷款和中小企业集合贷款，已完成知识产权质押贷款 9.37 亿元，中小企业集合贷款 1.95 亿元，出台人力资本作价出资注册等政策，帮助人才创办的企业解决融资难题。

南京市建立市级科技创新创业金融服务中心，组建南京联合产权（科技）交易所，设立总规模 10 亿元的市级科技创业投资基金，挂牌成立7家“科技银行”，制定出台扩大科技保险试点意见，鼓励江宁等地组建区域科创投集团和科技金融中心。

杭州海创园为进一步增强信贷支持，由杭州市、余杭区分别出资2500万元设立贷款“风险池”，将“风险池”作为引导基金存入合作银行，由合作银行按1∶8比例放大提供信贷支持。同时，对合作银行贷款实际出现的本金损失，“风险池”予以部分风险补偿。

2. 知识产权保护。安徽合芜蚌人才管理改革试验区重视对人才知识产权的保护，将专利等相关指标纳入政府目标管理考核，在科技项目立项及评价、科技奖励、高新技术企业认定等工作中，把专利拥有数量尤其是发明专利授权量作为重要指标。芜湖市作为国家知识产权工作示范城市，2012年1—10月申请专利13653件，专利授权量7730件，其中发明专利授权量549件。

杭州海创园支持海内外高层次人才以技术入股或投资等方式创办企业，允许以商标、著作权（版权）、专利等知识产权出资创办企业，非货币出资金额最高可占注册资本的70%。创办的高新技术产业企业冠“浙江”省名的，注册资本放宽到200万元。创办的中介服务企业和拥有自主知识产权的科技型企业组建企业集团的，母公司和子公司合并注册资本可放宽到3000万元。创办的企业申请变更为无区域企业名称可享受名称变更直通车待遇，直接到省工商局办理手续。

3. 生活保障与服务。南京市围绕创建国家级“紫金人才特区”，加速完善人才住房保障，人才安居“195”工程实施以来，通过新建、租赁、经营性地块配建等多种方式，已落实人才住房160万平方米；加速优化人才政务服务。建立领导干部直接联系科技创业家制度，组织市级机关部门负责人与科技创业家对话恳谈。启用和完善“一站式”、集成化的市人事人才服务大厅，先后增设河西人才市场、江宁IT人才市场等。开发上线“321引进计划”兑现服务系统，普遍设立市、区两级“321计划”政策兑现服务窗口和“千人计划”服务窗口，明确窗口责任领导，选配精干服务力量；完善海外留学人才居住证（南京“蓝卡”）政策集成功能，面向非南京户籍留学人才、港澳台人才、外籍专家，赋予居留和出入境、社会保障及住房、企业所得税奖励、境外驾照换领等37项权益，累计发放400多张；整合市域研发资源，集成1500台套科研仪器设备，建成南京大型科学仪器设备协作共用网，以政府补贴方式供人才使用。

上海浦东新区试行7项出入境便利政策，建立国际化教育医疗服务体系，启动上海国际医学中心建设，推进上海纽约大学建设，形成良好的国际化的人文生活环境。

中关村人才特区按照“进口税收”政策规定，为有需求的高端人才办理了进境相关物品免税手续。按照“居留与出入境”政策规定，设立绿色通道，为149名高层次人才及其家属办理了居留许可或多次往返签证。落实医疗政策，在北京市5所三甲医疗机构，为270名高层次人才办理方便就诊手续。落实住房政策，全年已建和在建人才住房项目有6个，房源达7516套。

武汉市提供从“人才满意”到“太太满意”的人性化服务。建设国际医院，实施人才宜居工程，发放“人才居住证”、“优诊卡”，提供子女入学“点读服务”，设立人才出入境便捷通道，创办英文报刊，出版《生活指南》等书籍，从各方面彰显对人才的关怀和爱护。

广西南宁北部湾人才金港，在加紧提升高层次人才科学服务水平方面，确立了打造“北部湾人才金港”、建设人才公寓等4项任务，从人才的孵化、教育、培训、创业到人才及其家属的衣食住行、医疗保健、子女入学等方面进行全方位服务，确保人才“留得下”。

杭州海创园加快人才专用房建设，建立人才住房奖励政策，对不同层次人才给予专用房出售、购房补助、租房补贴等优惠。高层次人才配偶随迁并无法安排工作的，由用人单位参照本单位人员平均工资水平，以适当方式为其发放生活补贴、按规定办理社会保险，其出国前缴费年限可累计计算。园区内持有《浙江省海外高层次人才居住证》人才的子女，按当地户籍人口同等就近接受义务教育。入选国家、省“千人计划”人才的子女需就读当地民办学校的，由当地有关部门优先帮助协调。符合医疗照顾待遇的高层次人才由当地落实相应医疗照顾待遇，设立定点医疗机构提供优质服务，开展定期健康检查。所需医疗资金通过现行医疗保障制度解决，不足部分由用人单位按照有关规定解决。

创业需要场所，杭州高新区对创业企业给予三年100平方米以内的办公场所租金补贴；海外高层次留学人才创办企业，给予3年1000平方米以内的办公场所租金补贴。高速成长的海外留学人员创办企业，可以根据规模及贡献，再给予两年500平方米以内的办公场所租金补贴。企业实施产业化后，还有奖励。凡是对高新区贡献首次超过100万元的，可申购区人才限价房。留学回国人员来高新区工作以后的工龄，可与其出国前工龄、在国外攻读硕士博士学位年限等合并计算为连续工龄。为消除海外高层次留学人才的后顾之忧，高新区给予100平方米住房公寓三年租金补贴；留学回国人员在杭定居可办理杭州市区常住户口，配偶及子女户口可随迁，落实杭州市关于留学回国人员子女就读的各项优惠政策。

无锡新区由政府出面，为南京航空航天大学工程硕士与“530”企业搭建桥梁，学生在企业实习一年，享受企业“实习补贴”，接受学校及企业“双导师”指导，结合企业的工作内容完成硕士论文，最终，学生与企业“双向选择”决定去留。在无锡新区高新技术企业和“530”企业实习，本科生可获每人每月300元住宿补贴和500元生活补贴，研究生可获每人每月400元住宿补贴和600元生活补贴。政策实施以来，新区与国内21家知名高校建立了合作共建。针对企业的人才招聘、流动情况，2013年1月起施行《关于引导和鼓励以企业为主体引进和培育人才的若干政策》，对首次在新区就业，规范签订劳动合同并参加社会保险的研究生或副高级职称人才给予每人每月1000元、博士研究生或正高级职称人才每人每月2000元薪酬补贴，补贴期限为2年。此外，企业新评为高级职称人员每人可获1000元奖励。新通过高级技能人才培训并取得高级国家职业资格证书的技师、高级技师每人可分别获得800元和1000元奖励。在企业工作满一年，且在无锡购房的人才可享受购房补贴。

三　国外工业园区的支持政策

（一）政府财政支持

为保证工业园区的成长和发展，各国政府或当局大多对其提供一定的财政支持。提供支持的方式有两种：一是直接投资。各国政府对工业园区投资有很大差异。美国联邦政府基本上不直接为工业园区投资。西方其他发达国家一般对工业园区只作有限的投资，而且主要由地方政府投资。新兴工业化国家和地区一般对工业园区要进行大量投资，以弥补市场不发达的缺陷。如韩国大德科学城、新加坡肯特岗科学园都是由政府投资建成的。政府投资主要用于基础设施建设。二是以补贴或奖励等形式实行间接资助。不少国家和地区政府为到工业园区创办企业者提供一定的财政补贴，如德国各州政府建立许多新技术创业中心，新建高科技企业一旦进入中心，便可得到政府补助，提供免费或低价的技术咨询和低价的办公服务等。美国有的州政府对符合政府要求的园区公司提供亏损资金90%的补助。

（二）企业优惠政策

一些国家和地区政府专门为工业园区制定了优惠政策，其中以亚洲新兴工业化国家和地区优惠政策最为全面。这些优惠政策主要有：（1）房地产租售优惠。即采取土地租售价优惠和办公用房、厂房或其他配套房租售优惠价的办法，优惠折扣率一般在10%—30%。（2）税收优惠。美国明尼苏达州对区内技术走廊公司的技术纯收入给予减征30%的课税优惠。（3）贷款优惠。一般通过银行或设立基金会的方式向园区企业提供低息贷款，如日本政府设立了特别利息贷款制度，对技术密集企业提供特别利息贷款，美国政府直接向小企业提供优惠贷款。（4）外资引进优惠。如泰国规定外国企业永不收归国有，税后利润可自由汇出。

（三）产学研合作方式

世界大多数工业园区运行中政府起引导作用，企业是研究、开发和生产主体，大学和研究机构则是研究人才、创新思想和研究成果的摇篮和发生器。构建三者关系的措施主要有：（1）建立密集官产学关系的组织机构。如日本通产省在技术城设立产学官共同研究中心，美国I-270高技术走廊由所在的蒙哥马利县当局与马里兰大学、国家标准和技术研究院共同建立生物技术高级研究中心，法国里尔技术城建立的科学协会等，都是促进官产学密集合作的组织。（2）官产学联合搞研究开发，联合研究开发的项目大到国家重点攻关、小到公司的委托项目。（3）大学与企业、企业与企业开展横向联系，即一方面大学与企业在互利基础上进行研究开发活动，大学向企业提供研究成果、研究设施，甚至研究人才，企业向大学提供资金和需求信息；另一方面园区内企业之间也联系密集，在技术开发和项目交流方面相互合作，同行企业建立横向网络组织，加强信息传递和经验交流等。

（四）企业融资渠道

高技术产业既是技术密集又是资金密集的产业，资金是工业园区发展的重要因素。这就需要多源头、多渠道筹集资金：（1）政府投资，其主要渠道用于园区基础设施和研究设施的建设、基础研究、政府计划项目等。它包括直接投资（政府通过预算拨款投资于园区建设设施，或以专项增款支持某项技术开发）和间接投资（政府实施财政补贴、奖助计划、发放低息贷款、基金会等）。（2）民间资金，主要来源于大公司、私人银行、保险公司、个人、大学及慈善事业基金等。美日民间资金在园区开发总经费中所占比重较高。（3）银行融资，如日本的中小企业金融金库和民间金融机构专门向高技术中小企业贷款，美国由银行建立中小企业投资公司，向高技术公司进行贷款。（4）外国投资，外资是许多发展中国家和地区工业园区的重要资金来源，如新加坡、马来西亚、印度的工业园区都是以吸引外资作为主要资金来源。外资的主要渠道包括直接投资和银行贷款。（5）风险投资，是近年来兴起的一种新的科学技术与金融相结合的投资机制，是科技工业园一种主要的筹资渠道。风险投资是高科技产业的生命线，如美国硅谷就聚集了全美近1/2的风险投资公司和1/3的风险资本。风险投资的主体模式有：以私营风险投资公司为主体的美国模式，以大公司、大银行为主体的日本模式，以国家风险投资行为为主体的西欧模式。

（五）风险投资机制

风险投资是高技术产业发展的主要动力，其资金来源主要是国家政策性补贴、银行低息或无息贷款、风险投资公司的投资、风险企业创办者自身的资金、各种资助、引进外资，等等。各国政府对风险投资业采取了种种鼓励和扶持政策，主要有：（1）直接参与。美国、日本、英国、德国等国政府都建立了风险投资公司、风险资本基金，直接参与风险投资活动。政府主要面向私人风险投资公司不愿投资的、风险更大的高新技术领域。（2）税收优惠。如美国曾经两次降低风险投资税率，使税率从49%下降到20%。（3）贷款担保。如美国、英国、德国、加拿大都对高风险企业提供贷款担保。(4) 放宽限制。如英国政府规定允许风险企业自由地把各项补贴用于再投资，允许风险投资公司将养老基金和银行自有资金的5%作为风险资金，从而为风险资金开辟新的来源。(5) 开辟二板证券市场。如美国、英国、法国、日本、德国等都通过这一方式迅速增加风险投资。

第三节　杭州高教园区人才和科技创新供应调研报告

杭州高教园区简称“杭州大学城”，于2000年12月建成，目前有18万名在校学生。西区安排了杭州电子科技大学、浙江理工大学、中国计量学院、杭州职业技术学院、浙江警官职业学院、浙江传媒学院和浙江育英职业技术学院7所高校。东区安排了浙江工商大学、杭州师范大学、浙江财经大学、浙江金融职业学院、浙江经贸职业技术学院、浙江经济职业技术学院和浙江水利水电专科学校7所高校。

杭州大学城不仅集聚了众多各具特色的大专院校，而且在空间上与经济开发区产业园区无缝连接，既是经济开发区重要的人才与科技供应来源，又是提升产学研合作、推进产业转型升级、培育战略性新兴产业的重要动力来源。

一　人才和科技创新供应优势分析

(一) 人才集聚优势

杭州的高教园，分为东西两大区块，总占地面积1.5万亩。是目前全省最大规模的高教园区。14所高校集聚了从院士、博导到在校大学生等各个层次、各个专业的众多人才资源。

1. 高校教师群体——创新创业的高层次人才。据统计，目前杭州高教园区14所大专院校共有教师11400余人，其中7所本科院校共有教师人数8234人，博导150人（包括兼职博导），两院院士16人，具有高级职称教师人数达到4282人，占51.95%。专科类院校由于师资情况不易详细分类统计，数据不够准确，教师总数约在3100人以上。

杭州高教园区高校教师群体是经济开发区潜在的高端人才库，这个人才库的资源优势主要体现在三个方面：一是数量众多、集聚程度大。在高教园区有限的范围内集聚了一万多名高校教师，其中不乏院士专家等领军型人才，这在浙江省乃至全国都是不多见的。二是专业齐全、应用价值高。无论是7所本科院校还是7所高职院校都有自己鲜明的特色专业和优势学科，形成了专业人才的相对高地。这些专业人才很多具有实践经验，参与过各类科研项目，具有很强的创新能力和转化价值。三是依托学校、转化成本低。与企业人才相比，高校人才稳定性强、科研能力突出，如果利用高校平台，一方面柔性引进各高校相关领域高层次创新人才为开发区的企业所用；另一方面建立人才驿站，解决高端人才难以落户的问题，无疑可以达到创新资源共享和产学合作的双赢。

高教园区大学教师无论是从数量上还是从集聚程度上都是经济开发区一笔宝贵的财富，如果能够通过合理的机制与创新的形式利用好这部分人才资源，将为经济开发区的转型升级提供坚实的人才支撑。

表5-1　7所本科院校师资情况统计（截至2012年年底数据）　单位：人

	杭州电子科技大学	浙江理工大学	浙江工商大学	杭州师范大学	中国计量学院	浙江财经大学	浙江传媒学院	总计
教师总人数	1515	1258	1212	1328	1100	828	993	8234
高级职称教师人数	642	735	679	941	550	440	295	4282
高级职称教师占总体教师比例（%）	42.40	58.43	56.02	70.86	50.00	53.14	29.70	52.00
博士生导师人数	33	53	47	5	0	12	—	150
两院院士人数	5	—	0	9	2	0	—	16

表5-2　7所专科院校师资情况统计（截至2012年年底数据）　单位：人

	浙江水利水电专科学校	浙江经贸职业技术学院	浙江经济职业技术学院	浙江育英职业技术学院	浙江警官职业学院	浙江金融职业学院	杭州职业技术学院	总计
教师总人数	453	300	600	200	480	528	600	3161
高级职称教师人数	52	100	—	—	100	178	—	430

（2）高校毕业生群体——转型升级的新鲜血液。就 2012 年数据看，杭州高教园区共有毕业生 43145 人，其中本科毕业人数 24267 人，专科毕业生 16190 人，硕士毕业生 2688 人。

本科专业的毕业人才供应量较多，其中经贸管理类专业比重最大，占本科毕业人数的近 1/3。其次，计算机、外语类、电子信息等相关专业的毕业生也比较多，超过 1000 人。总体而言，本科专业比较齐全，特别是工科类专业分类细，主要分布在中国计量学院和浙江理工大学，浙江传媒大学主要供应媒体信息技术的人才。从图5－1 中可以看出，7 所本科院校每年毕业的学生数量都在 2000 人以上，可以说每年杭州高教园区都为浙江乃至全国输送了大量的本科毕业生，如何把这些毕业生中优秀的人才留住，成为开发区经济转型与升级重要的中基层人才队伍，是非常关键的一个问题。

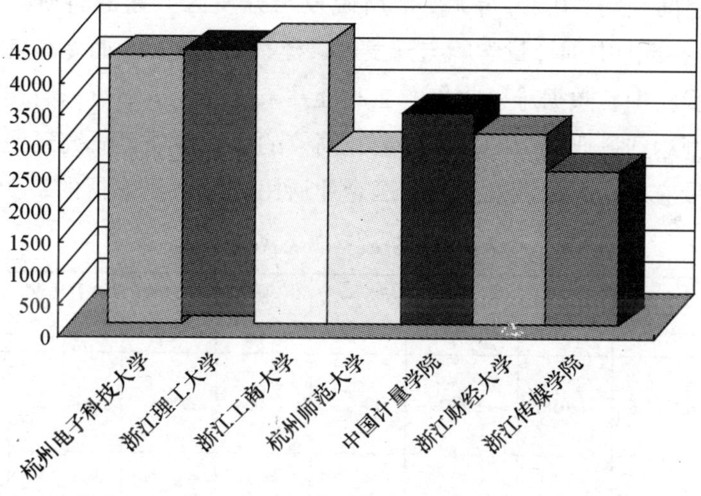

图 5－1　2012 年 7 所本科院校本科毕业生人数比较

在专科毕业生中，也是以经贸管理和计算机人才供给居多，这两类专业毕业生占总毕业人数的一半以上，特别是管理类相关专业，更是占毕业生人数的 38%。专科的专业设置更加注重实践性，机械操作等各种技术类专业比较齐全。专科毕业生应用性和可操作性更强，由于开发区的产业以制造业为主，并且中小企业众多，所以对专科毕业的技能型人才需求非常大。每年高教园区毕业的专科人才无疑是开发区技能型人才队伍建设的重要后备力量。

从硕士毕业生数据看，专业以工科为主，技术工程高层次人才供应充足，主要分布在杭州电子科技大学和浙江理工大学。工程硕士群体也是高教园区的一支重要人才队伍，由于专业的应用性强，可以建立开发区内校企联合培养的模式，既能提高教学的针对性和实用性，又能解决企业研发的实际问题。

（二）科研研发优势

从收集到的数据看，2012 年，高教园区的 7 所本科院校共有科研经费 79689.56 万元，其中，纵向经费 38114.02 万元，占 47.83%，横向经费 41575.54 万元，占 52.17%，调研中来自开发区企业的委托横向经费浙江工商大学和杭州师范大学没有填写数据，其余 5 所总额是 452.59 万元，这个数据显然太低，说明高教园区与开发区的合作有很大发展空间。到 2012 年年底，7 所院校与开发区共建的科研基地数为 15 个（全部为中国计量学院与开发区共建科研基地）。而专科院校由于科研经费较少，数据难以收集，在此处并未统计。从中可以看出，横向经费比例达到科研经费的一半以上，高校的实践性项目研究还是比较多的，成果应用性高，若能为开发区企业所用，是不可多得的资源。

表 5－3　　　　7 所本科院校科研经费统计

	杭州电子科技大学	浙江理工大学	浙江工商大学	杭州师范大学	中国计量学院	浙江财经大学	浙江传媒学院	总计
经费总额（万元）	24274.6	12058	18600	13000	8700	2566	490.96	79689.56
纵向经费总额（万元）	13108.3	5667.3	9300	4542.2	4089	1180.4	226.82	38114.02
纵向经费所占比例（%）	54	47	50	34.94	47	46	46.2	47.83
横向经费总额（万元）	11166.3	6390.7	9300	8457.8	4611	1385.6	264.14	41575.54
横向经费所占比例（%）	46	53	50	65.06	53	54	53.8	52.17

续表

	杭州电子科技大学	浙江理工大学	浙江工商大学	杭州师范大学	中国计量学院	浙江财经大学	浙江传媒学院	总计
来自开发区的委托横向经费总额（万元）	182.67	112.92	—	—	150	7	0	452.59
与开发区共建的科研基地数	0	0	0	—	15	—	0	15

表 5－4　　2012 年杭州高教园区本科毕业生人数统计　　单位：人

序号	专业	杭州电子科技大学	浙江理工大学	浙江工商大学	杭州师范大学	中国计量学院	浙江财经大学	浙江传媒学院	总计
1	经济类	196	282	681	42	112	660	—	1973
2	管理类	682	633	1597	263	563	1199	108	5045
3	法学类	102	126	314	156	177	158	—	1033
4	中文类	—	55	36	120	85	149	203	648
5	广告类	—	60	39	—	52	35	90	276
6	艺术类	—	30	128	340	51	153	138	840
7	数学	200	121	235	135	93	129	—	913
8	小语种	—	84	84	59	—	40	—	267
9	英语	152	83	225	224	76	239	117	1116
10	计算机类	755	161	227	106	182	225	42	1698
11	历史	—	—	5	23	—	—	—	28
12	编辑出版	35	—	42	—	—	—	46	123
13	环境科学	61	60	144	28	—	—	—	293
14	生物科学	99	118	79	69	95	—	—	460
15	食品科学	—	—	207	—	72	—	—	279
16	化学	—	84	63	95	—	—	—	242
17	教育类	—	—	—	496	—	—	—	496
18	医学类	—	—	—	381	30			411

续表

序号	专业	杭州电子科技大学	浙江理工大学	浙江工商大学	杭州师范大学	中国计量学院	浙江财经大学	浙江传媒学院	总计
19	心理学	—	30	—	47	—	—	—	77
20	物理学	122	35	—	61	237	—	—	455
21	媒体技术	71	174	47	—	—	—	1160	1452
22	新闻传播	38	61	—	—	—	—	188	287
23	电子信息	552	220	286	32	665		251	2006
24	机械制造	293	415	—	—	238	—	—	946
25	包装印刷	179	30	—	—	—	—	—	209
26	通信技术	423	164	—	—	82	—	—	669
27	自动化	302	114	—	—	209	—	—	625
28	材料科学	—	87	—	—	181	—	—	268
29	纺织工程与设计	—	145	—	—	—	—	—	145
30	轻化工程	—	121	—	—	—	—	—	121
31	服装设计	—	502	—	—	—	—	—	502
32	建筑与土木工程	—	364	—	—	—	—	—	364
	总计	4262	4359	4439	2677	3200	2987	2343	24267

表 5－5　　　　杭州高教园区本科划分专业大类明细

专业		明细
1	经济类	国际经济与贸易、经济学、金融学、金融工程、财政学、税务、产业经济学、国际贸易、区域经济学、西方经济学、国民经济学、数量经济学
2	管理类	公共管理、劳动与社会保障、行政管理、工程管理、工商管理、农林经济管理、人力资源管理、市场营销、物流管理、资源环境与城乡规划管理、财务管理、会计学、审计学、资产评估、保险、电子商务、技术经济与管理、企业管理、公共事业管理、土地资源管理、文化产业管理、劳动与社会保障、城市管理、旅游管理、管理科学与工程、工业工程、标准化工程、安全工程、产品质量工程、食品质量与安全

续表

专业		明细
3	法学类	法学、社会工作、国际法学、经济法学、民商法、诉讼法、知识产权、社会学
4	中文类	对外汉语、汉语言文学、戏剧影视文学
5	广告学	广告学、影视广告
6	艺术类	数字媒体艺术、摄影、艺术设计、设计艺术学、绘画、美术学、舞蹈学、音乐表演、音乐学
7	数学	统计学、信息与计算科学、数学与应用数学
8	小语种	日语、日语语言文学、法语
9	英语	经贸英语、翻译英语、外国语言学及应用语言学、英语、英语语言文学
10	计算机类	计算机科学与技术、信息管理与信息系统、计算机软件与理论计算机应用技术、软件工程、网络工程
11	历史	专门史、历史学
12	编辑出版	编辑出版学
13	环境科学	环境工程、环境科学、环境艺术设计
14	生物科学	生物工程、生物化工、生物技术、生物医学工程
15	食品科学	食品科学、食品科学与工程、食品质量与安全
16	化学	应用化学、高分子材料与工程、化学
17	教育类	小学教育、学前教育、艺术教育、教育技术学、思想政治教育、科学教育、民族传统体育、社会体育、体育教育
18	医学类	制药工程、药学、口腔医学、临床医学、护理学
19	心理学	应用心理学
20	物理学	物理学、应用物理学、光信息科学与技术、工程力学、热能与动力工程
21	媒体技术	动画、广播电视编导、录音艺术、摄影、摄影摄像技术、数字媒体技术、播音与主持艺术、电视节目制作、媒体创意、戏剧影视美术设计、公共关系学、视觉传达设计
22	新闻传播	新闻学、广播电视新闻学、传播学
23	电子信息	测控技术与仪器、电子信息工程、通信工程通信与信息系统、网络工程、信号与信息处理、电子科学与技术、广播电视工程、电子信息科学与技术、光电信息工程、集成电路设计与集成系统、电子信息技术与仪器

续表

专业		明细
24	机械制造	车辆工程、工业设计、机械设计制造及其自动化、机械电子工程、工程装备与控制工程
25	纺织工程与设计	纺织工程、纺织品设计
26	包装印刷	包装工程、印刷工程
27	通信技术	通信工程、信息安全、信息对抗技术、信息工程
28	自动化	电气工程与自动化、自动化
29	材料科学	材料化学、材料科学与工程
30	轻化科学	轻化工程
31	服装设计	服装设计与工程、服装设计与营销、服装艺术设计、染织艺术设计、时装表演与营销
32	建筑与土木工程	风景园林、建筑环境与设备工程、建筑学、土木工程

表 5-6　　2012 年杭州高教园区专科毕业生人数统计　　单位：人

专业		浙江水利水电专科学校	浙江经贸职业技术学院	浙江经济职业技术学院	浙江育英职业技术学院	浙江警官职业学院	浙江金融职业学院	杭州职业技术学院	总计
1	经济类	88	392	88	217	—	404	—	1189
2	管理类	257	1654	1187	629	—	1502	917	6146
3	文秘	—	82	41	47	—	50	75	295
4	计算机类	242	385	294	331	213	204	385	2054
5	外语类	—	161	138	202	—	92	—	593
6	汽修汽配	104	117	316	—	—	—	87	624
7	艺术设计	—	86	8	153	—	—	111	358
8	空中乘务	—	—	40	223	—	—	—	263
9	物流运输	56	120	271	176	—	—	—	623
10	生物技术	—	158	—	—	—	—	173	331
11	食品科技	—	85	—	39	—	—	75	199
12	机电制造	218	77	—	—	—	—	652	947
13	电气电力	280	—	—	—	—	—	85	365
14	建筑工程	580	—	—	—	—	—	—	580
15	服装技术	—	—	—	—	—	—	263	263
16	环境科学	—	—	—	46	—	—	109	155

续表

专业		浙江水利水电专科学校	浙江经贸职业技术学院	浙江经济职业技术学院	浙江育英职业技术学院	浙江警官职业学院	浙江金融职业学院	杭州职业技术学院	总计
17	化工技术	—	—	—	—	—	—	62	62
18	园艺技术	—	—	—	—	—	—	123	123
19	安全防范	—	—	—	—	318	—	—	318
20	刑事司法	—	—	—	—	702	—	—	702
	总计	1825	3317	2383	2063	1233	2252	3117	16190

表5－7　　　　　　　　专科划分专业大类明细

专业		明细
1	经济类	国际贸易实务、国际商务、国际金融、农村合作金融
2	管理类	财务管理、会计、信用管理、电子商务、房地产经营与估价、投资与理财、医疗保险实务、金融管理与实务、财务信息管理、工商企业管理、工商行政管理、酒店管理、国际贸易实务、市场营销、文化市场经营与管理、金融保险、税务、连锁经营管理、会展策划与管理、物业管理
3	文秘	文秘
4	外语类	商务英语、应用英语、应用日语
5	计算机类	计算机多媒体技术、计算机信息管理、信息安全技术、计算机网络技术、计算机应用技术、计算机控制技术、软件技术、数字媒体技术、计算机通信、司法信息安全、移动通信技术
6	汽修汽配	汽车电子技术、汽车技术服务与营销、汽车检测与维修技术
7	艺术设计	表演艺术、动漫设计与制作、艺术设计、环境艺术设计、广告设计与制作
8	空中乘务	空中乘务
9	物流运输	报关与国际货运、港口物流设备与自动控制、物流管理、民航运输
10	生物技术	生物技术及应用、生物制药技术、药物制剂技术
11	食品科技	食品营养与检测
12	机电制造	数控技术、机电一体化技术、模具设计与制造、机械设计与制造、电子信息工程技术、应用电子技术、工业设计
13	电气电力	电气自动化技术、电子信息工程技术、发电厂及电力系统、供用电技术

续表

	专业	明细
14	建筑工程	工程造价、建筑工程管理、建筑工程技术、建筑设备工程技术、建筑装饰工程技术、道路桥梁工程技术、给排水工程技术、工程测量技术、城市水利、水利工程、水利水电建筑工程
15	服装技术	服装设计、针织技术与针织服装
16	环境科学	环境检测与治理技术、环境监测与评价
17	化工技术	应用化工技术
18	园艺技术	园艺技术
19	安全防范	安全保卫、安全防范技术、安全技术管理、消防工程技术
20	刑事司法	监狱管理、社区矫正、刑事执行、行政执行、法律事务、法律文秘、司法警务

表 5－8　　2012 年杭州高教园区硕士毕业生人数统计　　单位：人

	专业	杭州电子科技大学	浙江理工大学	浙江工商大学	杭州师范大学	中国计量学院	浙江财经大学	总计
1	经济类	9	43	—	—	—	179	231
2	管理类	111	59	4	18	—	57	249
3	哲学	—	19	10	14	4	19	66
4	汉语言文学	—	—	—	39	—	11	50
5	外国语言文学	15	—	—	25	—	14	54
6	社会保障	—	—	—	—	—	14	14
7	法学	—	—	61	19	14	—	94
8	材料工程	—	60	—	—	16	—	76
9	动物学	—	—	—	22	—	—	22
10	教育学	12	19	—	156	14	—	201
11	物理化学	—	139	—	54	49	—	242
12	医学	—	—	—	46	—	—	46
13	数学	30	19	—	22	9	—	80
14	计算机	242	82	—	15	28	—	367
15	艺术	—	50	—	51	—	—	101
16	生态学	—	—	—	14	—	—	14
17	心理学	—	33	—	17	—	—	50
18	历史	—	—	—	18	—	—	18

续表

专业		杭州电子科技大学	浙江理工大学	浙江工商大学	杭州师范大学	中国计量学院	浙江财经大学	总计
19	电子信息	198	19	—	—	52	—	269
20	机械工程	143	113	—	—	78	—	334
21	服装纺织	—	110	—	—	—	—	110
	总计	760	765	75	530	264	294	2688

表5－9　　硕士划分专业大类明细

专业		明细
1	经济类	财政学、产业经济学、会计学、金融学、经济法学、经济史、区域经济学、西方经济学、国际贸易学
2	管理类	工商管理、企业管理、行政管理、社会医学与卫生事业管理、工业工程、管理科学与工程、技术经济与管理、旅游管理、企业管理、物流工程、系统工程
3	哲学	伦理学、马克思主义中国化研究、马克思主义基本原理、马克思主义哲学、中国哲学
4	汉语言文学	汉语言文学、中国古代文学、中国古典文献学、中国现当代文学
5	外国语言文学	英语语言文学、外国语言学及应用语言学
6	社会保障	社会保障
7	法学	民商法学、经济法学
8	材料工程	材料物理与化学、材料工程、材料加工工程、材料学
9	动植物学	动物学、植物学
10	教育学	教育管理、教育经济与管理、教育学原理、竞赛组织管理、课程与教学论、思想政治教育、体育教学、体育教育训练学、体育人文社会学、体育社会指导、学科教育
11	物理化学	高分子化学与物理、理论物理、应用化学、有机化学、凝聚态物理、生物化学与分子生物学、光学工程
12	医学	护理学、人体解剖与组织胚胎学、遗传学
13	数学	基础数学、应用数学、统计学
14	计算机	计算机应用技术、计算机技术、计算机软件与理论、计算机系统结构、通信与信息系统、信号与信息处理、模式识别与智能系统
15	艺术	美术学、设计艺术学、文艺学、艺术学、音乐学

续表

专业		明细
16	生态学	生态学
17	心理学	发展与教育心理学、应用心理学
18	历史	中国近现代史、专门史
19	电子信息	测试计量技术与仪器、电磁场及微波技术、电路与系统、电子与通信工程、集成电路工程、微电子学和固体电子学、物理电子学
20	机械工程	机械电子工程、机械工程、机械设计及理论、机械制造及其自动化、检测技术与自动化、精密仪器及机械、控制工程、控制理论及控制工程、运筹学与控制论、工业设计工程、车辆工程、流体机械及工程
21	服装纺织	纺织工程、纺织材料与纺织品设计、纺织化学与染整工程、服装、服装设计与工程

二 “两园融合”存在问题分析

目前，杭州高教园区与工业园区基本属于各自为政，融合和交流很少，资源共享和利用很弱。主要问题有：

（一）“两园”管理考核匹配度不高

首先是管理体制不同，由于高教园区的学校属于省教育厅或杭州市，引进的人才和申报的项目都不属于开发区，因而高校的利益导向并未考虑开发区的需求，同时能享受到的开发区的人才和其他政策也非常少。部分学校负责人表示，许多省属高校无法享受到市里的人才政策，提到由于管理体制上的问题，开发区与高校存在“两张皮”的现象。比如高校引进人才政策指标属于省一级，并不隶属于开发区，与此同时，既增加了开发区自身引进人才的难度，又使得高校引进的人才享受的开发区政策比较少。

其次是考核取向不同。高校考核与企业考核不同，教育部门对学校的考核主要看重课题申报数量以及论文发表情况，使得教职工都以此为导向，更多的是为了申请课题经费做研究写论文，理论性成果比较多，对教师的科研成果转化和社会价值考察很少。而企业是注重经济效益的群体，更多地关注实践性和应用性，与高校的考核取向相左，因而高校教师缺乏与企业合作的积极性，两园交流相对较少。

（二）“两园”人才供需匹配度不高

从层次上说，目前开发区的大部分企业还是属于劳动密集型产业，主要的劳动力需求是蓝领普工，除此之外的例如生物制药企业，需求人员是高层次的研发人员，从这点上来说，高教园区的在校生有“高不成低不就”的状况。无论是7所高职院校还是7所本科院校的毕业生，由于择业观念的影响，都不愿意进入开发区企业做蓝领工人。另外，高教园区开设的专业与开发区全力打造的高新产业相关的专业例如生物制药类较少，难有合适的人才可以为开发区企业服务。除此之外，工业区的知名企业少，大部分规模较小，缺乏市场竞争力。目前开发区共有5000多家企业，规模以上企业只有500多家，总体上而言缺乏大品牌、知名度高的企业，对高校的人才吸引力低。在与高校的合作方面，大部分规模以下企业难以大量投入资金与高校对接进行项目的投资。从调研情况来看，在留才的数据上，杭州职业技术学校做得比较突出，根据开发区的统计，每年杭州高校有五六百人留在杭州工作，而杭州职业技术学校就占其中的170多人。但从大数据上看，杭州职业技术学校每年毕业人数3000人左右，留在杭州的只有5%，而这已经是高教园区里的最高比例了。由此可见，开发区企业和高校并未合理利用对方的资源。

从高校专业设置上看，大部分集中在管理类和财经类，开发区企业以制造业为主，对管理财经类毕业生的需求有限，企业所需的高技能人才仍然十分紧缺，因此也造成了“毕业学生工作难找、企业招聘人才难觅”的“两难”问题。但从另一角度考虑，管理类和财经类人才的集中也为开发区今后大力发展服务业提供了储备力量。

（三）“两园”科技供需匹配度不高

从表5－3数据可以看出，虽然7所本科院校2012年科研总经费高达79689.56万元，其中横向经费也有41575.54万元，但是来自开发区的委托横向经费总额452.59万元，所占总经费比例为0.57%，占横向经费比例也只有1.1%。可见高校园区与企业科技合作非常少，虽然有4亿元多的横向经费用于研究，成果却难以为开发区所共享。如果说毕业生的专业与开发区企业的不对口造成了大量基层人才的浪费，那么高校科研的专业导向与开发区企业领域的背离就造成了大量高层次创新资源的浪费。

（四）“两园”工作时间的匹配度不高

从假期上说，由于高校一年中的寒暑假累计长达3个月，在此期间，大部分师生都不在校，企业与高校合作很难进行。从平时作息时间看，由于杭州高教园区缺少教师公寓，大部分教职员工上班就像学生“走读”，留在学校的时间相对很少，每日工作的时间也比较短，节假日更是很少到校，对于与企业合作来说，无论是高校设备使用还是人才交流，都很难很好地进行。可见，高校的师生在校时间与企业匹配度不高。

（五）“两园”沟通交流渠道少

由于开发区成立的时间只有短短20年，区域内文化氛围还比较弱，工业园区与高教园区信息互通不够，交流较少，缺少制度化的宣传渠道。企业与高校之间没有有效的沟通交流渠道，两者的信息不对称性很高。调研中开发区管委会社会发展局局长表示，目前文化信息的宣传发布缺少。管委会举办了许多文化活动，信息都会刊登在《今日杭州》上，但是，很多高校师生并不关注，且《今日杭州》发行量不够。另外，开发区还缺少广播新闻，没有自己的电视台，虽然做了一档《杭州资讯》的节目，但是信息量很少，且关注度低，宣传成效较弱。

三　对策建议

（一）建立长效沟通机制

“两园融合”最关键障碍是体制上的疏远和沟通上的匮乏。因此只有建立长效的沟通交流机制，使政府、学校、企业能够互通有无，了解彼此的需求和优势，才能更好地发挥各自长处，实现优势互补和资源共享。可以由两个管委会定期举办企业和高校的人才和成果交流会，开设专门网页或网站，对于双方的需求和现状都能有更深入的了解，加强两园的合作。开发区和高校还可以制定相关政策指标，使高校以及教职员工能以当地需求、企业发展作为导向，积极为开发区和企业发展做出努力。

（二）政府引导两园合作

“两园融合”主体是企业和高校，政府必须发挥两者自身的合作意愿，从调动两者积极性的角度去积极创新体制、制定政策，这样促成的合作才是可持续和有效率的。企业引进人才可以挂靠在高校，使得人才引进后可用资源更多，增加对人才的吸引力。杭州企业多为制造业，技术水平急需转型升级，可以与高校合作成立研发中心或者企业研究院。在高校人才培养体系里面加入实习基地。目前硕士生的专业学位比例越来越大，需要与企业联合培养，建议在杭州设立实习基地以及联合培养的企业。国家规定从 2014 年开始研究生入学需要交纳学费，政府可以设立专项补助基金，给参与联合培养专业学位研究生的企业以资助，引导企业吸引研究生。一些规模较小的相同领域企业也可以联合后与高校合作，参与相关的培训和合作研发项目。同时可以共同建立专家平台，实现人才资源共享。

（三）搭建资源共享平台

“两园融合”要落到实处，形成开发区产业的重要支撑，就必须建立人才、项目落脚的平台，通过平台的搭建促进产学研合作的制度化和规模化。通过在高教园区的学校建立“人才驿站”、与高校合作设立院士工作站、鼓励企业柔性引进高校高端人才等方式搭建高层次人才的共享平台；通过在领军企业建立博士后工作站、创新校企联合培养的工程硕士培养模式、引导青年科学家向一线流动等方式搭建产学研合作平台。

第四节　B 镇中期人才发展规划

根据《国家中长期人才发展规划纲要（2010—2020 年）》、《浙江省中长期人才发展规划纲要（2010—2020 年）》、《温州市中长期人才发展规划纲要（2010—2020 年）》、《瑞安市“十二五”人才发展规划》和 B 镇经济社会发展总体战略部署，着眼于更好地实施人才强镇战略，推进“接轨大温州、融入主城区、打造小城市、实现新跨越”总体发展目标，加快建设现代化小城市提供强有力的人才支撑，特制定本规划。

省“十二五”发展规划纲要提出：完善城市化布局和形态，建成一批管理水平高、集聚能力强、服务功能全的现代小城市。2010年年底，浙江省在全国率先做出开展小城市培育试点的战略决策。2011年起全面实施小城市培育试点三年行动计划，提出“一年一个样、三年大变样”目标。这一年B镇被列为浙江省小城市培育试点镇，为塘下由“镇”向“城”的跨越指明了方向。一年以来，B镇委和镇政府按照城市培育的高起点规划、大手笔投入、高标准建设的思路，在经济转型发展、基础设施建设、体制机制创新等方面取得了初步的成效。世界发达国家和国内先进地区的发展经验表明，只有集聚了一批高素质的人才队伍，该地区的经济发展和社会进步才可能具有强大而持久的动力，B镇需要大量的高、中、基层人才服务城市化进程和产业转型升级。

近年来，B镇认真贯彻落实中央、省、市人才工作会议精神，坚持把人才工作作为经济和社会发展的重要抓手，大力实施“人才强镇”战略，充分发挥党委领导核心作用，统筹经济社会发展和人才发展，切实履行好管宏观、管政策、管协调、管服务的职责，用事业凝聚人才，用实践造就人才，用机制激励人才，用法制保障人才，形成育才、引才、聚才的良好环境。同时，也需清醒地看到，产业发展层次较低、自主创新能力不足、城市管理体制欠缺等问题已日益凸显，集中反映出B镇目前的人才数量与结构已经不能适应迅速增长的经济社会发展需求。

2012年年初，浙江省政府办公厅下发了《2012年全省小城市培育试点和中心镇发展改革工作要点》（以下简称《要点》），要求全面实施小城市培育试点三年行动计划和中心镇“两百双千”工程，加快推进人口集中、产业集聚、要素集约、功能集成，推动小城市培育试点镇和中心镇加快转型、科学发展。《要点》要求建立健全专业技术人才引进、培养、使用机制，强化人才支撑。未来的3年，既是B镇建设现代化小城市的关键时期，也是B镇人才发展与集聚的重要战略机遇期。只有抓住机遇，充分建立人才优先的服务意识，大力创新人才工作的体制机制，不断改善人才周边的软、硬件环境，才能切实落实科学人才观，实现“人才强镇”的战略目标。

一　人才队伍概况

（一）人才队伍现状

B镇党委把人才工作列入重要日程，成立镇人才工作领导小组，设立人才工作服务站，严格实行人才工作年度目标考核，切实履行牵头抓总职责，探索建立人才组织体系由镇向行业、企事业、社区、村以及农村经济合作社延伸的人才工作新格式。

1. 党政干部人才队伍建设初见成效。积极选派干部参加党校、行政学院和干部学院学习，对机关干部的学历教育进行规范审批、规范管理，全镇行政事业干部大学本科以上学历达72%；研究出台严密的细则，对镇机关事业干部初中级职称人才进行重新定档和聘任，具有初级职称29人，中级职称22人。

2. 企业经营管理人才能力不断增强。通过校企联合、校镇合作等方式，加强企业经营管理人才能力素质培训和高技能人才培养工件，上半年对84名企业高层管理人员进行辅导培训。完善专业技术人才继续教育体系，注重专业技术人员知识与技能的更新培训，上半年开展职工技能培训155人。

3. 农村实用人才素质逐步提升。深入实施“农民素质提升工程”，充分发挥现代远程教育网络作用，结合专家讲座等形式，扩大农村实用技术培训和推广的覆盖面。对农村党员、农村青年、退伍军人、农村干部进行分类培训，鼓励引导他们在基层创业。

4. 大学生“村官”作用日益显著。积极鼓励引导大学生“村官”通过换届选举进入村“两委”班子，全镇共3名大学生“村官”进入村“两委”。鼓励大学生“村官”通过公开考试选拔等方式进入企事业单位、镇街领导班子，促进人才有序流动，2013年上半年共有11名大学生“村官”被事业行政单位录用。开展大学生“村官”“互看互学”活动，为大学生“村官”交流、沟通搭建一个良好的平台，不断提升大学生“村官”素质和能力，使他们成为农村基层工作的多面手、新农村建设的好帮手。

（二）存在主要问题

1. 人才政策缺乏、体制不灵活。B镇目前还未制定与本地经济社会发展相配套的人才政策，人才工作机制受相关规定和政策的约束，缺乏自主创新环境，人才流通的渠道受阻，造成部分人才资源的流失和浪费。

2. 人才投入不足、引进难度大。B镇用于人才引进和培养的资金不足，许多行业优秀人才因待遇不高、激励机制不完善等因素大量外流。本地人才返回率低，塘下籍高校毕业生即使回乡就业，也很少到企业工作，难以发挥其专业技能促进本地企业发展，而高层次人才的引进更受到区位劣势和资金不足的制约。

3. 人才总量不足、结构不合理。各类高级人才，特别是高层次、创新型、复合型人才严重缺乏。民营企业中与产业转型升级相关研发人才严重不足，机械、电子、化工、模具等急需专业人才十分缺乏，新型城市化建设所需的商贸、金融、餐饮、房地产、酒店、物流等现代服务业人才紧缺，科教文卫体等社会服务人才较少，农村实用人才年龄老化，文化水平偏低。

4. 人才观念滞后，认识不充分。一直以来，B镇虽然重视人才工作，但全社会还没有形成尊重人才的先进理念，包容外地人才的开放社会氛围有待建立。很多企业只注重项目和资金的引进，对人尽其才、用其所长认识不足；不少单位只注重人才“为其所有”，而不重视人才开发；或者只注重“为其所用”，而不重视人才培养。

5. 人才保障欠缺，需改善环境。B镇的生活和居住环境与周边大城市相比还存在不小的差距，具体体现在：生活成本高、配套设施少、出行不够便利、城市规划和居住环境有待改善等。特别是住房价格过高，使很多人才望而却步，也让很多已经来到B镇的人才不得不离开。另外，文化娱乐生活较为缺乏、居民的市民意识有待形成等软环境上的问题也成为B镇吸引人才、留住人才的重要障碍。

二　人才队伍发展指导思想、总体目标和主要任务

（一）指导思想

以邓小平理论和“三个代表”重要思想为指导，全面落实科学发展观和科学人才观，坚持以人为本、党管人才的原则，大力实施“人才强镇”战略，以服务经济转型发展和新型城市化建设为中心，以开发人才资源为主题，以提高人才综合素质为目标，以合理配置人才资

源、培养实用人才和引进高层次急需人才为重点，以创新人才资源开发机制为动力，尊重人才、尊重知识、尊重创新，紧紧抓住引进、培养、用好人才资源三个环节，着力加强党政人才、专业技术人才、企业经营管理人才、高技能人才、社会工作人才和农村实用人才队伍建设，为加快推进 B 镇经济社会持续平稳健康较快发展提供坚强智力支持和人才保障。

（二）总体目标

适应经济转型发展和新型城市化建设的要求，打造初具规模、结构优化、分布合理、特色突出的人才队伍。集聚特色产业人才，建设优良人才环境，打造区域人才重镇。

1. 人才队伍规模不断扩大。到 2015 年，全镇人才总量达到 4.67 万人，年均增长达到 8%，基本满足经济社会发展的需要；到 2020 年，全镇人才总量达到 7 万人。

2. 人才整体素质全面提升。高学历、高职称人才比例逐年加大，到 2015 年，主要劳动人口受高等教育比例达到 18%，人才的综合竞争力不断增强。高层次人才、紧缺急需人才数量明显增加。人才推动城市化进程的作用不断加大。

3. 人才集聚效应充分发挥。人才的行业、产业分布相对合理，重点行业的高端人才初步形成集群优势，高科技、新兴产业和新型服务业人才数量持续增长，并且与重点行业人才形成联动效应，有力促进产业转型升级。

4. 人才工作机制不断完善。人才规划与政策体系逐步形成，建立科学合理的人才评价体系，不断改进人才激励与选拔制度，建立健全灵活机动、协调高效的人才工作新机制。

（三）主要任务

1. 建立具有战略眼光和实干精神的党政人才队伍。在党政人才总量基本保持稳定的同时，优化人才结构，提高队伍活力，到 2015 年，大学本科及以上学历比率达到 80%，40 岁以下的青年人所占比率达到 50%。一是要加强培养力度，进一步提高党政人才综合素质。加强理论和业务学习，在抓好理论教育培训的同时，加大市场经济知识、法律知识、现代科技知识等的学习比重，帮助党政人才知识更新。二是要加强柔性引才力度，在保持规模不变的情况下拓展政府职能。通过温州市、瑞安市和其他乡镇的干部挂职加强党政人才的交流，拓宽政府部门的视野；做好大学生村官的培养锻炼和职业规划，为党政人才队伍提供新鲜血液和重要储备；试行政府雇员制，突破编制“瓶颈”，建立灵活的聘用时间和多层次的薪酬体系，实现“小政府，大功能”。三是要加强复合型人才培养，打造一批一专多能的党政人才骨干。创新干部培养的机制体制，既要“走出去”，也要“请进来”。到汽摩配等特色产业发展、现代化小城市规划等领域国内外先进的地区学习，聘请国内外专家开办产业转型升级、新型城市化等专题研修班。四是要建立目标导向的绩效考评体系。根据不同岗位的特点，建立相互联系、各有侧重的考核评价标准。充分发挥实绩考核的激励和导向作用，将实绩考核结果作为党政人才奖惩和使用的重要依据。

2. 建立具有国际视野和先进理念的企业经营管理人才队伍。到2015年，企业经营管理人才达到1.5万人；到2020年，职业经理人占企业经营管理人才比率达到30%。一是加强企业经营管理人才培训，鼓励和引导企业采取多种形式培养各类经营管理人才。依托著名跨国公司、知名高校和其他培训机构，建立国内外人才培训基地，组织企业家赴境外培训和交流，拓宽国际视野，提升管理水平。二是发挥政府引导作用，树立企业风险管理意识和现代化管理理念。对重点企业、重点人才开展风险管理、产业转型、企业国际化等专题的培训。三是充分发挥行业协会的带动作用，以行业协会引领中小企业进行培训、交流与合作。四是大力扶持优秀创业团队与创业项目，培养新生代创业型企业家。

3. 建立具有创新思维和开放观念的专业技术人才队伍。到2015年，专业技术人才达到1.8万人，高、中、初级专业技术人才比例为5:40:55，具有海外留学、进修或工作经验的专业技术人才比例不断提高。一是加强产学研结合，在重点行业龙头企业设立博士后流动站和行业实训基地，一方面引进国内外高层次科技人才入驻，提高企业的研发和创新能力；另一方面吸引大专院校相关专业人才前来实习，既为企业研发注入活力，又为企业引才打下基础。二是加大柔性引才力度，鼓励企业通过灵活的工作时间、丰厚的工作待遇和创新的用人机制来柔性引进国际、国内同行业专家，鼓励企业积极与国内外大专院校、知名企业开展项目合作。三是加强建设重点创新团队，对企业引进的高层次人才给予配套优惠政策和相应待遇，对高层次创新和创业人才给予土地、政策、经济等方面的优惠措施，并积极倡导创新人才与本地企业的对接。

4. 建立具有创造能力和实践经验的高技能人才队伍。到2015年，高技能人才达到1.1万人，占技能人才总量的比率达到30%。一是加强企业的培养主体作用，鼓励引导企业通过内部培训、以师带徒、课题攻关、外送研修等形式自主培养高技能人才，对培训投入经费达到一定比率或培训成效特别突出的企业给予奖励或税收优惠。二是搭建高技能人才选拔、展示和交流平台，通过定期举行的技术交流论坛、技能竞赛等活动选出B镇拔尖的高技能人才，对其进行表彰和奖励，设立专项基金组织拔尖人才进行“传、帮、带”工作。三是积极鼓励开展校企合作，通过项目合作、定制课程、委托培养等方式培养一批高技能人才骨干。

5. 建立具有服务意识和专业技能的社会工作人才队伍。到2015年，社会工作人才达到0.15万人。一是开展专业培训，大幅度提升现有社会服务人员的专业素质和职业能力，逐步扩大社会工作专业人才队伍规模；二是逐步建立社会工作专业人才培养、选拔、使用、流动、评价、激励等方面的法规制度体系；三是着力加强中国特色社会工作专业人才在基层的宣传普及，提升社会工作专业人才的认知度和认可度。

6. 建立具有市场眼光和现代技术的农村实用人才队伍。到2015年，农村实用人才达到0.5万人，每个行政村有1—2名市场化经营、现代化管理和科技化生产的带头人。一是因地制宜，按需施教地对农村实用人才进行培训。结合农业产业结构调整的需要，聘请外地或高校有关专家到田间地头举行讲座，不断更新农民的知识，了解当前国内外市场形势。利用冬季或农闲时机，组织到有关地区进行考察、学习培训。二是从农业、畜牧、林业等部门中选聘科技特派员，通过与农村实用人才结对帮扶、手把手地教，提高农村实用人才科学技术能力。三是充分利用覆盖各个自然村的现代远程教育网络这一有效载体，以种养殖、畜牧业等特色农业技术培训为主，重点加强新技术、新理论、新知识、新方法的培训，分类别、分层次对农村人才进行培训。四是建立农村实用人才库。把实用人才的基本情况、技术特长、技术成果、培训情况、发挥作用情况等统一登记，分类管理。

三　重点人才工程

(一)“双创”人才与团队引进工程

围绕B镇重点发展的优势行业、新型服务业和新兴产业，以高新技术产业领域领办、创办科技企业或从事关键技术研发工作的高层次人才与团队为重点，实施“高层次创新创业人才引进计划”，面向海内外引进一批符合产业发展方向、具有自主创新成果的“双创”人才和创新团队。对引进人才及人才所在企业分别给予资助和奖励。到2015年，计划资助30人，建设能够突破核心技术、实现产业技术跨越的创新团队10个。围绕重点产业领域，提升企业自主创新能力，实施“企业博士集聚计划”，吸引高层次人才向企业一线集聚，到2015年，引进专业对口、具有国际化视野、能在企业中切实发挥作用的博士100名。

(二) 产业提升人才梯队建设工程

着眼于汽摩配等B镇重点行业的产业升级，以有较强创新能力和很大发展潜力的企业中基层人才为重点，以自主培养、联合培养、外派学习等方式为主，建设能够配合高新技术改革、助推企业转型升级的中坚人才梯队。按照人才层次分为两个梯队。第一梯队是对产业转型升级发展起到关键性作用的技术带头人，采取引进与培养相结合的办法，到2015年，培养100名与国际接轨的技术专家。第二梯队是对技术升级和转换起到推动作用的技术骨干，以自主培养为主，到2015年，培养1000名具备较高创新能力的技术人才。

(三)“傅良学者”城市建设顾问工程

以B镇建设现代化小城市任务为核心，以论坛、讲座、课题等柔性引进方式为主，汇聚海内外高层次“经世致用”学者为B镇的新型城市化建设出谋划策，担当B镇城市建设的顾问。计划到2015年，聘任30—50名涉及区域经济、产业发展、城市规划、工程管理、公共管理乃至人文艺术等城市硬、软件环境建设方面的专家学者担任B

镇政府的智囊团。

（四）“智汇塘下”柔性引才工程

大力倡导“不为所有、但为所用”的用才理念，不断加强政策创新，研究制定人才柔性流动相关政策，柔性引进国内外人才和智力，提升B镇企业自主创新能力、科技研发能力和综合竞争能力。重点在人才柔性流动和引进方面实现重大政策突破，实施“海外工程师”、“星期天工程师”等项目，从国内外选聘行业领先水平的退休专家学者定期到企业进行指导，开展科技创新。加强创新平台建设，吸引更多高层次人才到企业创新创业，到2015年，重点建设企业“千人计划”工作站2—3个，企业博士后创新实践基地5—10个，企业研究生工作站20—40个。

（五）新锐瓯商培育工程

轮训全市规模以上企业负责人和企业经营管理人才，着力提升企业家综合素质，造就一批创新、创业、创优的发展能力，守法、守信、守德的职业品德，思源、思进、思报的责任意识，业绩突出的优秀企业家。围绕汽摩配等主导产业，整车加工、汽车贸易等新兴产业以及现代服务业发展要求，到2015年，培育10名具有国际视野和国际化经营管理水平的产业和行业领军型企业经营管理人才，培育50名创新型高端企业经营管理人才；培育200名有发展潜力的企业经营管理人才后备梯队。

（六）高技能人才开发工程

以培养技师和高级技师为重点，以提升职业素质和职业技能为核心，旨在培养和造就一批具有精湛技艺、高超技能和较强创新能力的高技能领军人物，引领和带动B镇产业结构优化升级。到2015年，重点围绕汽摩配等特色产业培养50名掌握新知识、新工艺的高级技师。结合区域经济发展、产业转型升级和新兴战略性产业发展的需要，到2015年，建设1个汽摩配高技能人才培训基地，重点开展高技能人才研修提升培训、高技能人才评价、职业技能竞赛、高技能人才课程研发、高技能人才成果交流等活动。

（七）“名医名师名家”人才工程

在医疗卫生和教育系统实施创新人才培养工程，造就一批医德高尚、具有扎实医学理论基础和丰富的临床诊疗经验、在同行中有较高的学术威望的优秀医师、护士等医疗工作者；培育一批师德高尚、教学成绩和科研成果突出、有较高社会公认度的校长、教师等教育工作者。在服务行业，特别是与B镇城市化建设相关行业中开展素质提升和创新能力提升工程，造就一批专业能力突出、实践经验丰富、在本行业或本学科有较大影响的“名师名家”。

（八）“新农村”实用人才培养工程

以加强发展现代农业为核心，以水产养殖、生态畜牧、大棚蔬菜和经济作物等特色农业为重点，以休闲观光农业等新业态为发展方向，创新培养方式，造就一批具备现代化农业知识、新型农业经济开发头脑、科学管理经营理念的新型农村创业人才；培养一支具有现代化操作技能和实践经验的农村实用人才队伍。

四　人才工作主要举措

（一）夯实基础，加速人才素质培养

1. 加强党政人才培养，提升执政能力。以不断提高党政干部素质和执政能力水平为核心，切实加强干部教育培训工作，充分发挥人才培养基地作用。根据国家《公务员法》对公务员能力建设的要求，开展公务员培训工作，真正能让干部学以致用。鼓励公务员在职学历教育，加强后备干部队伍建设，通过公开招考、民主推荐等方式扩充后备干部队伍。积极实施公务员初任、任职、更新知识和专业技能培训。坚持有计划地选派干部上挂、下挂和外派锻炼。

2. 加强专业技术人才培养，提升创新能力。根据产业发展规划和经济发展方式转变需要，设立并发布B镇紧缺专业人才目录，实施分行业人才开发专项计划。鼓励专业技术人才通过专题研修班、对外交流合作、专家结对培养等方式参加短期学习培训和进修。制订落实专业技术人员继续教育计划，到2015年专业技术人员接受继续教育的覆盖面达到100%，继续教育与本人职称评定、职务聘任、工资晋升、年度考核等挂钩。组织高层次人才到汽摩配等特色产业发展、现代化小城市规划等领域国内外先进的地区开展学术考察交流，培养造就一批优秀学科技术带头人。

3. 加强企业经营管理人才培养，提升综合竞争能力。围绕企业转型升级战略规划要求，根据不同行业特点，建立民营企业经营管理人才队伍培训的长效机制。制订企业经营管理人才的培训计划，引进企业风险管理、企业国际化经营等符合B镇企业家自身需求的经营管理课程。针对企业技术创新、转型升级、管理提升等需求，采取政府指导性培养和单位内部按需培养相结合、学历培训与专业进修相结合等形式，分层次、多形式、有计划地对经营管理人才开展专业、系统培训，提升经营管理人才的管理水平和职业素养。通过各种形式培养，努力造就一支懂经营、善管理、市场拓展能力强的企业经营管理人才队伍。

4. 加强技能人才培养，提升实践操作能力。通过与国内外知名院校、企业合作等形式，加强汽摩配等行业技能人才培养基地建设，有计划地培养各类紧缺技能人才。充分发挥企业培养技能人才的主体作用，组织生产一线职工广泛开展岗位练兵、技能比武和技术攻关、技术创新等活动，促进岗位成才，逐步培养一批适应B镇工业企业转型升级发展需要的高技能人才队伍。

5. 加强农村实用人才培养，提升致富能力。根据新农村建设和发展现代农业的目标和要求，充分利用农业专业合作组织、协会以及各类培训、教育基地的带动作用，大力培养各类农村实用人才，使其成为既懂经营，又掌握现代科技知识，能够带领群众共同致富的复合型人才。

（二）高端引领，加大人才引进力度

1. 利用产业优势集聚人才。发挥B镇经济发展的区域优势，结合汽摩配等产业集聚的特点，有计划、成批量地引进特定行业稀缺人才。发挥行业协会的作用，举办高规格行业论坛，汇聚业内精英。政府组织同行业优秀企业团体到知名院校招聘。以培养和发展人才机制为载体，优化产业集聚功能，改变引才思路和方式，通过人才交流会、洽谈会，有计划、有步骤地引进各类急需人才。

2. 利用市场机制招揽人才。建立汽摩配行业人才数据库，开设相关人才信息网站，打造全国规模最大、层次最高的行业人才交流平台。与省市级人才市场建立定向合作关系，充分通过人才市场流通渠道解决中基层人才缺口问题。大力引进国内外高水平人力资源服务企业，借助猎头公司、招聘网站等拓展高层人才招募渠道。建立职业经理人信息查询、测评与推荐制度，构建经营管理人才引进平台，打通民营企业吸收经营管理人才通道。

3. 利用政策优势吸引人才。组织、人事及有关职能部门要制定人才引进、培养的具体奖励和优惠政策，创新引才、聚才的良好政策环境，畅通人才引进的“绿色通道”，针对高层次人才建立一站式服务窗口。大力提倡各企事业单位积极为人才提供发展的机会和空间，对企业的引才行为进行引导、扶持和资助，在企业乃至全社会倡导人才优先的理念。

4. 积极推行人才柔性引进。树立“不求所有、但求所用”招才引智新理念，采取聘用、借用、咨询、讲课、兼职、合作交流、人才租赁等形式灵活引进人才智力资源，满足用人单位的人才需求。注重发挥瑞安塘下籍在外人士的引导带动作用，探索建立在外优秀人才信息库，为B镇企业联系与利用高级技术人才和最新技术建立联系渠道，为在外专家、学者报效家乡和回乡投资创业搭建平台。

（三）以用为本，创新人才评价机制

1. 建立科学人才评价机制。建立科学合理、以用为本、具有行业特色的人才评价体系。针对党政机关、企事业单位不同的行业特点、不同的岗位要求，探索制定出分类分层次的人才考评标准，建立以绩效为依据，由品德、知识、能力等要素构成的各类人才考评指标体系。完善汽摩配等重点行业人才考评方法，坚持“公平、公正、公开”的原则，提高考评的科学性，确保人才考评的公开性、透明性、独立性、公正性。

2. 强化企业评价主体地位。对企业起到重大作用的人才由企业作为主体来评价，可以采用企业推荐，政府审核的方式，放宽现有政策的学历、职称等硬门槛。对企业认定的人才，政府应该放手破除学历和职称的壁垒，真正做到“以用为本”。

3. 发挥政府监督监管职能。对企业上报的人才登记备案，定期抽查，建立诚信档案。对发现违规舞弊行为的用人单位，撤销其人才申报资格。

（四）以人为本，完善人才保障措施

1. 加大人才资源开发投入。树立人才投入是效益最大投入和人才投入优先的观念，建立健全政府、用人单位和社会合理分担的多元化投入机制。逐步完善政府引导、企业主导、社会倡导的人才经费投入机制，设立高层次人才和紧缺急需人才引进、开发和使用专项基金。根据B镇紧缺人才目录建立紧缺专业技术人才定向培养财政补贴扶持制度，保障重点发展行业和城市化建设特需人才需求。

2. 建立高层次人才奖励制度。鼓励广大专业技术人才充分发挥工作积极性和创造性，设立优秀拔尖人才政府专项津贴和B镇突出贡献人才奖，建立人才发展奖励基金，对引进高层次人才的单位和企业给予资金奖励或税收补助。

3. 完善人才各项福利保障制度。进一步完善社会保障制度，确保各项人才政策落到实处。保证各类人才的福利待遇水平随着经济社会发展而稳步提高，逐步实现人才福利政策规范化。设立高层次人才保障基金，不断加大对高层次人才关爱力度。对子女入学、配偶工作等各类人才要求比较迫切的事项，认真调查研究，及时提出可行性解决方案，切实加以解决。

4. 加快人才住房保障体系建设。加快建设人才公寓和外来务工人员公寓，研究制定人才专项用房建设的实施意见，完善人才住房保障政策，多渠道筹措人才专项用房，优先解决高层次人才、紧缺急需人才的住房问题。充分体现人性化关怀，积极为人才营造良好的生活环境。按政策落实人才各项待遇，为各类人才创造良好的发展环境，激励各类人才为B镇经济社会发展做出更大的贡献。

五　人才工作保障措施

（一）建立健全组织领导保障

1. 要加强组织领导。成立由镇委、镇政府主要领导担任组长，各相关部门一把手为成员的人才工作领导小组，从组织领导上推进人才规划的实施。

2. 要重视工作推进和落实，建立考评制度。分期制订人才规划实施计划和年度工作目标，分解到各相关部门，年终进行考核评估。

3. 要让各相关部门统筹协作，保证政策连贯性。由人才办参与并协调各部门政策的制定，将责任切实落实到人，在人才规划的大方向下使各部门政策相互配合，全面优化当前的政策环境。

（二）深入完善相关政策法规

1. 细化人才界定标准。从B镇当前转型发展的需求出发，“不唯学历、不唯职称、不唯资历、不唯身份”，把知识、能力和业绩作为主要标准，不拘一格选人才。

2. 为重点行业关键领域的特殊人才留出上升通道。除了普遍的引才政策外，要重视针对特殊人才，特别是针对能够引领行业发展的领军型人才政策的灵活性。既要在大范围引才时有据可依，又要在特殊人才引进上特事特办。

3. 加强政策对人才和用人主体的导向性，让政策落到实处。对各项政策的实施成果定期进行调查考核，建立专门的职能单位负责政策的宣传和引导。引进各界研究力量，定期发布行业人才需求报告。

（三）不断强化执行情况监督

1. 建立人才工作目标责任制，把人才发展重要指标纳入率先基本实现现代化目标内涵和年度经济社会发展目标考核体系。各地、各部门要以执行年度计划推动五年规划的实施，以完成工作任务确保总体规划的推进。

2. 制定规划实施情况监控指标体系，建立人才量化考核制度，完善人才量化考核的主要内容、评分标准和操作程序。建立规划目标任务实施情况定期报告制度和年度评估制度，跟踪分析和研究解决规划实施中出现的新情况、新问题，及时改进和提高，确保规划有效实施。

（四）努力建设人才服务环境

1. 大力引进高质量的人才服务机构。一方面通过这些机构的引入提高塘下人才服务的质量，另一方面借助机构的引进促进相关方面高级人才的引进，包括创业者、高级研发人员和学者。

2. 提高人才服务的整体水平。对营利性组织与中介公司进行政策性优惠与引导，对非营利性组织进行扶持与宣传。建立人才服务的沟通交流平台，引进专业研究力量定期开展交流活动。

第六章　民间人才队伍建设理论与实践研究

——基于绍兴的实证分析

民间人才是在基层群众中有一技之长，进行创造性劳动并对社会做出贡献的人才，具有草根性、乡土性、广泛性、非官方性等特点，是绍兴人才队伍的重要组成部分，是经济繁荣、生活富裕、风尚文明的现代化绍兴的建设者，是社会主义核心价值观的实践者，是基层社会治理的参与者。2013 年 1 月绍兴市启动实施民间人才“万人计划”，计划用三年时间，让全市 80% 左右的家庭有成员获得民间人才称号。本书采用文献研究、案例研究、问卷调查等方法，实地走访 20 个乡镇（街道），发放回收问卷 600 份，召开镇村干部、民间人才和协会代表参加的各类座谈会 15 次，对民间人才队伍建设的规律性认识进行提炼深化，对民间人才队伍建设阶段性成效进行分析评估，研究提出建立民间人才队伍建设长效机制的对策建议。

第一节　民间人才队伍建设的动因与意义

民间人才队伍建设是新时期党管人才工作践行群众路线具有开创性的一项重要探索，具有重要现实意义和战略意义。

一　人人皆可成才、人人尽展其才需要有丰腴土壤

人才是第一资源，当前国际竞争归根到底是人才的竞争。要将人口红利转变成人才红利，将就业压力转变成人才推动力，从依赖物质资源向依赖人力资源转变，才能实现我国经济发展方式的转变。党的十七大第一次把人才强国战略和党管人才原则写入了党代会的报告。

党管人才的最根本目的，就是更好实施人才强国战略，把各类人才集聚到党和国家的事业中来，促进经济社会发展和人的全面发展。从人力资本理论角度讲，人才之所以能够强国，是因为人才具有高质量且可以由其获取“强国”收益的人力资本。而国家的可持续发展离不开全民素质的提升。“人人皆可成才”的提出，体现了新时期人才理念的新发展。贯彻落实“人人皆可成才”的方针，当务之急，是突破传统人才体制机制的障碍与束缚。党的十八届三中全会指出：“建立集聚人才体制机制，择天下英才而用之。打破体制壁垒，扫除身份障碍，让人人都有成长成才、脱颖而出的通道，让各类人才都有施展才华的广阔天地。”民间人才队伍建设，不仅能够从标准、主体和客体上探索人才评价的创新机制，还可以打造民间人才成长与发展的良好环境，将人才强国战略落到实处、落到基层。

（一）民间人才建设队伍有利于拓宽“党管人才”工作新领域

党的十八大报告指出：党的事业的蓬勃发展离不开人才的大力支持，要坚持党管人才原则，再次明确党管人才，牵头抓总，加上全社会的积极参与，各级各部门密切配合，一定会营造出“尊重劳动、尊重知识、尊重人才、尊重创造”的良好氛围，各类人才也一定会为经济社会发展发挥出最大功效。当前党管人才的工作对象往往局限于高层次人才，民间人才队伍建设将人才队伍的建设放在全民素质提升与发展的视野下进行，不仅拓宽了原有的工作渠道，扩大了服务的对象群体，还有助于在全社会形成重视人才、尊重人才、争当人才的良好氛围，从而促进了人才发展良好环境的形成与完善。

（二）民间人才队伍建设有利于实现人才评价机制新突破

民间人才评价不唯学历、不唯职称、不唯资历、不唯身份，破除了传统人才定义的条条框框，将人才在社会中发挥的作用作为人才评价主要标准，既是科学人才观“以用为本”的生动实践，又是推进全社会人才观念转变的重要探索，有助于形成“人人皆可成才”的社会氛围。传统的人才评价主体主要是政府部门或政府授权的用人单位等机构，评价是自上而下的，常常脱离实际工作，民间人才的评价主体是群众，通过个体在群众中的口碑、声望等反映其才能，评价是自下而上的，关注人才的社会价值，更能体现人才评价的有效性和实用性。

（三）民间人才队伍建设有利于探索践行群众路线新路径

“群众路线”是中国共产党长期革命和建设经验的总结，是党的科学领导方法。要坚持以人为本、执政为民，就要把人才工作观念从“队伍建设”向“人才发展”转变，这就要求人才工作要广泛联系群众、服务群众，用发展的眼光来协调推进各项人才工作。民间人才将广大人民群众都作为潜在人才，旨在为每一个提供施展才能、发挥作用的大舞台，并通过这一活动将基层群众紧密团结在党组织周围。不仅有助于充分发挥人民群众的积极性和创造性，更有助于保持党组织与人民群众的血肉联系。

二　基层群众追逐“中国梦”，增强归属感需要有广阔平台

中国梦要把追求国家目标和实现百姓利益紧密结合起来，它是中国广大百姓真正的梦，让全中国人民：“共同享有人生出彩的机会，共同享有梦想成真的机会，共同享有同祖国和时代一起成长与进步的机会。”建设小康社会是切中中国百姓心脉之梦。全面建成小康社会，一是覆盖全面，人不分阶层，地不分南北；二是内容全面，不仅要物质生活富裕，还要精神文化生活富有。党的十八届三中全会指出，要坚持以人为本，尊重人民主体地位，发挥群众首创精神，紧紧依靠人民推动改革，促进人的全面发展。中华民族伟大复兴之梦的实现，需要多元的载体和广阔的平台，必须依靠全社会每一个人的才华与汗水。

（一）民间人才队伍建设有利于缓解群众边缘化，增强归属感

现阶段基层群众社会地位有待提高。随着社会深刻变革，在市场经济体制下，部分基层群众常常被边缘化，基层群众的政治参与度不够，解决群众问题的体制机制尚不健全。党同基层群众的情感维系缺乏载体、缺乏手段、缺乏内容。民间人才队伍建设通过兴趣、爱好、专长、技能等将广大群众集聚起来，形成自发的团体与组织，提高了群众参与活动的积极性，尊重了百姓的“话语权”，有助于形成缓冲和缓解干群党群矛盾、群众负面情绪的长效机制。

（二）民间人才队伍建设有利于满足群众需求，提高身份感

马斯洛将人的需求按层次分为生理上的需求、安全上的需求、情感和归属的需求、尊重的需求、自我实现的需求五种。当人的低层次需求被满足之后，会转而寻求实现更高层次的需要。当前社会，随着

物质水平的不断快速提高，人们的主要需求逐渐向精神层面转移。民间人才是政府和社会对基层群众才华和能力的认可，通过民间人才队伍的建设和拓展，可以有效提高基层群众的主观幸福感、社会认同感和心灵归属感，让每一个人得到政府和社会的尊重，满足人民群众的精神文化和政治生活需求，实现每个人心中的“中国梦”。

（三）民间人才队伍建设有利于发挥群众力量，提升责任感

中华民族的伟大复兴之梦需要全社会共同参与，当每个人都充分发挥自身才能，实现了自我价值，中国人民共同的梦想也就实现了。民间人才队伍建设通过对群众才能与智慧的充分肯定，提高了群众服务社会的责任感，也为民间人才展现个人才华、实现自身价值提供了广阔的舞台，使得民间人才更自觉、更主动地发挥自身专长，投入到社会建设事业中。

三　创新社会治理、增强社会凝聚力需要有好抓手

美国社会学家丹尼尔·贝尔指出：后工业社会的中心是服务——人的服务、职业和技术的服务。它的主要目标是处理人际关系——其中原则是合作与互惠。有效的社会治理模式应该整合各种社会资源，发挥多元主体的各自优势。转型时期的中国社会，尤其需要实行合作治理。党的十八届三中全会公报首次提出了“推进国家治理体系和治理能力现代化”。政府社会治理改革是改善民生的重要举措，在社会越来越多元化、网络化、复杂化的环境下，政府和公民之间已经发展为服务与合作的关系，行政行为也被诠释为行政机关在公民参与下的一种服务行为。因此仅仅依靠传统的自上而下方式，难以推动更开放民主的社会。民间人才队伍建设创新了社会治理思维，用自下而上的工作方式，通过扶持民间组织、促进阶层融合等方式，为政府的社会治理打开了新局面。

（一）民间人才队伍建设有利于促进社会阶层融合

中国以权力市场化为起点的改革导致严重的利益分化，没有能够形成稳定的、以中产阶级为主的菱形结构社会，而是出现了两极分化倾向，造成社会各阶层隔阂和对立。民间人才队伍建设将不同收入、不同身份的人们通过兴趣、专长紧密联系起来，破除了阶层间的樊篱，促进了不同阶层人群的和谐共融；同时通过民间人才队伍建设培

养了一支社会的中坚力量，这批人具有知识、经验与专长，在人民群众中享有良好的威望与口碑。这一活动将数量庞大的民间人才队伍紧密团结在党和政府周围，在化解贫富分化、城乡隔离、阶层断裂等矛盾中可以有效发挥缓冲作用。

（二）民间人才队伍建设有利于创新基层社会治理模式

现代社会高度分化，社会事务纷繁复杂，单靠政府力量，不仅疲于应付，不利于促进社会整合，而且由于缺乏中间的缓冲地带，政府常常不得不直接面对各类突发的社会问题，势必增加社会治理的风险。民间人才队伍建设通过发动广大群众参与、发挥广大群众才能的方法整合了现有的行政资源，推动了人民群众的自我管理、拓宽了信息交流的沟通渠道，形成了高效全面的工作网络，有助于在有限的行政资源配置下构建科学有效的利益协调机制、诉求表达机制、矛盾调处机制、权益保障机制，从而逐步形成“小政府、大社会”的治理模式。民间人才队伍建设不仅为社会治理提供了重要平台和载体，更带动风尚文明建设步入新台阶。绍兴民间人才“万人计划”评比活动的广泛持续开展，有助于宣传社会主义核心价值观与传统绍兴人文精神，让“人人皆可成才”的观念成为绍兴民间人才队伍建设的核心价值观；也有助于追求“两富”，建设“风尚文明的现代化绍兴”。

（三）民间人才队伍建设有利于增强民间组织活力

西方发达国家在发挥社区民间组织方面有悠久历史，形成了比较成熟的社区民间组织体系服务机制，在社会发展过程中发挥着政府和企业无法替代的巨大作用。发达国家的经验在于树立多元共治的新理念，形成多元共治的善治格局。治理不是政府一家“唱独角戏”，而是将政府的“他治”、市场主体的“自治”、社会组织的“互治”结合起来，共同实现良好的治理。民间人才队伍建设可以有效整合现有各类民间组织的社会政治资源，并催生一系列新兴民间组织，让广大群众集聚在以民间人才为骨干的各类民间组织中。民间组织的活跃有助于创新基层社会治理主体多元化模式，处理好网格化管理体系构建过程中“行政性”和“社会性”关系，找到“政府治理”与“社区自治”之间有效的联结点，逐步实现群众的自我管理。

四　联系服务群众、增强党的基层执政力需要探索新的路径

党的根基在于广大人民群众的拥护与支持，良好的党群关系是革命胜利和中国特色社会主义伟大事业蓬勃发展的重要保证。当前，党群关系在局部地方、特定环境和具体工作上还存在疏远、紧张甚至冲突的情况，特别是在国内外形势发生深刻变化的历史条件下，党群关系存在思想隔阂疏远、贫富分化严重、社会不公凸显等突出问题，使部分群众产生了不满情绪。产生上述问题的一个重要原因是做群众工作的方式方法不能适应时代发展的要求，党群之间联系、沟通和化解矛盾的机制还不够健全，工作实施方法手段单一、形式落后。这就要求不断创新党组织的政治动员、宣传教育和服务方式，努力建设服务型党组织。民间人才队伍建设通过建立上下连贯的服务体系，整合党务政务资源，为群众提供一系列利民、便民活动，为服务型党组织建设提供了宝贵创新实践。新形势下党的基层组织执政能力建设面临着不小的挑战：农村精英阶层流失导致基层优秀党员干部来源匮乏，基层培养干部机制发展滞后，难以涌现高素质党员干部人才。通过民间人才队伍建设，不仅能密切党群关系，还能在民间人才中不断发现和培育党组织的后备力量，通过民间人才的社会影响力和群众公信力来提升党的基层执政能力。

（一）民间人才队伍建设有利于密切党群干群关系

民间人才从群众中来，是政策的监督者，群众的代言人。民间人才因其自身的威望和才能，一方面可以在政策推广宣传、群众情绪安抚、信息快速沟通等方面做好工作，协调干群矛盾；另一方面也可以通过民间人才广泛收集群众意见，持续传达群众呼声，使各级党组织能够真正代表广大人民群众的利益，各项工作更加深入人心；还可以成为党群之间交流沟通的新路径，通过民间人才评选活动，深入发掘干群交流新话题，在干群关系中淡化政治身份，有效促进深层次、生活化的沟通交流。

（二）民间人才队伍建设有利于增强党员示范作用

基层党员很多时候被看作党组织的代言人，与群众存在一定距离，其行为往往被政治化解读，群众更关注其身份而非才能。通过民间人才队伍建设，党员中民间人才的能力与专长可以被挖掘出来，增强了其在

群众中的威信和说服力，也能更好发挥党员的先锋模范作用。

（三）民间人才队伍建设有利于培育党组织的新生力量

民间人才是草根精英，在群众中具有较高威信，在社会上发挥着重要作用。民间人才队伍建设让更多有知识、有才能的优秀人才进入党组织视野，从这些人才中吸收先进者入党是做好基层党建工作的有效路径，为党组织在基层的发展壮大提供了有广泛群众基础的新生力量。

第二节　民间人才队伍建设的主要做法

2013 年，绍兴市启动实施民间人才“万人计划”，年初在全市选择了 15 个乡镇（街道）先行试点，8 月下旬在全市面上推开。重点从四方面加以推进。

一　统筹谋划，制订方案

绍兴市、县、乡镇（街道）首先是制订计划方案；其次是明确目标；最后是建立推进机制以推进民间人才“万人计划”。

（一）制订计划方案

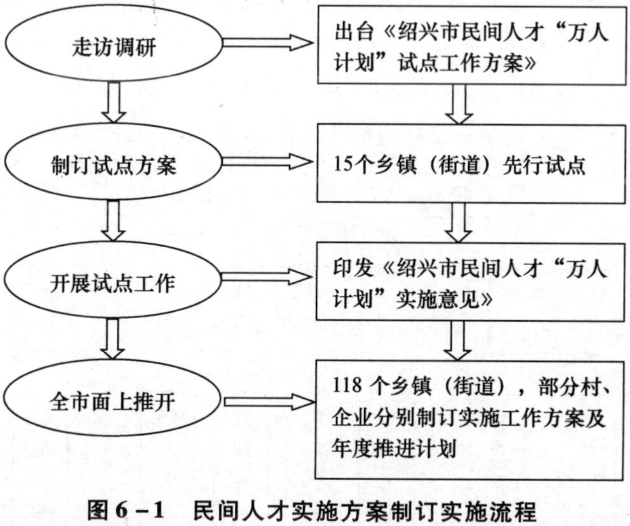

图 6－1　民间人才实施方案制订实施流程

从图 6－1 可以看出，市、县（区）、乡镇（街道），以及部分村、企业，都相继制订了民间人才“万人计划”实施方案和年度推进计划，分别就指导思想、主要任务、工作要求、推进步骤，以及类别标准、评鉴流程、激励保障、日常管理、组织保障等事项作了进一步明确。

(二) 明确目标任务

该计划提出，通过3年努力，全市培养五星级民间人才不少于1000名，每个市、县（区）和市直相关单位培养四星级民间人才不少于1000名，到2015年年末，力争全市80%左右的家庭有成员获得民间人才称号（见表6-1）。

表6-1　民间人才“万人计划”目标任务与年度推进情况

民间人才“万人计划”总目标	星级目标人数					年度推进计划		
	一星级	二星级	三星级	四星级	五星级	2013年年底	2014年年底	2015年年底
2013年起，用3年左右时间，让全市80%左右的家庭有成员获得民间人才称号	各乡镇（街道）结合实际，培养选拔一定数量的一至三星级民间人才			每个市、县（区）和市直相关单位不少于1000名人	全市不少于1000名	15%以上的家庭有成员获得民间人才称号	50%以上的家庭有成员获得民间人才称号	80%以上的家庭有成员获得民间人才称号

(三) 建立推进机制

民间人才“万人计划”工作由市、县（区）两级人才工作领导小组统一领导，市、县（区）相关职能部门、乡镇（街道）、村（企、协会）等基层组织各司其职，合力推进（见图6-2）。

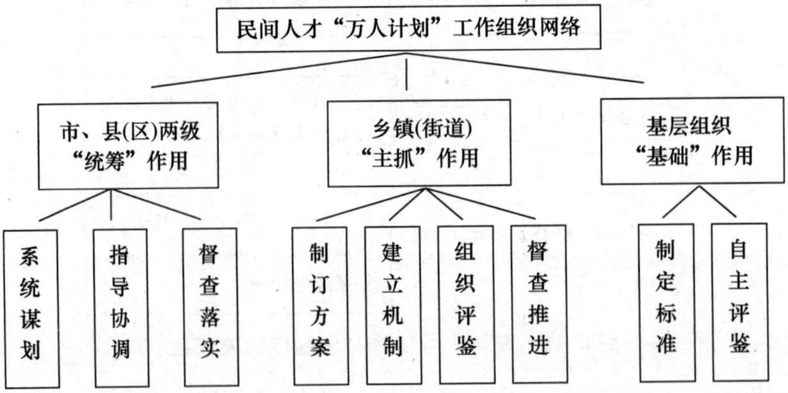

图6-2　民间人才“万人计划”组织工作网络

从调查情况看，全市118个乡镇（街道）都相继成立了以乡镇（街道）党（工）委书记为组长的领导小组，由副书记主抓民间人才工作的部署与推进，抽调各线（办）机关干部组成工作小组，初步形成了分工明确、任务到人、运转有序的工作推进机制。

二　宣传发动，广泛摸排

各地综合运用广播电视、横幅标语、微博微群等多种途径开展宣传工作，努力使这项工作家喻户晓。

（一）召开动员会

市、县（区）、乡镇（街道），以及部分村（社区）、企业，相继召开了民间人才“万人计划”动员会、推进会，分别就这项工作重要意义、主要任务、工作要求作了沟通、交流与部署。

（二）社会宣传

借助公开栏、宣传窗等载体，各地广泛开展民间人才“万人计划”社会宣传工作（见表6-2）。

表6-2　民间人才“万人计划”社会宣传统计

宣传形式	宣传内容	数量
海报	活动内容、评鉴办法等	2300余张
横幅	活动意义、主旨等	500余条
宣传手册等资料	活动意义、主要内容、评鉴办法与流程、激励措施等	88.8万份

（三）媒体宣传

各地综合运用微博微群、报刊媒体、广播电视等媒体手段，开展网上网下宣传（见表6-3）。

（四）入户宣传

结合进村入企大走访、第三次经济普查等中心工作，各地镇（村）干部通过走访村（社区）、企业、协会等途径，进行广泛摸底。各村（社区）民小组长、楼道长、“五老”人员、协会负责人等社会力量开展有针对性的上门宣传登记。

从全市统计情况看，118个乡镇（街道）均采用开会动员、印发资料和微博实时播报等方式，使大多数基层群众对此项活动有了基本的了解与认知。截至目前，全市共摸排各类民间人才人选106万人，初步掌握了民间人才的数量与分布情况。

表6－3　　　　民间人才“万人计划”网络媒体宣传统计

宣传形式	宣传内容	数量
组工信息	民间人才队伍建设的经验做法与典型案例	报送省组信息；市、县（区）两级印发28期《人才工作简报》、《组工信息》（专刊）
报刊媒体信息	民间人才队伍建设的经验做法和人物典型	市、县（区）两级发表信息220余篇
微博	相关活动、工作动态	市、县（区）两级播报动态500余条
微视频	民间人才的技艺技能和典型事迹	4个乡镇（街道）拍摄民间人才队伍建设专题片
专题电视节目	民间人才人物典型、活动公告、工作动态等	市本级举办“民间人才星光大道”电视录播

三　组织评鉴，搭建载体

（一）设置评鉴类别

民间人才类别涵盖面广，各地尽可能细化类别，使各行各业的人才都能进入评鉴体系。

从全市范围看，各地结合当地文化风俗和产业发展实际，在参照类别设置共性要求的基础上，呈现了多样化和特色化。一些地方按综合性设置，如嵊州市长乐镇将民间人才分为文体类、生产生活技术类和经营管理类3大类；一些地方围绕特色产业链设置，如诸暨市山下湖镇围绕珍珠特色产业链，设置了珍珠养殖、剖蚌、加工、鉴定、设计、经营、销售等8小类民间人才；一些地方以非遗文化类为主设置，如新昌县梅渚镇以“魅力文化梅渚”为主题设置文化艺术类民间人才。

（二）设计评鉴载体

民间人才分为五个等级，其评鉴标准分别由各级评鉴主体负责制定，通过比赛、认证、评审等评鉴方式，对民间人才授予一至五星级民间人才称号。具体评鉴主体及方式如表6－5所示。

表6－4　　民间人才评鉴类别

<table>
<tr><th rowspan="15">民间人才评鉴类别</th><th>大类</th><th>小类</th><th>涵盖范围</th></tr>
<tr><td rowspan="2">文体类</td><td>文艺类</td><td>器乐、声乐、戏剧、曲艺、舞蹈、编导、文学、书法、美术、摄影等领域</td></tr>
<tr><td>体育类</td><td>在竞技体育、社会体育指导、体育健身活动中从事技能传授、健身指导、组织管理、体育竞赛等领域</td></tr>
<tr><td rowspan="4">生产生活技术类</td><td>农技类</td><td>蔬果粮食种植、绿化养护、花卉园艺、竹林经济林栽培、苗木培育、畜牧养殖、兽医、水产养殖、农副产品加工等领域</td></tr>
<tr><td>技艺类</td><td>机械工程类（如车工、铣工、磨工、镗工、钳工、刨工、机电维修、模具制作等）、建筑生产类（木工、钢筋工、砌筑工、混凝土工、抹灰工、水暖工、油漆工、焊工、架子工、电工等）等领域</td></tr>
<tr><td>手艺类</td><td>泥塑、雕刻、刺绣、剪纸、装裱、竹篾、箍桶、裁缝、烹饪、美容、美发等领域</td></tr>
<tr><td>设计类</td><td>装修、服装、建筑、工业、动画、广告、交互、包装、园林、印刷、工程设计等领域</td></tr>
<tr><td rowspan="2">经营管理服务类</td><td>经营类</td><td>门店、批发、承包、商贸、营销等领域</td></tr>
<tr><td>服务类</td><td>社会管理、矛盾调解、咨询、中介、民俗司仪、家政、养老、慈善救助、志愿服务等领域</td></tr>
<tr><td>特色产业类</td><td colspan="2">当地已形成特色行业，如珍珠养殖加工、花卉培植、鲜果种植、小吃制作等</td></tr>
<tr><td>其他类</td><td colspan="2">无法归纳到8个小类别的民间人才</td></tr>
</table>

表6－5　　民间人才评鉴主体及方式

<table>
<tr><th rowspan="2">等级</th><th rowspan="2">评鉴主体</th><th colspan="3">评鉴载体及具体方式</th></tr>
<tr><th>比赛</th><th>评审</th><th>认证</th></tr>
<tr><td>一星级</td><td rowspan="2">村（社区）、企业、协会</td><td rowspan="5">村（企）、协会、乡镇（街道）、区、县（市）和市直开发区、市级相关职能部门逐级先后组织开展相应的技能（才艺）大赛，或委托相应层次的协会牵头组织</td><td rowspan="2">申请人展示答辩，党员及村居代表或企业职工、协会会员代表评议</td><td rowspan="3">无</td></tr>
<tr><td>二星级</td></tr>
<tr><td>三星级</td><td>乡镇（街道）；镇级协会</td><td rowspan="3">申请人展示答辩，专家评审</td></tr>
<tr><td>四星级</td><td>市、县（区）和市直开发区；县级协会</td><td rowspan="2">依据已获得资格条件、比赛成绩、荣誉称号等确定</td></tr>
<tr><td>五星级</td><td>市级相关部门；市级协会</td></tr>
</table>

从表6－5可以看出，比赛和评审是评鉴的主要方式，截至目前，全市共组织各类比赛活动1017场。认证方式只针对三星级以上民间人才评鉴，由市级相关部门、区、县（市）和市直开发区、相关协会把握确定。

（三）明确评鉴流程

各地通过组织发动、群众报名、分类评鉴，已产生民间人才16.4万余人，具体流程和人才分布如图6－3和图6－4所示。

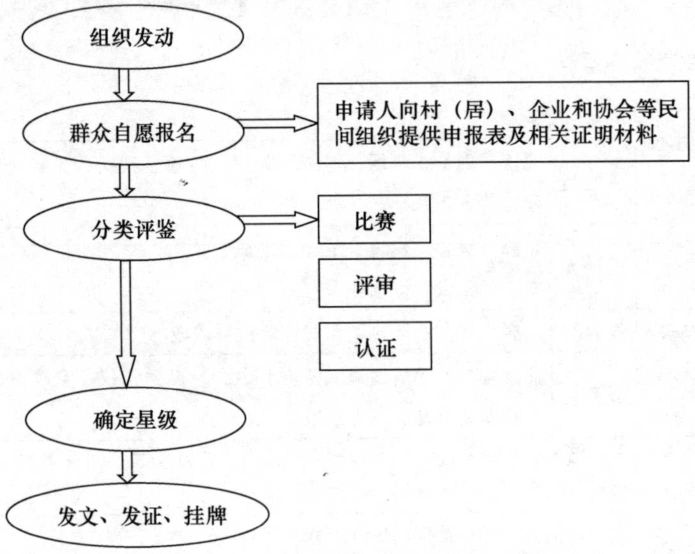

图6－3　民间人才评鉴流程

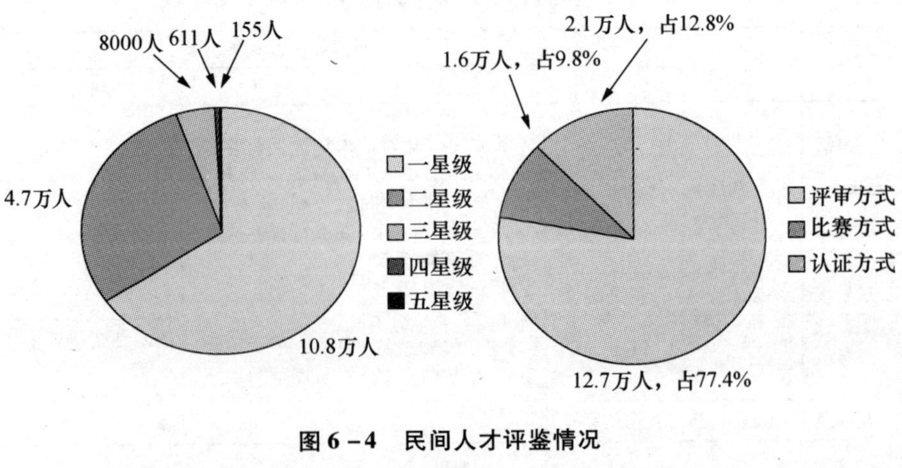

图6－4　民间人才评鉴情况

四　加强管理，完善机制

（一）注重政策激励

各地相继制定出台了一些实用有效的激励措施，具体如表 6－6 所示。

表 6－6　　　　民间人才激励政策

激励措施	具体内容
精神激励	发文公布；颁发证书 7.6 万张；住处和工作岗位挂牌 2.8 万户
资助奖励	评鉴单位给予相应奖励，其中获五星级称号的，给予一次性 1000 元奖励，全市发放奖励资金共计 111 万余元
创业扶持	提供创业信贷 667 万元；享有国有或集体所有的鱼塘、山林等优先承包、租赁权
政治培养	986 名民间人才列为入党积极分子，2422 名列为村级后备培养对象

（二）开展教育培训

依托村、企、协会，成立民间人才培训学校或实践基地，根据民间人才的兴趣爱好和特长，各地已组织开展学习培训、技术传授、经验交流、成果推广等各类培训活动，参与人数达 3.3 万人次，有效提升了民间人才素质水平和创富能力。

（三）培育民间组织

全市共培育、新建各类民间人才协会（联谊会）、工作室、专业合作社 599 个，总数达 1495 个。积极搭建载体，发挥民间组织在民间人才队伍建设中的自我评鉴、自我管理、自我服务、自我提升作用。目前，全市共有 1047 个民间组织参与民间人才评鉴管理，稽山街道“吃讲茶”协会、塔山街道服务小分队、沙溪镇杨桐柃木工作室等已在纠纷调解、志愿服务、技术帮扶等方面发挥积极作用。

（四）发挥民间人才作用

各地已挖掘、培育一批文化引领、带头致富、矛盾化解、技能拔尖、社团培育、民风改进等方面的民间人才典型。通过创设志愿服务、技术帮扶、文化活动等载体，积极发挥他们在丰富群众文化、推进产业发展、促进社会和谐等方面的作用。如越城区塔山街道通过设岗、择岗、亮岗、履岗，已有 3000 多名民间人才参与择岗服务；上虞区小越镇组织民间人才成立农业实用技术攻关和推广小组，已承接项目 3 个，举办推广活动 2 次。

（五）建立联系联络制度

各地先后建立镇村干部全员联系民间人才与协会制度，通过经常性走访，及时为民间人才排忧解难。市、县两级相关部门，结合本单位实际，联系一定数量的民间人才和组织。截至目前，全市共有 6.2 万名干部联系 8 万余名民间人才，把更多的民间人才团结和凝聚在党组织的周围。

绍兴市通过一年努力，已评鉴了一批民间人才，培育了一批协会组织，建立了一批工作机制，挖掘了一批民间人才典型。通过绍兴市的实践，我们看到要抓好这项工作，必须要强化市、县两级的统筹谋划、落实乡镇（街道）的“主抓”责任、发挥基层组织的基础作用，加大专题宣传力度，完善评鉴和日程管理机制，建立健全工作机制，合力推进这项工作。

第三节　民间人才队伍建设推进情况评估

为全面了解开展民间人才队伍建设工作情况，课题组按照实用性、阶段性和综合性的原则，采用问卷调查、团体访谈、个案调研等方法，对民间人才队伍建设推进情况进行综合的评估。其中，问卷调查请被调查者对各个维度的问题进行 1—7 的打分，1 分最低，7 分最高。

一　总体评估

总体评估分为知晓度、参与度和满意度三个方面，主要依据问卷调查数据结果进行分析。

（一）知晓度评估

对群众“是否了解（知道）民间人才‘万人计划’”进行调查，数据显示，总体知晓度较高，进一步比较各类群体在知晓度上的差异，发现群众被调查者的知晓度低于干部被调查者。

表 6－7　　干部与群众被调查者民间人才"万人计划"活动知晓度比较

	干部	群众
知晓度	5.78	4.62

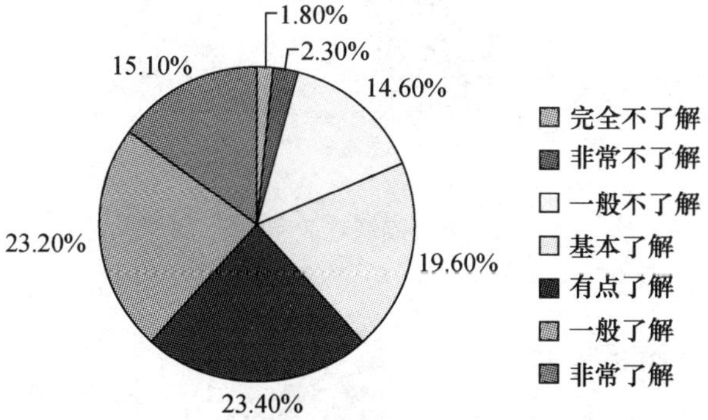

图 6－5　民间人才"万人计划"知晓度评估

评估结果表明，群众对民间人才"万人计划"总体知晓度较高，与实地调研乡镇（街道）的情况吻合，说明民间人才"万人计划"活动在宣传广度上，基本达到了预期的效果，同时研究也发现，部分群众对活动的知晓度有待提高。

（二）参与度评估

通过比较不同性别、年龄、学历、所属身份被调查者的参与度，数据显示，在性别上，男性较女性群众参与度略高；在年龄上，中年群众较年轻和老年群众的参与度较高；在学历上，学历较低的群众比学历较高的群众参与度高。

评估结果表明，民间人才"万人计划"活动的实际参与群体与政府设想的参与群体情况较为吻合，群众能够响应绍兴市委、市政府号召，积极参与活动，尤其是非学历人才参与热情更高，这符合活动开展的初衷。同时研究也发现，不同类别群体的参与度存在差异。

（三）满意度评估

对民间人才"万人计划"涉及评比过程和结果的 8 个方面进行满意度调查。数据显示，8 个方面的满意度赋分都超过了 4 分，表示群众对民间人才"万人计划"的总体满意度较高。

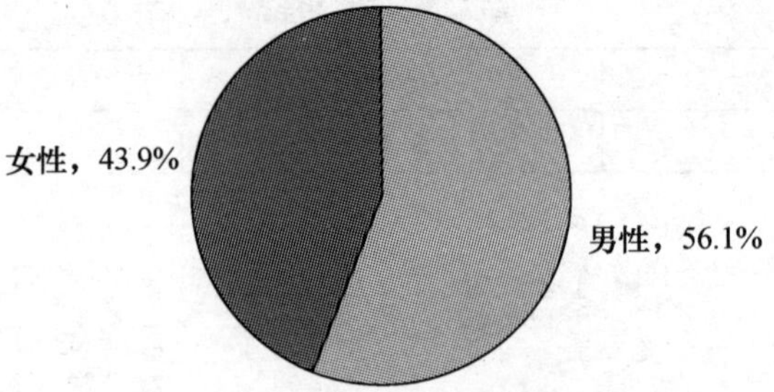

图 6－6　被调查者性别比例

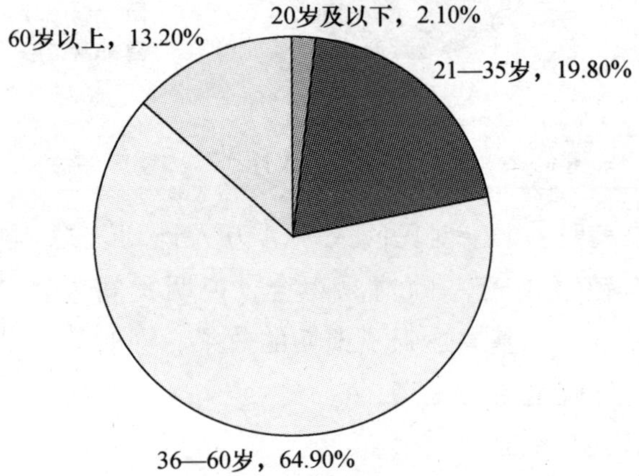

图 6－7　被调查者年龄比例

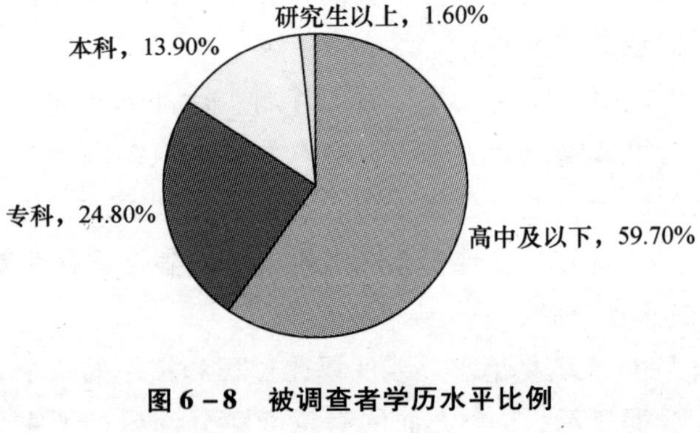

图 6－8　被调查者学历水平比例

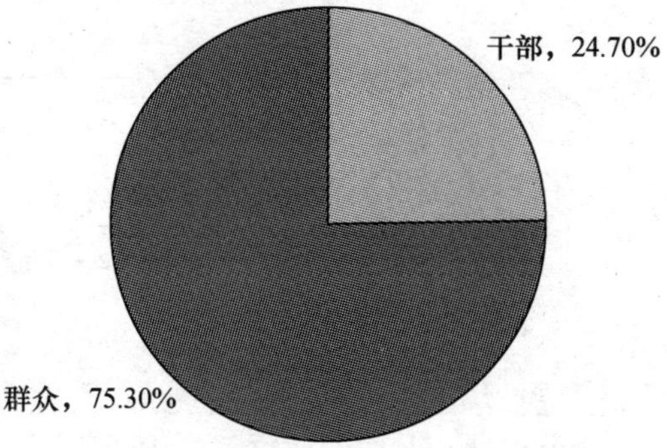

图 6－9　被调查者干部与群众人数比例

具体来看，对“政府投入和扶持评比活动”的满意度最高，说明群众认同政府开展民间人才队伍建设的努力；其次是对“评比公平性”满意度较高，说明民间人才“万人计划”评比过程比较透明与公正；再次是“评比类别的全面性”。相对而言，对“评比标准的合理性”、“参加活动的便捷性”、“总体效果”的满意度略低。另外，在所属身份上，普通群众相比机关干部，对评比过程和结果满意度较低，对活动认可度也较低；在年龄上，中年群众较年轻和老年群众的认可度较低。

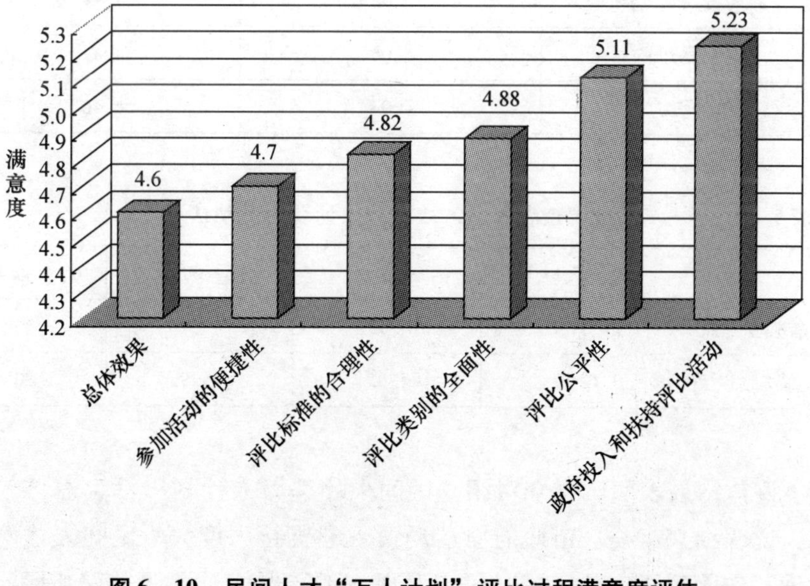

图 6－10　民间人才“万人计划”评比过程满意度评估

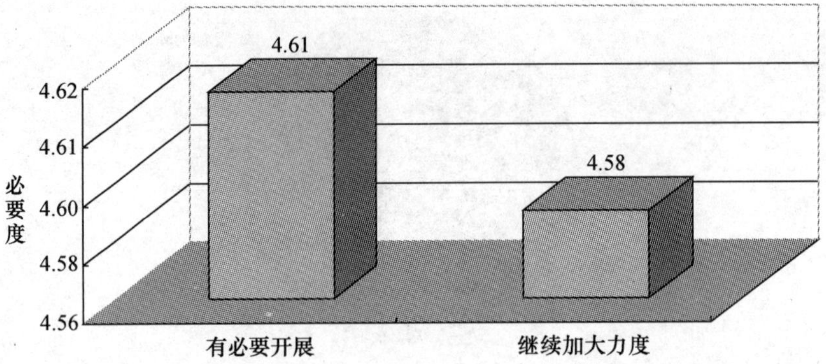

图 6-11　民间人才“万人计划”活动认可度评估

表 6-8　干部与群众被调查者民间人才“万人计划”活动满意度比较

	干部	群众
总体效果	5.32	4.37
标准合理性	5.35	4.65
评比公平性	5.76	4.90
政府投入和支持	5.95	4.99
有必要开展	5.05	4.47
继续加大力度	4.94	4.46

表 6-9　不同年龄被调查者民间人才“万人计划”活动认可度比较

	20 岁及以下	20—35 岁	36—60 岁	60 岁以上
有必要开展	5.63	4.97	4.31	5.36
继续加大力度	6.00	5.05	4.29	5.00

评估结果表明，群众对绍兴民间人才“万人计划”活动总体较满意，说明绍兴市委、市政府对活动投入和支持力度大、民间人才队伍建设工作落到了实处。同时研究发现，不同群体对评比过程和评比结

果的满意度存在差异。

二　成效评估

（一）总体成效

统计结果显示，被调查者对民间人才“万人计划”活动中的“提高专长和兴趣爱好”的满意度最高；其次是“提高群众的荣誉感和自豪感”；相比较而言，“改善人际关系”的满意度一般；当前活动在“改善群众物质生活水平”中发挥的作用还有待提升。

评估结果表明，民间人才“万人计划”活动为民间人才提供了才能展示舞台，在客观上促进其才能的提升，活动能够提高群众的自我效能感，对社会阶层融合有潜在推动作用。

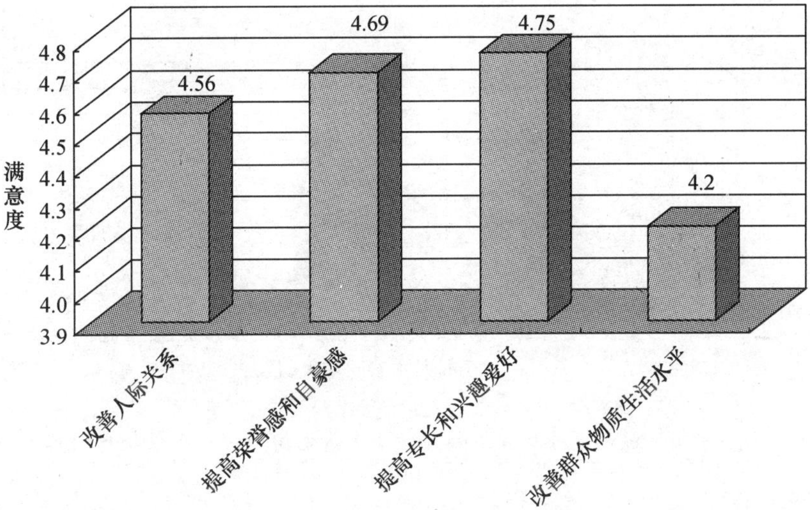

图 6－12　民间人才“万人计划”活动成效评估

（二）民间人才才能发展与成才环境的评估

对民间人才与非民间人才的问卷结果进行比较，统计显示，在“提高专长和兴趣爱好”和“提高荣誉感和自豪感”两个方面，民间人才较非民间人才赋分更高；而认为“有一技之长就是人才”、活动能够“形成‘人人皆可成才’氛围”几项上，被调查者同意度都超过 5 分，且民间人才各项的同意度赋分都明显高于非民间人才。

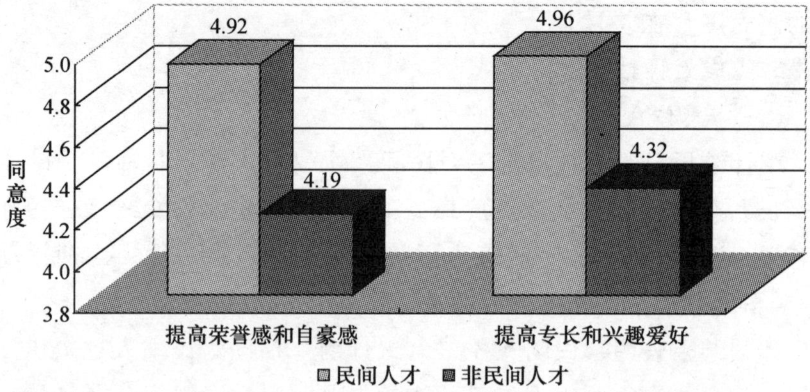

图6－13　民间人才和非民间人才提升劳动者素养评估结果差异

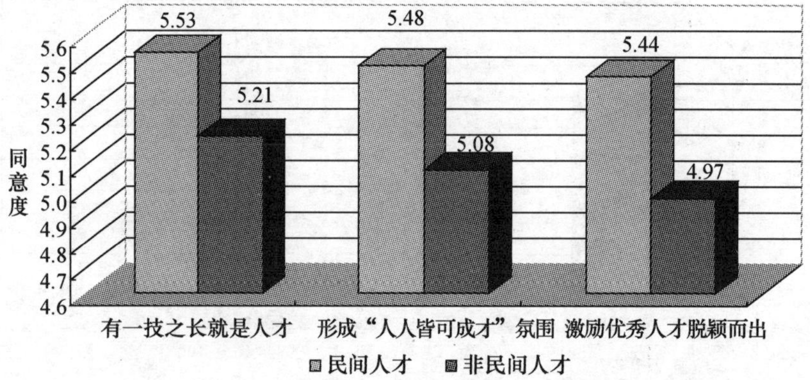

图6－14　民间人才和非民间人才"人人皆可成才"评估结果差异

验证以上数据结论有大量生动、鲜活的案例，如嵊州市长乐镇工人刘夏英，长期从事小功率电机嵌线工作，在小功率电机嵌线技能比赛中获得了一等奖，被命名为三星级民间人才。评为民间人才后的刘夏英精神面貌极大改善，加大了对嵌线技能的钻研力度，并被提拔为车间技术主任。

评估结果表明，民间人才"万人计划"活动提升了劳动者的素质，促进了个人专长的发展，激发了群众的荣誉感和自豪感，有利于形成"人人皆可成才"的共识。

（三）民间人才精神文化生活与价值观的评估

统计结果显示，对活动“促进风尚文明和基层和谐”和“树立健康向上的价值观”两个问题同意度都超过了5分。另外，民间人才较非民间人才，在“树立健康向上的价值观”一项上，赋分更高。这和实地调研的结果相吻合，如上虞区丰惠镇各村文艺类民间人才发挥示范带头作用，在当地主办“迎国庆、庆中秋”文艺晚会，节目由民间人才自主选择、编排，包括传统的越剧、时尚的器乐演奏、高亢的男女声歌唱、激情的拉丁舞等，丰富了村民的精神文化生活，在群众中获得良好口碑。

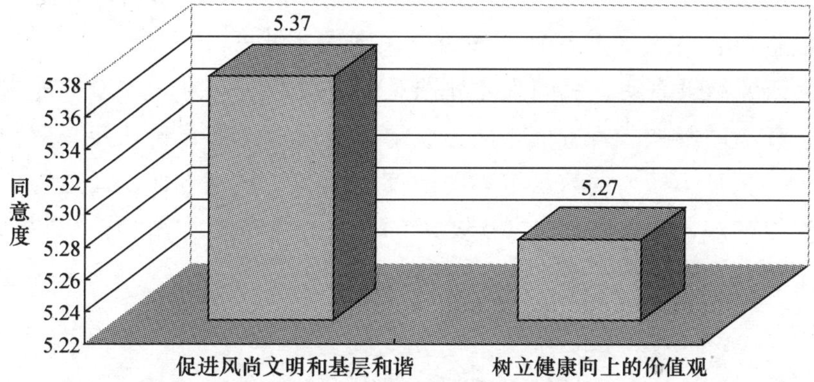

图6－15 丰富群众精神文化生活、倡导健康向上的价值观评估

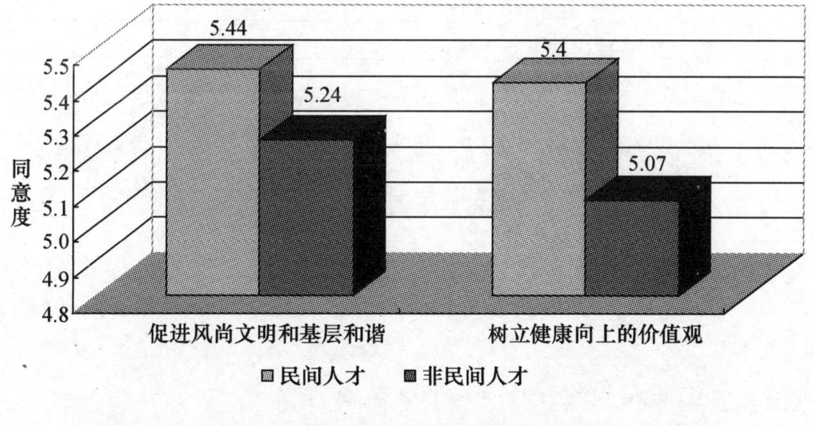

图6－16 民间人才和非民间人才丰富群众精神文化生活、倡导健康向上的价值观评估结果差异

评估结果表明，民间人才“万人计划”活动能在很大程度上发扬绍兴风尚文明，维护基层和谐，对于引导群众树立健康向上的价值观具有重要意义。

（四）民间人才创富能力评估

统计结果显示，民间人才较非民间人才对提升生活满意度的赋分更高，在一定程度上反映出活动提升了劳动者的创富能力。在实地调研中也不乏鲜活的例证，如高新区稽山街道的涉农社区在民间人才“万人计划”活动开展后，推选出431名家政师并加强了职业化培训，如姜梁居委会的蔡阿香在获评家政师后，每月收入从原来不到3000元到超过4000元；在街道为服装工业园区举办的一场招聘会上现场达成就业意向的213人中78%持有民间人才证书。

研究结果表明，民间人才评选对促进就业、提升人才就业能力产生了积极的影响。一方面，因为获得了民间人才的身份认定，劳动者的信心更足，社会的认可度和美誉度也更高；另一方面，通过与评选相配套的就业和上岗培训，劳动者的专业技能和工作附加值也得到了极大提升。

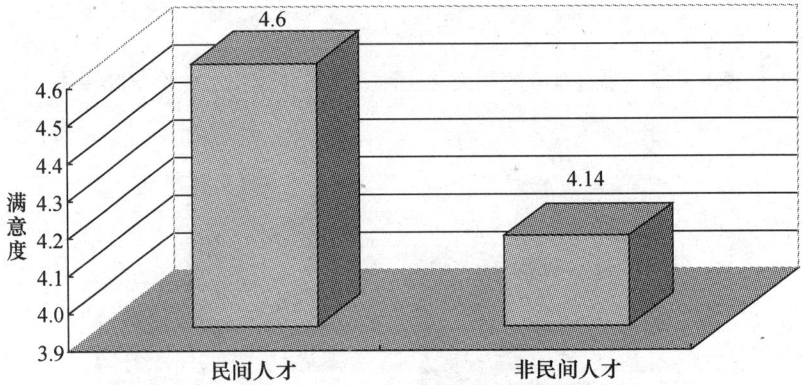

图6-17 民间人才和非民间人才生活满意度评估结果差异

（五）民间人才组织培育与作用发挥评估

统计结果显示，认为“应该组建民间人才协会”、组建民间人才协会有助于加强民间人才“密切与党组织沟通”、组建民间人才协会有助于“加强基层社会治理”的赋分都超过了5分。同时研究发现，民间人才较非民间人才，对“组建民间人才协会”及民间人才协会能够“密切与党组织沟通”、“加强基层社会治理”方面的认可度更高。

很多实地调研案例对以上数据统计给予支持，如诸暨市珍珠行业协会在民间人才评比工作开始以后，不但自主组织开展了珍珠产业“民间人才”选拔工作，还专门制定了《浙江省珍珠行业民间人才评定细则》，为珍珠业人才的鉴定提供依据，同时协会筹备成立了诸暨市珍珠行业协会养殖、加工、设计与经营四个分会，将选拔定级出的人才按专业类别入会管理，“服务会员、规范行业、发展产业”三大宗旨得到了很好的体现。又如，柯桥区漓渚镇从“自报名、村推荐”上来的社会服务类民间人才中，选聘了5位由老党员、老教师、老干部、老军人、老代表组成的“老师调解团”，这一民间组织创新了基层社会治理的方式，延伸了党委政府加强和创新社会治理的手臂，在缓解民间纠纷、维护社会稳定等方面发挥了独特作用。

研究结果表明，“组建民间人才协会”对民间人才的进一步成长具有良好的推动作用，同时对“创新社会治理”、“密切党群干群关系”也具有重大现实意义。

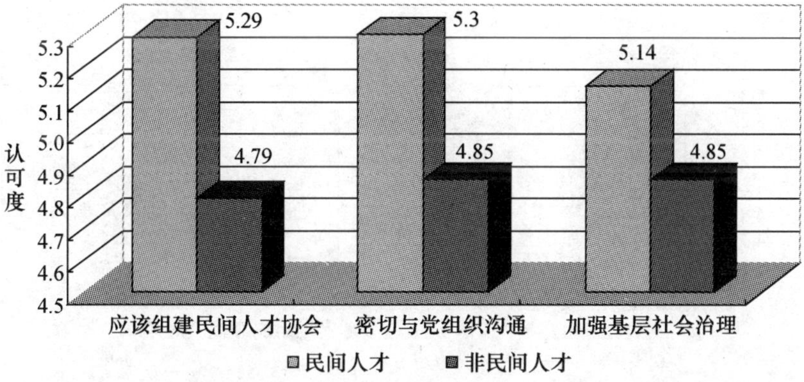

图6－18　民间人才和非民间人才对组建民间人才协会评估结果差异

（六）民间人才政治参与度评估

统计结果显示，民间人才较非民间人才，更“愿意参与村（社区）组织的各项活动”、更“乐意参与选举、表决等政治活动”；民间人才较非民间人才，更认同“评价活动有助于人才向党组织靠拢”、“有助于充实和优化农村党员干部队伍”。

实地调研的案例也证明了这一点，如越城区城南街道民间人才王尧森喜爱红色藏品，街道文化站长郑慧冰了解后帮助他建设红色收藏馆，并列入农村文化大礼堂建设的重点。现在，红色收藏馆成了当地党史党性教育的好去处，前来观看的干部群众在接受党性教育的同时也对民间人才工作给予了肯定与褒扬。越城区陶堰镇镇亭山村村民陈国荣，是一位较有知名度的陶瓷艺术家。民间人才“万人计划”实施后，陈国荣向党组织表达了入党意愿。获悉这一情况，村党总支书记金富强第一时间鼓励他递交入党申请，并指派总支委员陈玉林作为联系人跟踪培养。现在，陈国荣已经成为入党积极分子，并在村党组织的设岗定责活动中，提前认领了文化引领岗，决心利用自身的特长为“越窑青瓷烧制技艺”的非物质文化遗产保护和传承贡献力量。

研究结果表明，民间人才“万人计划”活动能够有效提升群众的政治参与度，促使群众积极向党组织靠拢，增强基层党组织的凝聚力。活动扩大了党组织发现人才、吸纳人才、集聚人才的视野，也增强了基层优秀人才向党组织靠拢的向心力。

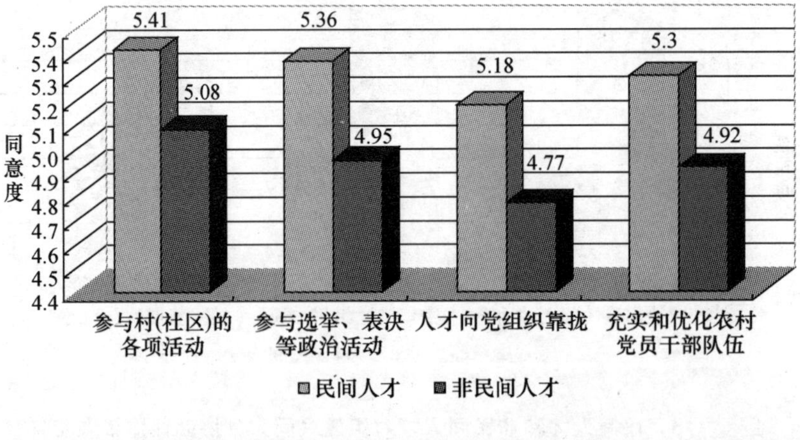

图6－19　民间人才和非民间人才对提升基层党组织凝聚力的评估结果差异

另外，民间人才较非民间人才，对“乡镇党组织平常发挥作用满意度”、“当前社会治理现状满意度”和“当前政府管理效果满意度”三个问题的赋分更高。以上统计结果可以得到具体案例的支持，如滨海新城沥海镇黄柏荣有吹打乐特长，在才艺秀展示活动中被评为三星级曲艺类民间人才，得到群众和党委政府认可后，参与全镇性文化工作积极性大增，还积极支持村里征地拆迁工作，成为引导全村百姓支持镇村工作大局的骨干。

研究结果表明，民间人才“万人计划”活动能够提升基层党组织执政力。通过评选，民间人才在获得身份感、认同感的同时集聚到党组织周围，基层党组织的影响力和执政力由此得到了加强和巩固。

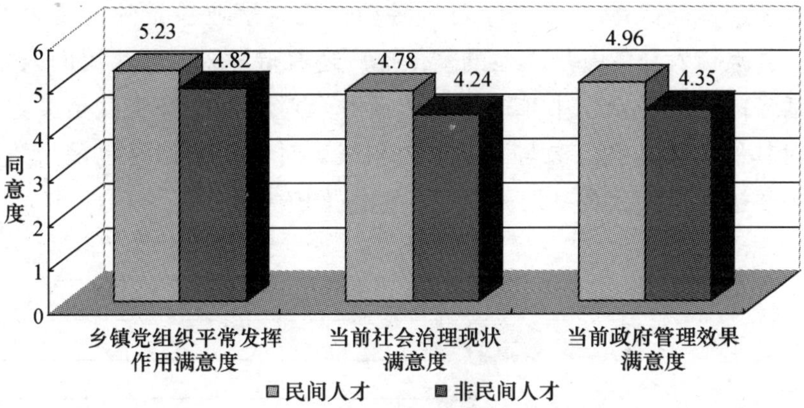

图6－20　民间人才和非民间人才对提升基层党组织执政力评估结果差异

（七）民间人才与党组织关系的评估

统计结果显示，认为“开展民间人才评比有助于加强干部与群众的联系”的赋分较高；同时，民间人才较非民间人才，对活动“密切党群干群关系”的认可度更高。这一数据也有实地调研案例的佐证，如三星级乡村农艺师、乌牛岗茶场种茶大户吴海江是新昌县小将镇党委副书记卢路联系的民间人才，在与吴海江交流中，卢路了解到茶场因为产品单一等原因遭遇了“瓶颈”，于是便向吴海江建议添置设备，打造一个全新的红茶品牌。卢路利用自己传媒相关专业毕业的优势帮助设计了“菩提丹芽”和“菩提曲毫”两个响亮品牌，并从农业局请来专家指导，还组织产品推介会将菩提红茶推广出去。现在吴海江红茶年经营收入超过百万元，与卢路也因茶结缘成为知己朋友。

研究表明，民间人才“万人计划”活动对党群干群关系的融洽与和谐有较好的促进作用。党政班子成员联系民间人才，给乡镇干部联系服务群众创设了一个新的载体，推动他们更好地走到群众中间，了解群众的所需所想并排忧解难，进一步密切了党群干群之间的关系。

三 有待改善的问题

（一）宣传推广有待深入，活动的知晓度尚待提升

民间人才“万人计划”活动在群众中具有较高的知晓度、认可度，同时发现，知晓度的高低与群众的年龄、身份有着较为密切的联系，说明民间人才“万人计划”活动在机关事业单位的宣传力度较大，在乡镇农村等基层单位的宣传推广还有待深入。作为民间人才评比活动的主要受众，中年人群、普通群众对活动的知晓度至关重要，相对其他群体，他们参与活动更为积极，对活动的信息也最为关注，还需要进一步加大在基层群众中的宣传推广力度。

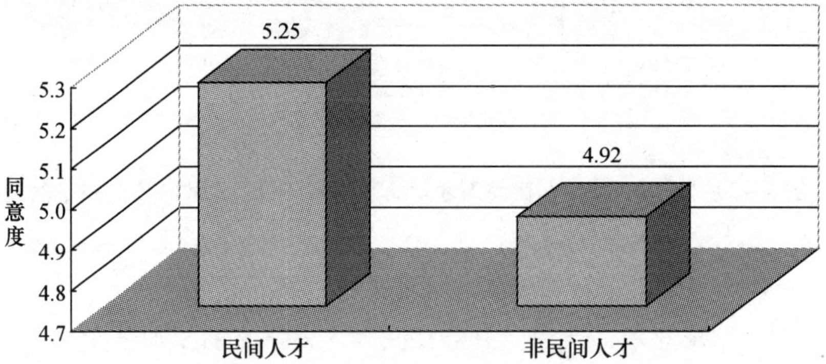

图6－21 民间人才和非民间人才对密切党群干群关系评估结果差异

（二）评鉴机制有待完善，活动满意度尚待提高

群众对民间人才“万人计划”活动的评比过程和结果表示基本满意，不同类别群体，对活动“参加的便捷性”、“民间人才标准制定合理性”、“评比类别全面性”、“评比公平性”的满意度存在差异，

说明当前活动的评鉴机制还不够完善，如果这个问题解决不好，势必会影响到群众继续参与活动的热情。另外，活动的效果还需要群众的检验，未来还需要根据群众的反馈，完善民间人才的评鉴机制，设计民间人才队伍建设的长效机制，进一步提高群众对活动的满意度。

（三）民间组织发展有待均衡，运作机制尚待清晰

虽然政府和民间人才都对组建民间人才协会的必要性给予了充分肯定，同时也认为民间人才协会将会对创新社会治理、密切党群干群关系、增强基层党组织凝聚力具有重要作用，但是，在如何运作民间人才协会问题上，政府和民间人才尚缺乏较为清晰的认识。当前主要是按照“摸着石头过河”的方式进行运作机制的探索。民间人才协会中运作比较成熟的个案，其运作经验需要进行系统总结，争取在全社会加以推广。要下大力气制定民间人才协会的运行与管理机制，真正发挥民间人才协会在政府和民间人才之间的纽带作用。

（四）激励制度有待健全，活动长效机制尚待建立

政府设计了一些激励制度保障活动的有序进行，如对评选的民间人才进行“挂牌”、给予少额的物质奖励等，但未来如果无法设计出全面系统的民间人才激励制度，民间人才继续参与评比的热情势必会受到影响而难以持续。政府下一步工作的重点应放在活动长效机制的设计上，针对民间人才出台一整套有机联系、相互衔接的激励管理制度。

第四节　深化民间人才队伍建设的对策建议

根据实地调研和问卷评估，在坚持原有好的做法基础上，需要重点在以下四个方面进行突破，完善民间人才队伍建设长效机制。

一　深化思想认识，进一步提升民间人才工作合力

（一）加强宣传引导，营造浓厚氛围

首先，要解决各级党委政府特别是“一把手”的认知问题。突出市、县（区）委书记、组织部长和乡镇（街道）党委书记重点，把民间人才工作作为党管人才工作的一项重要工作，纳入各级党委的重要议事日程，作为市、县（区）、乡镇（街道）党委书记年度人才工

作述职评议的重要内容。市、县（区）委书记每年要专题调研民间人才工作，召开乡镇（街道）党委书记参加的座谈会，专题研究民间人才工作。市、县（区）两级举办的乡镇（街道）党委书记培训班，要把民间人才队伍建设作为培训重要内容。适时举办市、县（区）委组织部长和乡镇（街道）党委书记专题读书会，开展乡镇（街道）党委书记“人人皆可成才、人人尽展其才”主题征文，及时汇编民间人才工作经验做法、理论成果、典型案例等，指导基层开展工作。

其次，要加大社会宣传力度。制订民间人才宣传计划，分阶段有针对性地开展民间人才宣传工作。有效整合各级报刊、电台等新闻媒体资源，开设“民间人才专栏”，扩大民间人才工作的影响力。切实加强群众文化宣传，特别是引导各级文体协会利用群众喜闻乐见的形式搞好宣传。加大专题宣传力度，通过人才工作官方微博、党建网站、公开栏、乡镇有线电视等宣传平台，借鉴“中国梦”宣传形式征集民间人才的宣传漫画和标语等进行专题宣传，营造浓厚的社会氛围。拍摄一批民间人才的微电影、微视频，生动展示不同类型民间人才的技艺技能和典型事迹，提升社会关注度。

（二）完善目标管理，强化督查考核

1. 建立“八个一”目标管理机制。要求市、县（区）、乡镇（街道）有：一个合理的工作方案，一个健全高效的工作网络，一本科学的评鉴手册，一系列乡镇（街道）牵头开展的评鉴活动和村、协会等为主组织的丰富的民间人才评鉴载体，一个操作性较强的激励政策，一批新建立的民间人才协会，一批鲜活的民间人才典型，一个保证民间人才持续健康发展的长效机制。

2. 建立上下联动的“四级”考核体系。积极争取将民间人才工作纳入市对县（区）、县（区）对乡镇（街道）、乡镇（街道）对村（社区）的年度目标责任制考核，把思想重视程度、工作推进力度、指标完成效度、群众知晓度和满意度等作为考核评价主要内容，加大分值权重和比例，注重考核成果运用，把考核结果与干部使用、奖惩激励、评优争先等挂钩，强化各级党委、政府和领导干部重视民间人才工作的导向作用。

3. 建立和发挥推进指导组“五大员”的作用。建立由各市、县

（区）退居二线、热心人才工作、事业心强的局办（镇、街）老领导构成的民间人才工作推进指导组，重点发挥宣讲员、辅导员、联络员、调研员、监督员五大员的职责作用，分片联系，负责抓好指导督察工作。

（三）注重资源整合，加大协同推进力度

市、县（区）两级层面，要整合有关职能部门、协会等资源力量协同推进。建立职能部门联席会议制度，定期研究探讨民间人才工作。有效整合教育、体育、卫生、农林、文广、司法、民政等相关部门的职能优势，充分发挥他们在民间人才评鉴评定、培训培养、后续管理等方面的作用。建立市、县两级职能部门联系帮扶乡镇（街道）制度，帮助解决实际困难和问题，督促指导乡镇（街道）推进工作。要充分发挥市、县两级协会的作用，引导鼓励建立相应的民间人才培训基地或培训点，组织开展评鉴评定、学习培训、技术传授、经验交流、成果推广等活动，促进民间人才的能力提升。乡镇（街道）层面，要注重整合各线办、村级组织、协会等资源力量协同推进。发挥乡镇（街道）工业、农业、文化、社会事务等各线办的作用，分线做好民间人才的评鉴评定、培训培养、组织比赛活动等各项工作。建立由各线办、村级组织、协会负责人参加的工作推进会制度，交流了解工作进展情况，协力推进工作。充分发挥乡镇（街道）、村（社区）两级协会直接接触联系群众的优势和作用，依托乡镇（街道）、村（居）两级协会做好民间人才工作。

二　突出过程认同，进一步完善民间人才评鉴机制

（一）完善群众参与、群众公认的评鉴机制

1. 完善市、县（区）两级评鉴机制。在市、县（区）两级，以比赛、认证、评审方式评鉴确定的民间人才比例可按各占 1/3 来掌握，并逐步增加比赛评鉴的比重，减少直接认证评鉴的比例。

2. 完善乡镇（街道）一级的评鉴机制。加大通过比赛评定的比例，可增加到 50% 以上的比例，同时不采用直接认定的办法确定星级。要创新评鉴方式，乡镇（街道）可通过各线办的培训评定，在各线办组织的培训中，技能水平等各方面表现优秀的学员可评定星级。

3. 完善各级协会评鉴机制。指导各级协会建立和完善民间人才的

评鉴机制，协会评鉴方式以组织各类比赛、活动为主，严格控制以认定形式来确定民间人才星级，保证群众参与的广泛性和过程认同。

（二）创设丰富多彩、广泛参与的评鉴载体

县级层面可根据当地的产业结构特点，每年设计一些重大的活动或比赛，如“状元360”、“绍兴梦想秀”、“绍兴好声音”等，分类组织民间人才进行比赛，让民间人才秀出才艺、秀出快乐。乡镇（街道）层面，要结合本地的重要产业特色，分类开展活动。如以工业经济为主的乡镇（街道），可举办技能大赛、技术比武等活动，组织在工业企业工作的民间人才参加比赛，展示产业工人的技艺水平；以农业经济为主的乡镇（街道），可通过种养殖能手比武、农产品营销水平比赛等形式组织活动，展示农业乡镇（街道）和农民群众的精神风貌；以旅游业为主的乡镇（街道），可通过举办优秀讲解员、“十佳”导游等评选，展示当地的风土人情。同时，要充分发挥村级组织、协会和企业等作用，引导和支持他们组织相关的比赛和活动，如开展才艺比拼、岗位能手比武、技能大师评选等，提升素质，展示风采。

（三）加强评鉴激励，调动参与积极性

1. 重视身份认可。建立分级送牌上门制度，对五星级人才由地市级人才工作部门领导送牌上门；对四星级人才，由区（县、市）人才工作部门领导送牌上门；对三星级人才，由乡镇（街道）领导班子成员送牌上门；对二星级人才，由村级班子成员送牌上门；对一星级人才，由村民小组长送牌上门，进一步增强民间人才的地位感和周边群众的认同感。

2. 重视亮星亮“像”。通过发文公布、颁发证书，在民间人才家门口和工作岗位挂牌，在各村（社区、企业）宣传窗、公开栏等张贴民间人才光荣榜、英雄帖等，公示民间人才名单，及时公布民间人才晋星升级的情况，让民间人才身份充分“亮”出来，切实增强民间人才的荣誉感。

3. 重视典型宣传。注重挖掘和宣传一批文化引领、技能拔尖、带头致富、信访转化、矛盾化解、人才培养、社会服务等不同类型民间人才的先进典型，通过举办报告会、现身说法等，充分发挥身边典型的示范引领作用，更好地展现民间人才的自身价值和社会价值。

三　加强培育引导，进一步发挥民间人才社会组织作用

（一）建立健全民间人才组织体系

围绕凝聚服务民间人才、加强行业自律、化解社会矛盾、参与公共服务、联系服务群众等功能定位，大力培育发展民间人才社会组织。重点抓好“三个一批”，争取各类民间组织覆盖大部分民间人才：提升规范一批，鼓励各级民间人才加入各类民间组织，扩大组织规模，加速人才集聚，使原有的民间组织更具规模、更趋规范。有序发展一批，鼓励三星级以上的骨干人才特别是优秀党员民间人才新建各类民间组织，发挥带头和示范效应，吸引和带领更多的民间人才加入民间组织。统筹推进一批，引导各乡镇（街道）在民间组织基础上分类建立协会，有条件的可以建立县一级的协会，通过协会实现对众多民间组织的管理、协调，加强民间组织间的交流，构建上下联动、左右互通的民间人才组织体系。

（二）促进民间人才组织有效运作

1. 健全组织机构。引导各类民间人才社会组织推选有热情、有能力、公认度高的民间人才，特别是党员民间人才担任负责人，搭建领导班子，健全相应组织机构，在民间组织运行中发挥核心作用。

2. 规范运行机制。引导各类民间组织制定完善组织章程及内部管理制度，建立经常化、规范化的活动机制，搭建会员才艺展示、教育培训、交流提升、服务社会的平台，激发广大会员人才的参与热情。

3. 加强民间组织负责人队伍建设。开展民间人才社会组织负责人教育培训，不断提高他们思想政治素质、管理水平和领导能力，提升团队影响。建立乡镇（街道）班子成员联系会长制度，帮助他们正确把握方向，充分发挥作用，不断提高民间人才协会组织的凝聚力和向心力。

（三）加强对民间组织的引导支持

1. 引导支持参与乡镇（街道）重大项目和公共服务。结合乡镇（街道）职能转变，探索通过政府购买服务形式，引导各类民间人才社会组织参与乡镇（街道）重点工作、社区各类公益活动和公共服务，提升民间人才的社会认同度。

2. 加强民间人才社会组织的党组织建设。引导有党员的民间人才协会组织及时建立党组织，实施把优秀民间人才培养成党员、把党员

培育成民间人才、把协会负责人培养成党组织书记的“党员民间人才工程”，强化党对民间人才协会组织的领导。

3. 强化要素保障。乡镇（街道）党委要帮助民间人才社会组织解决经费、场地、设备等方面的实际问题，为民间人才社会组织健康发展创造良好环境。对运作规范，活动丰富，在促进产业发展、文化繁荣、维护市场秩序、参与镇（街道）村重点工作等方面作用发挥明显的民间人才社会组织，乡镇（街道）党委政府要加强重点扶持和表彰激励。

四　强化激励管理，进一步激发民间人才持续参与热情

（一）完善关爱激励举措

1. 以优惠政策强化激励。在精神和物质奖励基础上，对于贡献较大、群众认可度高的三星级以上民间人才，优先列为入党积极分子、村级后备干部培养对象，在相关比赛活动评委和顾问的聘请等方面赋予优先权，特别优秀的作为“两代表一委员”推选对象。对兴办经济实体的民间人才，在乡镇（街道）相关项目招投标、创业贷款、集体资产租赁等方面予以优先支持。

2. 以星级晋升强化激励。建立动态晋升制度，结合实际情况制定星级晋升标准，规范晋升流程，突出群众参与、过程公开，每年两次开展民间人才晋级评定。重点探索星级晋升积分制，由相应星级评定单位制定加分、减分标准，并对民间人才根据贡献度、群众认可度予以量化计分，对达到积分要求的给予晋级奖励。

3. 以培训提升强化激励。充分发挥基层党校、村、企业及协会阵地作用，分级分类开展培训。在培训主体上，一般一星级、二星级民间人才由村、企业和各类协会组织的分会组织培训，三星级民间人才由乡镇（街道）协同总协会组织培训，四星级和五星级民间人才由市、县（区）两级职能部门或委托同级协会组织培训。建立资源共享的民间人才培训师资库，创新培训内容和方式，提高培训实效。

4. 表彰奖励强化激励。开展分领域“十佳星级民间人才”评比活动，对成绩突出的民间人才予以奖励，并享受疗休养等待遇，增强民间人才的荣誉感和自豪感。

（二）创设作用发挥载体

党委政府要加强引导，创设载体，使民间人才在各个领域发挥作

用，传递正能量。一是设岗定责发挥服务作用。在村、社区公共服务领域，可以借鉴和结合基层组织党员积分卡的做法，由村、社区设岗，民间人才结合自身特长择岗，通过公开亮岗和服务积分方式履岗，年末由乡镇（街道）结合积分情况、群众反映等方式，对民间人才履行岗位职责情况进行考评。考评情况作为星级晋升和党员先锋指数考核的重要依据。二是示范带头发挥榜样作用。对生产技术类、经营管理类和特色产业类民间人才，通过设立示范岗、示范户、结对帮带等方式，发挥他们的榜样作用，带领和影响周围群众。三是弘扬先进文化引导作用。对文体类民间人才，通过经常开展形式多样的民间文化体育活动，宣传先进人物、先进事迹，传承和弘扬传统文化，丰富群众精神生活，以民间人才带动其他群众，弘扬正气，唱响时代主旋律。

（三）拓宽联系群众渠道

1. 完善联系服务制度。探索实行三级联系服务制度，即乡镇领导班子成员联系服务协会负责人、镇村干部全员联系服务骨干人才、骨干人才联系服务普通群众，每年联系服务不少于两次，了解生产生活状况，帮助解决实际问题，也可以学习特长技艺，通过与民间人才结对子、交朋友，把民间精英集聚在党周围。

2. 丰富联系服务方式。在坚持传统联系服务方式的基础上，采用民情微博、民情微群等富有时代特色的方式，加强与民间人才的联系，及时了解民间人才情感、利益诉求，增强联系服务的针对性。

3. 优化联系服务作风。把民间人才队伍建设作为群众路线教育的有效载体，以务实的作风联系服务民间人才，切实增强工作的实效性。

第五节　民间人才队伍建设与人才评价机制创新

一　人才评价是科学人才观的核心

（一）人才评价

人才评价是通过一系列科学的手段和方法对人的基本素质及其绩

效进行测量和评定的活动。人才评价的中有三个重要的因素：(1) 人才评价的主体，即人才评价的执行者，是界定人才评价标准、划分人才评价对象和确定人才评价方法的主体。(2) 人才评价的客体，即人才评价的对象，是特定的接受评价的人才群体，人才评价的客体一般都存在特异性，是一个边界清晰的固定群体，比如创新人才、高技能人才等。(3) 人才评价的标准，即人才评价中用于衡量评价对象素质及绩效的基本价值取向，人才评价标准一般都具有客观性、可比性、稳定性等特征，是人才评价是否科学合理的关键因素。

(二) 人才评价作用

人才评价在整个人才开发与管理过程中发挥着基础与关键的作用。第一，人才评价不仅可以估测人才价值，帮助用人单位发现人才、识别人才、引进人才；还可以根据人才评价对个体做出判断，推论出个体与组织是否匹配，以便组织能够把不同特点的人才任用到最合适的岗位上，最大限度地发挥人才自身的价值。第二，人才评价让各类人才拥有了更多有针对性的求职机会，进而帮助他们找到能符合自身条件、实现自我价值、一展个人所长的岗位。第三，根据人才评价的结果，组织可以针对人才自身优缺点进行培训，最大限度地开发组织中的人力资源效能；被评价的各类人才也可以选择最适当的学习内容与方式，实现自身价值的提升。

人才评价是建立和完善人才市场不可缺少的条件和前提。根据人才评价的结果，市场机制能够把人才配置到相应的组织和岗位，既能科学合理配置资源，又能有效转化和实现人才价值，而人力资源的合理配置又进一步推动了人才市场的健康发展，形成良性循环。当前发达国家的人才市场均是随着社会经济的高速增长，科技、教育、文化等方面的稳步发展而逐渐成熟的。这些国家的经验表明，健全的人才市场除了要具备健全的政策法规、有效的管理体制，还要具备为人才供需双方提供人才评价的能力和机制。人才评价对各类人才作出的鉴定一方面可以使用人单位科学、客观、有效地选到最适合特定岗位的人才；另一方面人才自身也能够通过权威机构的评价结果来证明自己的才能。这种机制不仅可以保护组织的利益，也能够维护人才的自身权益，让各类人才在市场环境中定向、有序流动。

(三) 人才评价与科学人才观

科学人才观具有丰富的内涵，主要包含“人才资源是第一资源”、“人人皆可成才”和“以人为本”的理念。其中“人人皆可成才”把品德、知识、能力和业绩作为衡量人才的主要标准，不唯学历、不唯职称、不唯资历、不唯身份。这是科学人才观的本质与核心。“树立有较高知识水平、创新能力的拔尖人才和有丰富实践经验与一技之长的实用人才都是人才的观念”，这极大地丰富了人才的内涵，为科学人才评价提出了新的标准和要求。

建立科学合理的人才评价方式在科学人才观中起着重要导向和示范作用，科学人才观的基础是科学的人才评价方法，科学的人才评价方法是科学人才观的重要支撑，并且服务于科学人才观，两者互相依托，相辅相成，辩证统一。建立起科学的人才评价方式必须牢固树立“人人皆可成才”的理念。努力破除僵化的人才评价标准，坚持把“品德、知识、能力和业绩”作为衡量人才的最主要标准，把具有较高知识水平与创新能力的拔尖人才和具有丰富实践经验与一技之长的实用人才都纳入科学人才观的范畴，坚决破除“学历、背景、资历”等条条框框的约束，用全新的视角和理念来评价、发现和使用人才，真正做到“不拘一格降人才”。

二 人才评价存在的主要问题

(一) 重理论，轻应用

在很长一段时期内，我国的人才评价体系中存在着“以发表论文数决定成败、‘一刀切’地使用外语否决权、单纯用学历文凭论高低”的人才评价误区。“论文定成败、外语行否决、文凭论高低”的现象在职称评定、业绩考核等人才评价环节中尤为突出。职称评审、业绩考核、职位晋升等，都需要学论文、专著等“硬性”成果，甚至出现了“唯论文、唯项目”等评价取向。与之相适应，就出现了大量虚假的科研成绩和泡沫化学术业绩。随着我国经济持续高速增长，企业面对的市场竞争异常激烈，从而越来越需要有真正实用能力的高层次创新人才，这使社会对于高层次应用型人才的需求量不断增加。对应用型人才的社会“需要”与现存重理论重“有形业绩”的人才评价模式之间的矛盾逐渐暴露出来。这样单一僵化的标准如果不能及时调整，就会埋没一批文凭不够但能力突出的实用型人才，而一些文凭高但能力不足的人却会浪费大量资源。学历只是能力的间接反映，既不是有能力的充分条件，也不是有能力的必要条件。因此，从根本上讲，人才评价需要强调能力，不能过度放大文凭在评价人才中的作用，必须尽快实现从重学历到重能力、从重理论到重应用的转变。

（二）重管理，轻服务

我国过去长期实行的计划经济体制以及改革开放以来推行的政府主导型改革，使人才工作与人才评价基本处于政府主导的境地，人才评价标准和方法的制定往往从便于行政部门管理的角度出发。尽管国家许多文件都明确指出，应用性研究的根本目标是解决经济发展、民生改善中面临的重大技术问题，而不是论文和学位。但是在实际科研管理工作中，大部分评价却都是以学位、论文为导向的。绝大多数的科研机构，甚至企业、医院、技术推广机构中的科技人才晋升职称、业绩考核、课题审批，都还是以论文、学位、外语等为主要评价指标。出现这些情况的根本症结在于：人才评价的价值导向到底是以人才为中心还是以管理者为中心来设计？目的到底是方便管理还是为服务人才？以方便管理为取向的评价方式，最后的结果就是把评价看成一种权力，这又很容易滋生官僚主义和形式主义，其典型表现就是把外语作为大部分人才评价重要指标。因为考外语有可供比较的明确分数，而其他因素的评价很多时候是仁者见仁智者见智，难以作简单的比较。

（三）重过去，轻未来

现在很多用人单位评价人才，仍然沿用传统考核干部的办法。评价内容更多局限在人才既往的知识、业绩、贡献，关注更多的是人才的过去而非未来。这种“盖棺定论”式评价，造成各类人才工程与奖励都向“功成名就”的成熟科学家或学者们集中的“马太效应”。而很多富有潜力的青年人才因为研究成果尚未集中出现，因而无法获得支持。这无疑在很大程度造成资源浪费，同时抑制了一大批成长型人才的发展空间和发展速度。过多关注过去的人才评价模式，尤其不适合用在创新性人才的引进和评价上，特别是对海外年轻拔尖人才来说。因为，创新型人才是处在不断发展与进步中的，需要的是“加油站”式的评价，这种评价要承担起为他们未来发展加油鼓劲的作用。因此，人才评价也需要回归本源。人才评价的使命是发现和甄别人才，基于这一目标的人才评价要为人才的使用和发展服务，要强调重视未来，而不是过去。

（四）重高端，轻基层

一个社会中的人才资源实际上构成了一个金字塔。以科技创新人才为例，金字塔的塔尖是知识的创造与发现等最高层次的创新人才，塔尖下面还有创新成果产业化人才、集成创新人才、技术创新人才、应用发明人才等。从人才的分布来看也是这样——越是基层的人才量越大；越是高层的人才量越少。一个国家当然需要高层次人才，但没有大量位于塔基的基层人才做基础，国家的整体发展和社会的共同进步是不可能达到顶尖水平的。当前中国不只是高端人才缺乏，在金字塔塔基位置的基层人才也非常欠缺。目前，我国对高层次人才的引进非常重视。力度最大、覆盖领域最广、影响最大的当属 2008 年实施的“千人计划”。与此同时，我国多个省市也出台了相应高层人才引进计划。与之形成对比的是，基层人才的评价体系尚未建立，各地缺乏有效的评价标准和方法来识别、培养、使用和激励基层人才。这不仅制约着经济社会的可持续发展，也不利于高层次人才作用的充分发挥。

三　创新基层人才评价——民间人才队伍建设重要意义

人人皆可成才的观念，特别强调有丰富实践经验和一技之长的实用人才都是人才的观念。因此在制度层面推动基层人才评价体系的创新、建立一支强大的基层人才队伍，是当前人才工作亟须重视的问题。

（一）创新基层人才评价有利于拓宽“党管人才”工作新领域

党的十八大报告中指出事业的蓬勃发展离不开人才的大力支持，要坚持党管人才原则，再次明确党管人才牵头抓总，加上全社会的积极参与，各级各部门密切配合，一定会营造出“尊重劳动、尊重知识、尊重人才、尊重创造”的良好氛围，各类人才也一定会为经济社会发展发挥出最大功效。当前党管人才工作对象往往局限于高层次人才，基层人才评价工作将人才队伍的建设放在全民素质提升与发展的视野下进行，不仅拓宽了原有的工作渠道，扩大了服务的对象群体，还有助于在全社会形成重视人才、尊重人才、争当人才的良好氛围，从而促进了人才发展良好环境的形成与完善。

(二) 创新基层人才评价有利于提升群众的认同感和责任感

马斯洛将人的需求按层次分为生理上的需求、安全上的需求、情感和归属的需求、尊重的需求、自我实现的需求五种。当人的低层次需求被满足之后，会转而寻求实现更高层次的需要。当前社会，随着物质水平的不断快速提高，人们的主要需求逐渐向精神层面转移。基层人才评价工作展现了政府对基层群众才华和能力的认可，可以有效提高基层群众的主观幸福感、社会认同感和心灵归属感，让每一个人得到政府的尊重，满足人民群众的精神文化和政治生活需求，实现每个人心中的“中国梦”。中华民族的伟大复兴之梦需要全社会共同参与，当每个人都充分发挥自身才能，实现了自我价值，中国人民共同的梦想也就实现了。基层人才评价通过科学手段与创新机制对群众才能与智慧给予充分肯定，提高群众服务社会的责任感，也为基层人才展现个人才华、实现自身价值提供了广阔的舞台，使基层人才更自觉、更主动地发挥自身专长，投入到社会建设事业中来。

(三) 创新基层人才评价有利于创新基层治理模式

现代社会高度分化，社会事务纷繁复杂，单靠政府力量，不仅疲于应付，不利于促进社会整合，而且由于缺乏中间的缓冲地带，政府常常不得不直接面对各类突发的社会问题，势必增加社会治理的风险。基层人才评价工作在群众中建立了一支基层人才队伍，通过发动广大群众参与、发挥广大群众才能的途径整合了现有的行政资源、推动了人民群众的自我管理、拓宽了信息交流的沟通渠道、形成了高效全面的工作网络，有助于在有限行政资源配置下构建科学有效的利益协调机制、诉求表达机制、矛盾调处机制、权益保障机制。从而逐步形成“小政府、大社会”的治理模式。基层人才评价不仅为社会治理提供了重要平台和载体，更带动风尚文明建设步入新台阶，有助于宣传社会主义核心价值观。

四 绍兴民间人才评价创新的实践

2013 年 1 月，绍兴市启动实施民间人才“万人计划”，计划用三年时间，让全市 80% 左右的家庭有成员获得民间人才称号。在这一计划实施过程中，绍兴市大胆创新人才评价机制，其主要特点是：

（一）重应用，重实践

绍兴的民间人才“万人计划”结合当地文化风俗和产业发展实际，在参照类别设置共性要求的基础上，呈现了多样化和特色化。民间人才类别涵盖面广，人才类别与生产、经营、文体等活动实践密切关联，绍兴市根据人才在实际生活中发挥的作用来设置人才类别。在评价工作中应尽可能细化类别，使各行各业的人才都能进入评价体系。

（二）重业绩，重贡献

绍兴市将民间人才分为五个等级，其评价标准分别由各级评价主体负责制定，通过比赛、认证、评审等评价方式，对民间人才授予一至五星级民间人才称号。民间人才评价强调唯才是举，不拘一格选拔人才，特别看重群众中的口碑和威望，以人才的业绩和贡献为根本的评价依据。

比赛和评审是评价的主要方式，截至目前，绍兴市共组织各类比赛活动 1017 场。认证方式只针对三星级以上民间人才评价，由市级相关部门、区、县（市）和市直开发区、相关协会把握确定。

（三）重基层，重草根

民间人才“万人计划”明确指出：凡户籍在绍兴市，或在绍兴市工作居住 1 年以上外来工作者，只要遵守国家法律法规和相关政策，具有良好思想品德和社会公德，具备一定的知识和技能，热心公益事业，积极服务社会，符合各类民间人才评选相关条件的，均可自愿申报各类别的民间人才评鉴。在职机关事业单位工作人员和各类专业技术人才，不参加本人从事专业或相似专业的民间人才类别评鉴。民间人才参评的门槛很低，真正把广大群众作为人才评价对象，贯彻落实了“人人皆可成才”的重要思想。

研究对民间人才“万人计划”涉及评比过程和结果的 8 个方面进行了满意度的问卷调查，数据显示，8 个方面的满意度赋分都超过了 4 分，表示群众对民间人才“万人计划”的总体满意度较高。具体来看，对“政府投入和扶持评比活动”的满意度最高，说明群众认同政府开展民间人才队伍建设的努力；其次是对“评比公平性”满意度较高，说明民间人才“万人计划”评比过程比较透明与公正；相对而言，对“评比标准的合理性”、“参加活动便捷性”、“总体效果”的满意度略低。

(四) 重未来，重发展

民间人才评价不仅为基层人才提供了展示的平台，还通过星级晋升制度为基层人才的发展成长提供了切实可行的路径。活动中各地相继制定出台了一些实用有效的激励措施。

为充分发挥民间人才潜力，建立一支精良的民间人才队伍。依托村、企、协会，成立民间人才培训学校或实践基地，根据民间人才兴趣爱好和特长，各地已组织开展了学习培训、技术传授、经验交流、成果推广等各类培训活动，参与人数达3.3万人次，有效地提升了民间人才素质水平和创富能力。

五　绍兴民间人才队伍建设对创新人才评价启示

(一) 人才评价主体要体现多元性

传统人才评价主体主要是政府、用人单位等机构，虽然专家学者、专业机构和社会组织有一定程度的参与，但目前领导意志、部门观点等影响仍占主导地位，党政部门及其领导对评价结果的影响太大。这种自上而下的评价往往容易脱离实际工作，无法实现对人才的有效引导与激励。

“人人皆可成才”理念体现了人民群众创造历史的唯物史观，坚信取之不尽、用之不竭人才源泉蕴藏于广大人民群众之中。在人才评价过程中，政府只是众多评价主体之一，而专业机构、人力资源服务企业、民间团体、行业协会等非政府的力量更为重要。基层人才的评价主体应该是用人单位、是群众，通过个体在群众中的口碑、声望等反映其才能，评价是自下而上的。关注人才的社会价值，更能体现人才评价的有效性和实用性。

(二) 人才评价客体要体现全面性

传统的人才评价往往聚焦于高层次人才，目前国家和各地市出台的各类人才工程与政策绝大多数是针对高层次人才的。人才评价客体的局限性和同质化问题造成很多高层次人才重复兼任的“马太效应”显著，“锦上添花”多，“雪中送炭”少。

“人人皆可成才”理念是“人皆可以为尧舜”中国文化的当代传承，既认同每一个体都是自性具足不必他求的未成圣人之实然，又表明通过培育可以挖掘潜能成为圣人之必然。既反映了马克思人的全面发展思想的本质要求，又彰显了以人为本的科学发展观核心内容。人人皆可成才，就是要把每个人的潜能和价值都充分发挥出来，不拘一格选才、育才、用才，让每个有志向的人都有成才机会和发展空间，让每个为国家和人民做出贡献的人都能得到社会尊重。基层人才评价应该从政府视角出发将全社会广大群众都作为潜在的人才来对待，重视发挥每个人的作用。这不仅有助于形成多层次、多梯队人才队伍的“金字塔”结构，支撑高端人才作用发挥，也为更多人才的涌现提供了良好环境和丰厚土壤。

（三）人才评价标准要体现动态性

传统的人才评价内容选择和标准设置最突出的问题，主要表现在前述的“四重四轻”。出现这种现象的根本原因在于：人才类型多样需要评价标准的灵活性，但同时也带来了标准难以量化问题。学历、学位、论文、著作、职称等“硬性”指标可以量化，可鉴别性、可比较性和可操作性强。但在实践过程中，过于强调学历、职称、论文等标准，则会造成人才评价偏差，使一部分能力、业绩、贡献突出的人才很难享受到政策扶持。

“人人皆可成才”理念告诉我们：丢掉错误观点，人才就在面前。要摒弃传统观念，创新人才评价标准，不唯学历、不唯资历、不唯职务、不唯职称，不以偏概全，不求全责备。眼睛向下，特别关注实用人才的丰富实践经验和一技之长，就一定能够从广大人民群众中选拔出大批优秀和杰出人才。基层人才评价应该破除传统人才定义的条条框框，将人才在社会中发挥的作用作为人才评价的主要标准，既能体现科学人才观“以用为本”的重要思想，又能推进全社会人才观念的转变。

第六节　民间人才队伍建设与基层社会治理创新

社会治理是一项具有悠久历史的管理活动，是伴随着人类社会产生的。在不同历史时期，由于社会发展水平的不同，社会治理的形式也不尽相同。人类最早的社会治理活动可以追溯到原始社会，全体氏族成员共同来管理氏族事务，实行自主管理模式。到了传统农业社会，人们大都居住在同一个村落当中，人身被束缚在土地之上，生产和生活方式也相差不大，社会治理主要依靠社区和家庭通过传统文化、伦理和宗法等方式来进行管理。进入现代社会，在西方发达国家资本主义制度确立后相当长的一个时期内，市场这只“无形的手”在整个社会发展中占据主导地位，因而绝大多数社会事务的管理都是依赖于市民社会的内生机制来完成的。随着社会现代化的变迁，特别是随着“市场万灵论”的破灭以及社会公共事务的日趋纷繁复杂，社会治理的范围也在不断地进行自身的调整。

随着全面建设小康社会、和谐社会理念以及社会建设战略的提出，社会治理更逐渐成为社会各界普遍关注的热点问题。

一　基层社会治理创新概念和意义

（一）关于社会治理

社会是由多个互相联系和互相作用的基本要素构成的统一整体。社会的概念具有相对性，有广义和狭义之分，广义的社会相对自然界而言，狭义的社会与国家相对应。

“社会治理”概念发展至今，已被普遍认为其治理对象是狭义的“社会”，社会治理是与政治管理、经济管理相对的，对社会公共事务中排除掉政治统治事务和经济管理事务的那部分事务的管理与治理。其定义可以表述为：政府和社会组织为促进社会系统协调运转，对社会协调组成部分、社会生活的不同领域以及社会发展的各个环节进行组织、协调、服务、监督和控制的过程，以及规范和协调社会组织、社会事务和社会生活的活动。

（二）社会治理创新与基层社会治理创新

我国经过改革开放30多年的发展，经济社会等各方面均取得了举世瞩目的成就，但也带来了一些新问题：如人口流动性不断增强导致的社会管理和治理不确定性增加；网络信息技术发展导致的对传统管理观念的冲击；社会阶层结构变化、社会组织不断发展壮大以及公民意识逐步增强所引致的利益分配格局的变化；“单位人”变为“社会人”所引发的各种新问题以及人们思想意识的多元化等。面对这些问题，亟须加强社会建设和管理，推进社会治理创新。

社会治理创新是指在现有社会治理条件下，根据当前社会政治、经济、社会发展形态，综合运用社会治理相关规范理论，开拓新的管理理念，发展知识、技术、方法，力求对传统的社会治理机制进行方式和方法的改进，以使社会治理制度得到优化，从而达到社会治理新目标的一系列行为活动。

社会治理创新宏观方向上包含两方面内容：一是顶层设计创新；二是基层社会治理创新。基层社会治理，主要是指以乡镇（街道）和城市社区为地域范围和载体的社会治理，包括乡镇（街道）以政府社会治理为主和城市社区以居（村）民自治管理为主，两个层次且治理模式有所差异的社会治理。

近年来，基层在社会治理创新中的重要性越来越受到各级领导干部的重视，人们逐渐认识到基层社会治理是社会治理的重点，基层社会治理的水平和效果直接关系到社会治理的好坏。基层社会治理，具有基层和草根等特征，因为在基层社会治理过程中，制度与人情、政府与社区、集体与个人、公共领域与私人领域等浑然一体，构成了我们所谓的地方社会。保持基层社会秩序、运行、发展和创新的过程，就是社会治理的过程。推进基层社会治理观念、主体、体制、方法的创新，就是推进社会治理创新的过程。

二　民间人才队伍建设对基层社会治理创新的推动作用

民间人才是在基层群众中有一技之长，进行创造性劳动并对社会做出贡献的人才，具有草根性、乡土性、广泛性、非官方性等特点。2013 年，绍兴市启动实施民间人才“万人计划”，计划用 3 年时间，让全市 80% 左右的家庭有成员获得民间人才称号。并选择了中心镇、山区镇、特色产业镇等不同类型的 15 个乡镇（街道）先行试点，积极探索民间人才评鉴和管理机制。

绍兴市各个乡镇（街道）已经搭成民间人才工作框架，成立了领导小组、出台了人才类别和评鉴标准，在辖区范围内进行了再发动、再宣传，有些乡镇也涌现出了一些新的典型，总结了一些新的经验。从目前绍兴市民间人才队伍建设的实施情况和实现效果来看，可以认为，民间人才队伍建设本身是基层社会治理创新的重要内容，又对基层社会治理创新产生了重大推动作用。

（一）民间人才队伍建设践行了基层社会治理创新的“以人为本”理念和原则

“以人为本”是科学发展观核心，是全心全意为人民服务的党的根本宗旨的体现。坚持“以人为本”，是中国共产党十六届三中全会《决定》提出的一个新要求。改革开放以来，我党始终强调把发展生产力作为社会主义建设的根本任务。科学发展观强调的经济发展，归根结底都是为了满足广大人民群众的物质文化需要，保证人的全面发展，这是发展的根本目的。

同样，基层社会治理的出发点和归结都在于人，人的发展是社会治理的最大要义。基层社会治理从根本上说是为了满足群众多样化、高质量的生活需要和全面发展。基层社会治理创新，就必须坚持以人为本的科学发展观，切实以全面提高人的素质和生活水平为原则，保障和增进每个社会成员的生存和发展的权利，为社会成员的自由、全面发展创造条件、消除障碍，使每个社会成员都能够体面、有尊严地生活，构建人人平等、人人享有发展权利的新型基层社会治理服务体系。

民间人才队伍建设充分坚持以人以本，从基层群众中评鉴和选拔人才，重视精神与物质激励，对评鉴产生的各类民间人才采用大会发证、住处和工作岗位挂牌、宣传窗公示等形式进行表彰，并予以一定的物质奖励，让民间人才“亮”出来。开展创业资助，优先支持民间人才兴办、领办各类经济实体，并在鱼塘山林租赁、小额工程承包、金融政策扶持等方面予以优惠。加强重点培养，结合基层党组织堡垒指数和党员先锋指数，注重把优秀民间人才培养成党员，把优秀党员民间人才培养成村（社区）班子成员。民间人才队伍建设注重发挥民间人才作用，全县各地已挖掘、培育一批文化引领、带头致富、矛盾化解、技能拔尖、社团培育、民风改进等方面的民间人才典型，通过创设志愿服务、技术帮扶、文化活动等载体，积极发挥他们在丰富群众文化、推进产业发展、促进社会和谐等方面的作用。

（二）民间人才队伍建设是转变政府职能、创新社会管理体制的重要举措

现代社会高度分化，社会事务纷繁复杂，单靠政府力量不仅疲于

应付，不利于促进社会整合，而且由于缺乏中间的缓冲地带，政府常常不得不直接面对各类突发的社会问题，势必增加社会治理的风险。构建和谐社会，要求政府加强社会管理和公共服务职能，创新社会管理体制，健全党委领导、政府负责、社会协同、公众参与的社会管理格局。这就需要社会积极参与、发挥民间组织作用。目前相关领域的社会工作人才普遍十分缺乏，并已在一定程度上影响了政府职能转变和社会管理体制的创新。民间人才队伍建设通过发动广大群众参与、发挥广大群众才能的途径整合了现有的行政资源，推动了人民群众的自我管理，拓宽了信息交流的沟通渠道，形成了高效全面的工作网络，有助于在有限的行政资源配置下构建科学有效的利益协调机制、诉求表达机制、矛盾调处机制、权益保障机制，从而逐步形成“小政府、大社会”的治理模式。为此，必须把加强民间人才队伍建设作为创新社会建设和管理体制的突破口，通过挖掘、培养、凝聚等途径来发挥民间人才服务社会作用，创新社会治理。

（三）民间人才队伍建设推动社会治理的多元化主体参与

随着社会主义市场经济体制的逐步形成，社会治理体制改革创新已成为当前工作的重心，多元化主体参与的基层社会治理模式已成为发展的必然趋势，政府不再是基层社会治理的唯一主体，唯行政化的管理方式已不适应当前社会发展的方向，基层社会治理中要鼓励市场中介组织、自治组织、辖区内企事业单位等各种性质的社会力量共同参与，为民众提供多元化、社会化的服务和管理，而政府主要发挥引导、规划、扶持的作用。另外，还要鼓励民众积极参与，培养民众的参与意识和参与能力，最终形成社会组织和民众充分参与、多方协同、共同建设的基层社会治理格局。

重心下移、充分发挥基层社会组织作用，就是要发挥基层党组织和共产党员服务居民、凝聚人心的作用，发挥城市基层自治组织协调利益、化解矛盾、排忧解难的作用，发挥各类基层社会组织提供服务、反映诉求和规范行为的作用，协助党委政府做好社会治理和公共服务的工作，实现政府行政管理和基层社会自我管理相结合、政府依法管理和人民群众依法自治相促进的生动局面。要积极培育和扶持各类基层社会组织、志愿者组织，形成基层社会治理的合力。要整合基层社会资源、拓展基层社会服务项目和内容，完善社会服务的方式和手段，不断提高基层社会服务的能力和水平。推动基层多样化主体参与，还要加强对基层社会组织的培育、扶持和有效管理，使社会组织成为与政府和居民一起开展基层社会发展、建设和管理，维护社会稳定、促进社会和谐的重要参与主体和力量。

绍兴市在实施民间人才“万人计划”活动中，民间社会组织培育工作初现成效。实践证明，加强民间人才协会组织的培育，采取补助运作经费、购买公共服务等方式，引导和帮助这些协会组织更好地自我管理、自我发展，有效地服务广大群众、服务社会，积极在全社会倡导和传递正能量，对于调动各方力量共建和谐基层，优化社会基层治理模式，具有十分重要的意义。

民间组织创新基层社会治理方式，延伸了党委政府加强和创新社会治理的手臂，在缓解民间纠纷、维护社会稳定等方面发挥了独特作用。调查结果表明，组建民间人才协会对民间人才的进一步成长具有良好的推动作用，同时对创新社会治理、密切党群干群关系也具有重大现实意义。

（四）民间人才队伍建设是构建和谐社会的有益尝试

当今社会就业、社会保障、收入分配、教育、医疗、住房、群体性事件、社会治安等方面的社会矛盾日益突出，各种社会问题大量涌现，复杂性、多样性明显增强，解决问题的难度也不断加大。而这些新情况新矛盾新问题，又事关人民群众的切身利益，如不及时解决，可能引发严重社会问题，影响社会稳定。所以要最大限度地减少不和谐因素，努力实现经济社会又好又快发展，既要综合运用行政、经济、法律的手段，也要与时俱进，运用行之有效的社会工作特有方法。调动民间人才的积极性，协助政府预防和解决问题，维护社会稳定，促进社会公平，增进社会和谐就非常重要和迫切。民间人才队伍建设将不同收入、不同身份人们通过兴趣、专长紧密联系起来，破除了阶层间的樊篱，促进了不同阶层人群的和谐共融；同时通过民间人才队伍建设培养了一支社会的中坚力量，这批人具有知识、经验与专长，在人民群众中享有良好的威望与口碑。这一活动将数量庞大的民间人才队伍紧密团结在党和政府周围，在化解贫富分化、城乡隔离、阶层断裂等矛盾中可以有效发挥缓冲作用。因此，应当把加强民间人才队伍建设摆到构建和谐社会更加突出位置，通过民间人才来“自民间，服务民间”的作用，使之成为解决社会矛盾和问题、确保社会安定有序的有力手段。

三　提升民间人才队伍建设促进基层社会治理创新的建议

民间人才队伍建设是一项长期工作，基层社会治理创新更需要持续的探索和实践。对此，我们有以下建议：

（一）进一步扶持和引导民间人才协会组织建设，培育社会治理的多元化主体

问卷调查的统计结果显示，86.3%的被调查者选择同意“应该组建民间人才协会”，83.2%的被调查者选择同意“组建民间人才协会有助于加强民间人才与党组织沟通交流”，84%的被调查者选择同意“组建民间人才协会有助于加强基层社会治理”。同时发现民间人才较非民间人才，对“组建民间人才协会”及民间人才协会能够“密切党群关系”、“创新基层社会治理”方面的认可度更高。这表明基层民众对建立和加入民间人才协会组织有强烈的需要，对民间人才协会组织作用有很高的认可。

现阶段我国社会组织管理体制并不能适应社会组织迅速发展的要求，存在的问题可以分为社会组织的外部因素和自身因素两个方面。其中，外部因素包括政府行为、制度环境、法律环境等，它们是社会组织发展所需的外在力量和外部环境；内部因素包括社会组织自身的组织结构和管理方式，它们是社会组织发展的内生力量和内部环境。这些共性问题在民间人才协会组织建立和发展中也同样存在，应在接下来的实践中逐步解决，这也是基层社会治理创新的重要内容。

双重管理体制一直以来是社会组织发展的最根本制约因素。因此，可尝试以民间人才协会组织作为试点，改革社会组织的双重管理体制。双重管理体制具有分级登记和双重管理的特点，这个体制所带来的直接后果是社会组织发展的混乱状态，同时也造成对社会组织多头管理困境，可能产生相关部门之间的责任推诿或者是管理重复。双重管理体制改革的核心内容就是要改革多头管理弊端，为社会组织的发展提供宽松空间和便捷平台。民间人才协会组织建设可尝试从这些

途径入手，改革双重管理体制。

同时，积极帮助民间人才协会组织发展成为能够自我组织、自我管理和自我服务的自治主体，并拥有自主自律的能力。促进民间人才协会组织自身的发展需要从以下两个方面入手：一是设置科学合理的组织结构，这是协会组织得以有效运转的基本框架和制度规范，松散零乱的组织结构只能使其陷入发展困境，甚至面临组织体系崩溃的危险。二是保障充足的财政资金和社会资源支持，这是协会组织得以不断成长的物质基础。一方面，政府可以直接提供财政补助来扶持民间协会组织成长，这一般是在协会组织成长发育的初期，可以通过向协会组织购买服务等方式来提供财政资金，从而鼓励民间协会组织参与社会建设，这也构建了一种新型的公共服务供给模式。另一方面，帮助和引导民间协会组织寻求社会资源，如企业捐赠、个人捐赠、慈善捐款等，或者是通过一些服务所得收入的再投入形成资金循环等方式，这也是今后民间协会组织获得资金来源的一个趋势。

（二）进一步扶持和引导民间人才协会组织参与社会公共服务，提高基层社会自我服务、自我完善、自我教育、自我管理的能力

从绍兴市实践可以看出，民间人才协会组织已在社会公共服务领域发挥其独特的作用，接下来应进一步扶持和引导民间人才协会组织参与社会公共服务。

一方面，在政府层面，要将民间人才协会组织作为政府的合作伙伴纳入社会治理大体制内的建设性力量，促进社会的多元治理与合作治理。政府要为基层协会组织的发展让渡空间，尤其是在“市场失灵”和“政府失灵”的领域里，政府更要积极引导民间协会组织参与社会治理和公共服务。

另一方面，要引导民间人才协会组织参与各类公益活动和公共服务，拓展活动空间，激发参与热情，提升民间人才认同感和归属感。帮助民间人才协会组织根据各自特长，开展文化、教育、科普、体育、娱乐、民生等公益活动，从而形成相互关爱、相互信任、相互帮助的和谐人际关系，增进群众之间的融合，形成和谐的基层社会文化氛围，切实推动社会精神文明建设。当然，也要积极探索政府事务转移，有目的地释放部分公共财政资源，通过政府购买服务这一形式，充分挖

掘和调动民间人才队伍资源，建立多渠道的基层社会服务投入机制。

具体措施可以包括：一是引导加快建立各类民间组织。通过民间人才分类摸排，充实、选拔一些热心社会事业、技能高超、有一定组织能力的优秀民间人才骨干担任协会负责人，引导建立一批民间人才协会、特色工作室。二是提供民间组织一定的保障支持。为社团提供一定的活动场地、资金来源，帮助他们建立相应评鉴、管理、活动、服务社会等制度，帮助他们聘请专家作为社团组织顾问，通过民间人才协会的自我展示、自我教育、自我运作，充分发挥民间人才的积极性、主动性和创造性。三是引导民间组织与市场化接轨。采取补助运作经费、购买公共服务等方式，引导和促进有市场需求的协会提供有偿服务。

第七节　培育民间人才协会组织的意义和对策

党的十八届三中全会提出“要改进社会治理方式，激发社会组织活力”，民间人才“万人计划”活动是促进社团发展的良好契机。在民间人才队伍长效管理上，应树立“政府搭台，群众唱戏”的观念，让各类民间人才社团成为主角。为了总结当前民间人才协会组织的运作经验，探索绍兴民间人才队伍建设的长效机制，对绍兴民间人才协会组织的发展现状进行了分析，并对深化民间人才协会组织建设提出了相应的建议。

一　培育民间人才协会组织动因与意义

在以“小政府，大社会”为目标的政府职能转变过程中，一些原来由政府直接承担的职能逐渐社会化。分化出来的职能和资源，迫切需要由公民有组织的自我管理、自我服务体系来承接，这也意味着作为公民社会的核心部分——民间组织草根非政府组织获得了更为肥沃的生存土壤。绍兴民间人才协会组织的创新与成效正是我国草根非政府组织发挥社会效能的典型实践。

(一) 什么是草根非政府组织

关于草根非政府组织概念有多种说法。从政府职能角度看，是指不同于政府创办的非政府组织、所有来自体制外的和民间的非政府组织；从权力分层角度看，是指来自基层的、贴近群众的、权力底层的（如社区层面的）民间组织；从合法身份角度看，是指那些没有登记注册的也未取得正式合法身份的民间组织。一般可以认为，草根非政府组织是指那些通过自下而上途径自发组织起来的（而非政府或有关部门创办的）、在有关部门（民政部门或工商部门）登记注册或因各种原因尚未完成登记注册的各种非营利组织。

目前，绍兴草根非政府组织以未注册的自愿团体和普通非政府组织居多，通过民间人才“万人计划”的推动，也自上而下成立了一些具有重要作用和充沛活力的民间人才协会组织（见表6-10）。

表6-10　　　　我国非政府组织主要类型

	组织类型	注册类型	绍兴实例
正式身份的非政府组织	自上而下成立的非政府组织	免登记、挂靠在政府部门下或在民政部门登记注册	浙江省珍珠行业协会
	普通非政府组织	在民政部门登记注册	柯桥区民间人才香榧产业协会
非正式身份的非政府组织	非营利企业	进行工商登记但执行非营利组织功能	
	未注册的自愿团体	完全未注册	漓渚镇戏迷联谊会
准非政府组织	网上社团	通过网络运作的未注册团体	

(二) 草根非政府组织分类

草根非政府组织有多种分类方法，按工作领域，可以分为教育、环境、贫困、减灾、卫生、农村发展、妇儿保护、社会服务等不同专业。按服务对象，可以分为妇女、老年人、残疾人、社区矫正人员、问题青少年、农民工、艾滋病人等群体服务的草根非政府组织。按服务方式，可以分为直接为人民群众服务的一线组织（服务型草根非政府组织）和为一线组织提供组织支持、能力培训、信息服务的二线组织（支持型草根非政府组织）。按组织功能，可以划分为公益服务类、志愿互助类、文体活动类等。美国约翰·霍普金斯大学在非营利组织国际比较研究项目中提出的“非营利组织的国际分类”是一种结合活动领域、活动范围、活动方式、活动对象或受益者等的分类标准，这种分类标准得到较为广泛的认同和实践（见表6-11）。目前绍兴民间组织以文化和娱乐（如上虞市书法家协会等）、社会服务（如高新区稽山街道的“吃讲茶”协会等）、商业和职业协会（如沥海镇农业产业协会等）、慈善中介和志愿促进（如“微动力”志愿服务团队等）、教育（如金庭镇“农民培训学校”等）五大类为主。

表6-11　　非政府组织国际分类（ICNPO）

组别	类型	组别	类型
第一组	文化和娱乐 1100 文化和艺术 1200 体育 1300 其他娱乐和社交俱乐部	第七组	法律，倡导和政治 7100 公民和倡导组织 7200 诉讼和法律服务 7300 政治组织
第二组	教育和研究 2100 初等教育和中等教育 2200 高等教育 2300 其他教育 2400 研究	第八组	慈善中介和志愿促进
第三组	卫生保健 3100 医院和康复中心 3200 护理中心 3300 心理健康和危机干预 3400 其他卫生保健服务	第九组	国际 9100 国际交流 9200 国际援助
第四组	社会服务 4100 社会服务 4200 应急和救济 4300 收入支持和维持	第十组	宗教
第五组	环境 5100 环境 5200 动物保护	第十一组	商业和职业协会
第六组	发展和住宅 6100 经济、社会和社区发展 6200 住宅 6300 就业和培训	第十二组	其他组织

资料来源：［美］莱斯特·M. 萨拉蒙等：《全球公民社会——非营利部门视野》，贾西津等译，社会科学文献出版社2001年版，第498—499页。

（三）发展草根非政府组织的重要意义

1. 草根非政府组织与企业、政府相比的独特优势。

首先，草根非政府组织是促进公平与效率二者有机结合的重要途径。草根非政府组织所具有的非营利性特征决定了它既能够像政府部门那样，以提高公众利益为宗旨，又能够采取类似于企业的方式运行，突出效率目标，实现效率优势。如金庭镇“农民培训学校”组织农民免费学习绣品、服装、厨师、面点、家政、桃形李、茶叶等实用技术，培训面辐射到全镇各村，乃至全市各地。目前已有32名初级厨师通过培训获得中级厨师资格证，此外，面点师、桃形李种植、服装等培训班的培训人员达200多人次。像这样营利性的培训企业是不可能承担的，而培训学校非政府组织的身份又决定了其从需求出发、以人为本的培训导向。

其次，草根非政府组织对改善政府公共物品提供方式和绩效具有重要意义。其管理不是靠利润动机驱动，而是依靠使命的凝聚力引导，经由能反映社会需要的使命与宣传来获取外部的支持和捐助，并实现其组织内部的协调运作。因此，非营利组织在讲效率、重绩效方面所取得的先进服务管理方法和经验，对政府部门具有很好的借鉴意义，可以促进政府改善公共物品提供的效率和质量。如柯桥区漓渚镇“和老师调解团”选聘5位老党员、老教师、老干部、老军人、老代表“五老”人员，通过参与每月一次及重大节庆日的矛盾纠纷排查与调处，及时将一些矛盾纠纷化解在萌芽状态，并通过积极宣传相关政策、法律，疏导党群干群关系。作为对民间纠纷进行干预的第三方，“和老师调解团”是一个完完全全的民间组织，因为贴近基层、贴近群众，调解程序相对简单，当事人易于接受，自愿履行率也高，受到当地干部群众一致好评。

2. 草根非政府组织在当代社会发展中的作用。

（1）满足人们多样化需求。现代社会是多元社会，人们的兴趣、价值观、经济利益等都高度多元化，人们的需求也逐渐多元化。政府对这些需求常常很难做出及时反应，草根非政府组织能够及时有效地提供和满足不断增长的多样化的社会公共需求，发挥它独特的优势。在民间人才“万人计划”中涌现出很多文化艺术类的特色人才，成立了不少各类兴趣团体，满足了人民群众多方面的精神需求，这些形形色色的民间组织是政府公共物品供给的重要补充。

（2）社会矛盾的化解。每个国家都会面临这样或那样的社会问题，如失业、贫困、犯罪、生态等。各国政府为解决这些问题，也采取了各种措施，但不少问题依然存在，有的还有恶化趋势，这表明了政府解决这些问题能力的局限性。和政府一样，许多非政府组织也致力于本国的社会经济发展，因而双方具有合作共处的基础。非政府组织在协调处理社会矛盾时，充分体现了社会的自我服务、自我管理和自我教育，其效能要比政府直接处理好。如沥海镇村民黄柏荣带领他的吹打班子积极宣传新城开发建设，帮助做好群众思想工作，引导村里群众支持开发建设大局，为推进征地拆迁工作、维护社会和谐稳定做出了努力和贡献。

（3）社区就业途径的拓宽。非营利组织能开拓就业门路，扩大就业机会，减轻政府压力。发达国家的非政府组织已经成为一支重要经济和社会力量。据对英国、法国、美国等8个发达国家非政府组织的就业情况分析，每20个工作中就有一个是属于非政府组织的。非政府组织立足于社区服务需求，解决大批社区成员的就业问题，如越城区稽山街道的涉农社区，有一大批长期从事家政工作的中年女性。民间人才“万人计划”实施以来，街道专门成立了家政师分会，推选出431名民间家政师，还专门组织专业化、职业化培训。通过民间人才的认证和相关培训，使不少群众的就业渠道更加畅通。2014年5月初，在街道为服装工业园区举办的一场招聘上，现场达成意向的213人中，78%持有民间人才证书。

二　绍兴民间人才协会组织建设主要经验

绍兴市积极搭建载体，发挥草根非政府组织在民间人才队伍建设中的自我评鉴、自我管理、自我服务、自我提升作用。现已培育、新建各类民间人才协会组织（联谊会）、工作室、专业合作社788个，总数达2748个（见图4－22至图4－25）。目前，稽山街道“吃讲茶”协会、塔山街道服务小分队、沙溪镇杨桐柃木工作室等民间人才协会组织在纠纷调解、志愿服务、技术帮扶等方面发挥着积极作用。

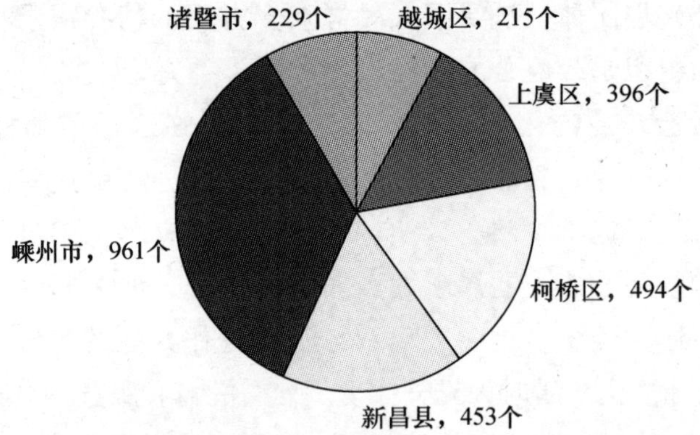

图 6－22　绍兴市各县区民间人才协会数量分布

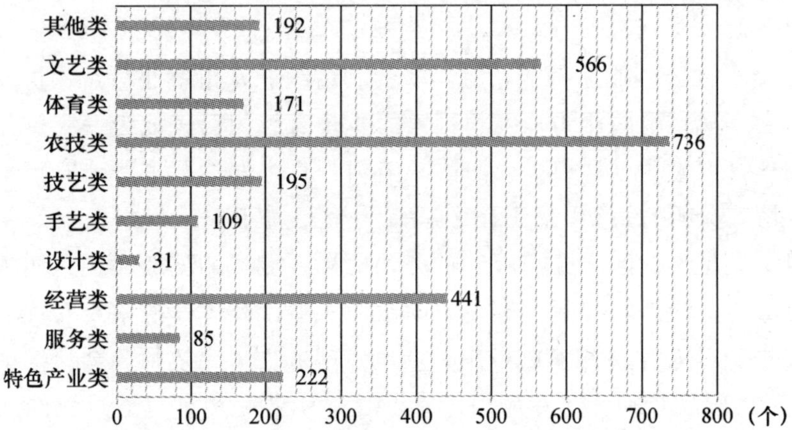

图 6－23　绍兴市按评鉴类别民间人才协会数量分布

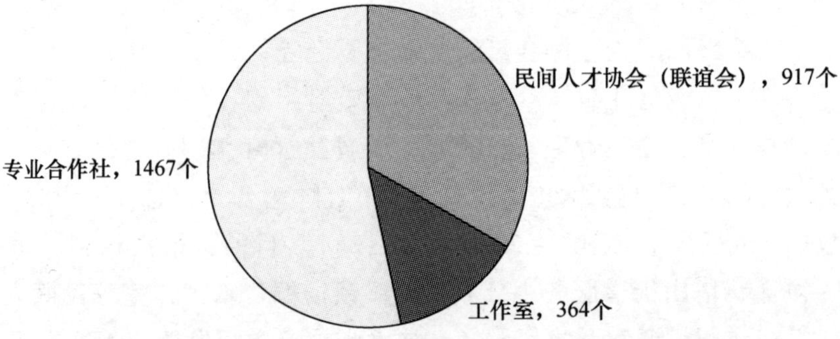

图 6－24　绍兴市三类民间人才协会组织数量分布

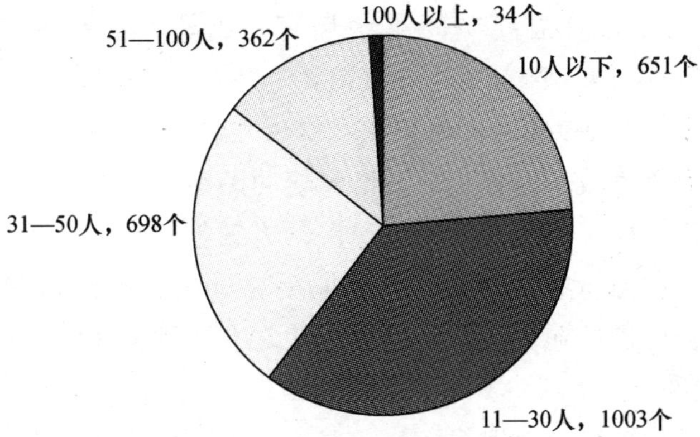

图6-25　绍兴市民间人才协会按规模大小分布

（一）推动原有民间组织和产业发展良性互动

民间人才“万人计划”的实施，赋予了绍兴原有一些民间组织更大的作用发挥空间，加速了其组织生态从静态走向动态的过程。通过在协会内部设立新的民间人才类别，制定民间人才评比细则，明确了原有民间组织人才身份定位。根据新的民间人才类别，在原有民间组织基础上成立分会组织，能够更好地发挥民间人才的专技才能，规范协会组织的自主运营，极大地激发了原有民间组织的生命力。

例如，浙江省珍珠行业协会2004年就已经成立，但作用发挥一直不够明显。民间人才“万人计划”工作开始以后，协会针对珍珠产业特色，结合珍珠养殖、加工、鉴定、设计、经营、销售整个产业链，设置了8类民间人才，分别归入农艺类、工艺类、手艺类、经营类等大类中。在此基础上，协会不但自主组织开展了珍珠产业“民间人才”选拔工作，还专门制定了《浙江省珍珠行业民间人才评定细则》，为珍珠业人才的鉴定提供依据，同时，更筹备成立了诸暨市珍珠行业协会养殖、加工、设计与经营四个分会，将选拔定级的人才按专业类别入会管理，挖掘和培养了更多的产业人才，更加规范地管理和引导了会员，“服务会员、规范行业、发展产业”三大宗旨得到了很好的体现。一个民间组织的成熟度，很大程度上体现在管理、凝聚和服务的功能上。珍珠行业协会的作用发挥，充分彰显民间人才“万人计划”实施，对推动民间组织培育、成熟、发展所产生的有效作用。

（二）培育新的民间人才协会组织促进经济发展

在行业竞争激烈的背景下，培育新的民间人才协会组织，不仅可以形成品牌效应，成为促进经济发展的有效抓手，同时也在维护会员合法权益、加强行业自律、规范行业管理、加强交流合作等方面发挥积极作用，促进产业健康有序发展，使之在激烈的市场竞争中占有一席之地。

例如，香榧产业是柯桥区稽东镇的一项特色产业，在民间人才队伍建设中，稽东镇根据香榧育苗、种植、加工、贩销等产业链环节设置人才类别，集中评鉴产生了一批农村特色产业类民间人才——民间林技师。2013 年 9 月，由 120 位香榧产业民间人才组成的柯桥区民间人才香榧产业协会在稽东镇成立。会员中，稽东镇三星级民间林技师达 103 人，几乎囊括稽东镇的香榧种植大户、贩销大户和育苗大户。随着民间人才香榧产业协会的成立，榧农在产业延伸链上进一步做起了文章。普通的香榧生长周期一般需要 15 年，通过抱团谋划产业发展，榧农从安徽等地引进花粉进行人工授粉，眼下香榧树只需要四五年就能出果实，大大增加榧农收益。另一方面，榧农还通过规划施肥、规模种植和培育，使香榧的产量提高了 60%。目前，稽东镇的占岙村、石岙村、陈村三村作为示范点正在积极推广香榧标准化生产模式，已有标准化生产基地 1 万亩，顺利实现产销两旺。

民间人才工作室作为民间人才“万人计划”活动中涌现的众多新型组织中一种，充分发挥负责人在组织中的枢纽作用，用组织化的手段把具有相同产业背景和生活需求的群众集聚起来，互通有无、整合优势，共享资源，打出了生产的组合拳，也奏响了生活的协奏曲。

例如，新昌县沙溪镇农民方中平在民间人才“万人计划”活动中成立了高山有机水稻技术推广民间人才工作室。工作室自成立以来，现已向农户开展水稻栽培和田间管理等技术指导活动 5 次，累计参加 71 人，同时还邀请了县农业局专家到现场为村民们提供农业服务。负责人方中平表示，接下来还将依托民间人才工作室的优势，在逐年扩大种植规模的同时，把分散经营的农户组织起来，提高农户们的种植技能。工作室还将探索民间人才星级与粮食价格之间的对应关系，日后销售的蔡峰有机米都将打上星级民间人才的头衔，星级越高的人才种植的稻米将售出更高的价格。民间人才工作室的成立把探索民间人才评比和发挥经济效益有机地联系在一起了。

（三）培育新的民间人才协会组织弘扬文明风尚

通过培育和新建民间人才协会组织，可以继承和发扬绍兴民间传统技艺。通过充实、选拔热心社会事业、技能高超、有一定组织能力的优秀文化技艺类民间人才骨干担任协会负责人，引导建立一批文化技艺类民间人才协会组织、特色工作室，对弘扬绍兴文明风尚起到了积极推动作用。

例如，上虞市书法家协会丁宅分会成立以来，开展大小活动 10 余次。国庆期间组织的“和美丁宅”书法展，全乡 9 个村有 7 个村送来了书法作品，共展出书法作品近 60 幅，其中 40 多幅是丁宅书法家爱好者创作的，他们中年龄最大的 87 岁，最小的 12 岁。丁宅民间人才书法家协会在组建过程中着重抓好三个步骤。一是成立机构。会员由乡内热爱书法、有一定艺术造诣并热心社会公益事业的人员组成，并选举产生第一届理事会会长、副会长、秘书长、副秘书长。二是规范制度。起草了《上虞市书法家协会丁宅分会章程》和其他制度性文件，作为建立协会、开展协会工作的依据和规范。三是发展会员。通过广泛宣传和细致深入的工作，目前，协会已登记会员 46 人，分别来自乡政府、学校、企事业单位和自由职业者。书法作为一项传统的文化艺术，在绍兴有着广泛的群众基础和文化底蕴，爱好人数众多。随着民间人才书法家协会的成立，书法创作队伍在不断壮大的同时，凝聚力和创作水平也不断得到提高，并逐渐成为绍兴文化建设中的一支生力军。

（四）发挥民间人才协会组织在社会治理中的作用

党的十八届三中全会提出“要改进社会治理方式，激发社会组织活力”，绍兴民间人才“万人计划”活动的开展正是促进社团发展的重要助推器。在民间人才队伍长效管理机制设计上，树立“政府搭台，群众唱戏”的观念，让各类民间人才社团成为主角。

例如，滨海新城将民间人才队伍建设与农业产业发展紧密结合，逐步形成以协会为主体，不断发现、培育、壮大民间人才以及服务经济社会发展的良性机制。滨海新城沥海镇是省农业特色优势产业强镇，拥有渔业休闲、蔬菜、南美白对虾养殖、生猪养殖和粮食种植五大农业基地。在滨海新城的民间人才队伍建设工作中，农业产业协会积极参与民间人才评鉴，组织开展后续管理和评星晋级等工作，逐步发挥主体作用。一是参与组织民间人才评鉴。民间人才评选活动中，农业产业协会积极响应党委、政府号召，根据沥海农业种养殖业发展特色，广泛组织农业企业、农民专业合作社和种养殖大户开展农业种养殖经验交流、技能比武等活动，共评选出农技类民间人才120多名。二是做好日常服务工作。协会把工作重心放在为农业企业及农民专业合作社提供信息、技术、培训、流通、宣传等各种服务上，成为沟通会员与政府联系的桥梁和纽带，成为会员之间互相交流平台。既能够积极争取到政府及有关部门的支持，创造有利于农业企业和农业产业化发展的良好环境，又能够充分发挥各协会会员的资源、技术、行业等优势，为农业企业及农民专业合作社提供全方位的服务。

另外，通过加强民间人才协会组织的培育，采取补助运作经费、购买公共服务等方式，引导和帮助这些协会组织更好地自我管理、自我发展，有效地服务广大群众、服务社会，积极在全社会倡导和传递正能量，对于调动各方力量共建和谐基层，优化社会基层治理模式，具有十分重要的意义。

例如，民间人才“万人计划”实施以来，漓渚镇先后成立花卉协会、“和老师调解团”、戏迷联谊会、书画爱好者联谊会和针织圆机联谊会五大民间人才协会组织，并充分发挥协会评鉴、管理、培养和展示功能。一是发挥评鉴功能。发挥行业协会“内部情况明、底子清、相互熟悉”的优势，引导协会评鉴行业内民间人才。二是发挥管理功能。镇政府为民间人才协会组织提供一定的活动场所和经费支持，通过协会加强与民间人才的联系联络，定期召开座谈会，了解民间人才的思想、工作和生活情况，为其排忧解难。三是发挥培养功能。由协会牵头，定期组织会员学习，以镇成校、县园艺学校为主阵地，组织行业内专家进行专题讲座、技术传授、经验交流。四是发挥展示功能。协会牵头搭建多种平台，为民间人才展示才艺、服务大众提供帮助。

三　民间人才协会组织建设存在的几个问题

目前绍兴民间人才协会组织已积累了不少的经验，但在组建与运行的过程中也存在一些问题，主要体现为：

（一）政策环境缺失

虽然政府出台了一批培育、发展、监督、管理民间组织的法律法规和政策，但多数民间人才协会组织仍面临政策环境的缺失问题。首先是注册方面，在双重管理体制框架下，相当数量的民间人才协会组织选择了工商注册或者不注册，从而失去了非营利组织的合法身份，给组织发展带来诸多不便。其次是配套制度建设。我国公益事业发展中一直存在的税收制度、监管制度不配套、不健全问题，客观上影响了民间人才协会组织的成长。

（二）管理模式缺陷

管理模式的缺陷来源于社会组织治理结构的不完善。社会组织的治理结构，通常意义上是指委托者、决策者、执行者和监督者之间的一种制度化的角色关系模式，它通过规章制度、分工合作和各司其职而形成，以保证组织的权责明确、规范有效和完成使命。民间人才协会组织经常有一个至关重要的灵魂人物或核心人物。所以，大多数民间人才协会组织管理模式顺理成章地采用了精英统治型，或者说是创始人统治型。这种模式在组织发展的初期发挥了较大作用，但是随着时间的推移和组织的成长，其弊端日益显现：在组织发展上过多依赖精英人物，而缺乏对组织成员和未来领导者的培养；领导者过于倚重个人的社会资源和网络，习惯于个人单打独斗而忽略了对内管理和对外交流；精英统治容易造成组织内部缺乏民主、问责程度不高、缺乏公开透明等。

（三）资金环境制约

对于民间人才组织来说，开发出稳定而持续的资金来源是至关重要的。一方面政府购买民间人才协会组织的服务还远未制度化，另一方面国家制定的减免税政策难以落实，民间人才协会的生存面临一定程度的资金障碍。

(四) 管理能力缺乏

民间人才协会的成长源于一批普通的民间热心人士积极推动，他们凭着满腔热忱成立了组织，但往往既缺乏必要的资源获取和项目运作能力，又缺乏非政府组织领域的组织管理和发展经验，更有许多民间人才协会组织过多照搬第三部门经验，造成了民间人才协会组织在运作方式、服务理念上与本土文化的脱节。还有一些民间人才协会组织不健全，内部制度不完善，民主管理不落实，财务管理不透明，缺乏社会公信力。

(五) 人才流失严重

人才流失是困扰民间人才协会组织的最大问题。非政府组织的志愿性特点带来了人员流动的随意性和经常化，使得民间人才协会组织必须经常面临培训新员工的局面，相当程度上增加了组织的运行成本。且从业人员的工资待遇较低，能提供的福利和发展空间有限，难以留住专业人才或优秀人才。此外，志愿者队伍也有流失现象，一旦有对组织不甚满意或志愿服务热情受挫的情况，极易产生强烈失落感而丧失参与志愿活动的热情。

四　深化民间人才协会组织建设的对策建议

为了更好地发挥民间人才组织在绍兴市民间人才队伍建设中的主体作用，探索民间人才队伍建设的长效管理机制，本书根据绍兴市民间人才协会组织当前运作存在的主要问题，提出以下建议：

(一) 发挥政府引导作用，建立健全民间人才协会组织体系

政府要围绕强化凝聚服务民间人才、加强行业自律、化解社会矛盾、参与公共服务、联系服务群众等功能定位，大力培育发展民间人才协会组织。一是对原有的民间组织重点抓好规范和壮大，不断扩大影响，发挥示范带头作用。二是鼓励优秀的民间人才新建各类协会组织，吸引和带领更多的民间人才加入协会组织，充实壮大民间组织力量。三是引导各乡镇在民间组织基础上分类建立民间人才协会。有条件的可以建立县一级的协会，通过协会实现对众多民间组织的管理、协调，加强民间组织间的交流，构建上下联动、左右互通的民间人才协会组织体系。四是明确民间人才协会组织管理的职责和工作重点，责成有关单位和人员深入开展调查研究，制订工作方案，采取有效措施，分

步骤、分阶段地推进民间人才协会组织的培育工作和政策制定，从能力建设入手解决其在治理模式、组织能力和人力资源方面面临的困难，帮助他们建立规范的治理模式和运行制度，提高组织治理水平。

（二）加强民间人才协会组织制度建设，完善有效运行机制

1. 要健全组织机构，政府要引导各类协会组织推选有热情、有能力、公认度高的民间人才担任会长，搭建领导班子，健全相应组织机构，在协会组织运行中发挥核心作用。

2. 要规范运行机制。引导各类民间人才协会组织制定完善协会章程及内部管理制度，建立经常化、规范化的协会活动机制，搭建会员才艺展示、教育培训、交流提升、服务社会的平台，激发广大会员人才参与热情。

3. 加强协会组织负责人队伍建设。要多方位、多渠道开展教育培训，不断提高他们的思想政治素质、管理水平和领导能力，提升团队影响。要建立乡镇班子成员联系会长制度，帮助他们正确把握方向，充分发挥作用，不断提高民间人才协会组织凝聚力和向心力。

保障充足的财政资金和社会资源支持，是协会组织得以不断成长的物质基础。一方面，政府可以直接提供财政补助来扶持民间协会组织成长，这一般是在协会组织成长发育的初期，可以通过向协会组织购买服务等方式来提供财政资金，从而鼓励民间协会组织参与社会建设，这也构建了一种新型的公共服务供给模式。另一方面，引导民间协会组织寻求社会上的资源，如企业捐赠、个人捐赠、慈善捐款等，或者是通过一些服务所得收入的再投入形成资金循环等方式。这也是今后民间协会组织获得资金支持的主要来源。

（三）引导民间人才组织参与公共服务，发挥党建纽带作用

1. 要引导支持民间人才组织参与乡镇重大项目和公共服务。结合乡镇职能转变，探索通过政府购买服务形式，引导民间人才协会组织参与乡镇重点工作、社区各类公益活动和公共服务，提升民间人才的社会认同度。

2. 加强民间人才协会组织的党组织建设。引导有党员的民间人才协会组织及时建立党组织，实施把优秀民间人才培养成党员、把党员培育成民间人才、把协会负责人培养成党组织书记的“党员民间人才

工程”，强化党对民间人才协会组织的领导。

3. 强化要素保障。乡镇党委要帮助民间人才协会组织解决经费、场地、设备等方面的实际问题，为民间人才协会组织健康发展创造良好环境。对运作规范，活动丰富，在促进产业发展、文化繁荣、维护市场秩序、参与镇村重点工作等方面作用发挥明显的民间人才协会组织，各级党委政府要给予重点扶持和表彰激励。

总之，民间人才队伍建设的管理主体是民间人才协会组织，通过人才评鉴，将有相同兴趣、特长的民间人才以协会、合作社、工作室等民间组织凝聚在一起，催生一系列新兴的民间组织，也形成了一种新的社会政治资源，让广大群众集聚在以民间人才为骨干的各类民间人才协会组织中。社会治理理论强调，对社会公共事务进行有效管理需要不同主体之间积极有效互动、合作，确切地说治理是政治国家与公民社会的合作、政府与非政府的合作、公共机构与私人机构的合作、强制与自愿的合作。提升弱势阶层参与社会公共事务的能力，最好的办法即提高他们的组织化程度，鼓励各阶层根据需要组建自己的组织或者社团，以组织的方式参与公共事务，从而更有效地维护自身利益。民间人才协会组织天然具有这方面的功能，它们的活跃有助于创新基层社会治理主体多元化模式，处理好网格化管理体系构建过程中“行政性”和“社会性”关系，找到政府治理与社区治理之间有效的联结点，逐步实现群众的自我管理。

附　录

附录1　区域人才发展综合指数指标解释

1. 人才人口密度：指在一定区域或本系统内，人才资源在人口资源中所占的比重。

2. 规模以上企业研究机构人才平均学历当量：指当地规模以上企业研究机构学历等级按系数进行折算，累加之和占本地区人才资源总和的比率。

3. 非公企业高技能人才占比：指当地非公企业高技能人才保有量在人才资源总和中比重。

4. 企业经营管理人才占比：指当地经营管理人才的保有量在人才资源总和中的比重。

5. 专业技术人才占比：指当地专业技术人才的保有量在人才资源总和中的比重。

6. 人才经济系数：指一定范围经济的人口密度与相应的人才人口密度的比值。

7. 规模以上企业从业人员人均产值：指规模以上企业总产值与年末规模以上企业从业人员总量比值。

8. 万人拥有 R&D 活动人员：指当地每万人口拥有的 R&D 人数。

9. 万人发明专利授权量：指当地每万人口拥有年度专利发明的总数。

10. 发明专利授权量在专利授权总量中占比：指发明专利授权量在专利授权总量中的比重，是衡量专利授权科技含量的一个关键指标。

11. 人才流动率：指一定时期内某种人才流动的数量与人才总数的比率。

12. 规模以上企业研发机构与规模以上企业总数之比：指当地规模以上企业研发机构个数与规模以上企业总数的比值。

13. R&D 经费支出占 GDP 比重：指当地 R&D 经费支出占 GDP 的比重。

14. 教育支出占财政支出比重：指当地教育经费支出占 GDP 的比重。

15. 城镇居民人均可支配收入年增长率：人均可支配收入是指个人收入扣除向政府缴纳的个人所得税、遗产税和赠与税、不动产税、人头税、汽车使用税以及交给政府的非商业性费用等以后余额。

16. 环境质量综合评分：指浙江环境质量的综合打分情况。

17. 医疗床位指数：指当地每万人口拥有的医疗床位数。

18. 文化事业指数：指当地每万人口拥有体育场馆数、剧场、影剧院数之和。

附录 2　国家统计局关于印发统计上大中小微型企业划分办法的通知

一、根据工业和信息化部、国家统计局、国家发展改革委、财政部《关于印发中小企业划型标准规定的通知》（工信部联企业〔2011〕300 号），结合统计工作实际情况，特制定本办法。

二、本办法适用对象为在中华人民共和国境内依法设立的各种组织形式的法人企业或单位。个体工商户参照本办法进行划分。

三、本办法适用范围包括：农、林、牧、渔业，采矿业，制造业，电力、热力、燃气及水生产和供应业，建筑业，批发和零售业，交通运输、仓储和邮政业，住宿和餐饮业，信息传输、软件和信息技术服务业，房地产业，租赁和商务服务业，科学研究和技术服务业，水利、环境和公共设施管理业，居民服务、修理和其他服务业，文化、体育和娱乐业15个行业门类以及社会工作行业大类。

四、本办法按照行业门类、大类、中类和组合类别，依据从业人员、营业收入、资产总额等指标或替代指标，将我国的企业划分为大型、中型、小型、微型四种类型。具体划分标准见附表。

五、企业划分由政府综合统计部门根据统计年报每年确定一次，定报统计原则上不进行调整。

六、本办法自印发之日起执行，国家统计局2003年印发的《统计上大中小型企业划分办法（暂行）》（国统字〔2003〕17号）同时废止。

附表1　　统计上大中小微型企业划分标准

行业名称	指标名称	计量单位	大型	中型	小型	微型
农、林、牧、渔业	营业收入（Y）	万元	Y≥20000	500≤Y<20000	50≤Y<500	Y<50
工业*	从业人员（X）	人	X≥1000	300≤X<1000	20≤X<300	X<20
	营业收入（Y）	万元	Y≥40000	2000≤Y<40000	300≤Y<2000	Y<300
建筑业	营业收入（Y）	万元	Y≥80000	6000≤Y<80000	300≤Y<6000	Y<300
	资产总额（Z）	万元	Z≥80000	5000≤Z<80000	300≤Z<5000	Z<300
批发业	从业人员（X）	人	X≥200	20≤X<200	5≤X<20	X<5
	营业收入（Y）	万元	Y≥40000	5000≤Y<40000	1000≤Y<5000	Y<1000
零售业	从业人员（X）	人	X≥300	50≤X<300	10≤X<50	X<10
	营业收入（Y）	万元	Y≥20000	500≤Y<20000	100≤Y<500	Y<100
交通运输业	从业人员（X）	人	X≥1000	300≤X<1000	20≤X<300	X<20
	营业收入（Y）	万元	Y≥30000	3000≤Y<30000	200≤Y<3000	Y<200
仓储业	从业人员（X）	人	X≥200	100≤X<200	20≤X<100	X<20
	营业收入（Y）	万元	Y≥30000	1000≤Y<30000	100≤Y<1000	Y<100
邮政业	从业人员（X）	人	X≥1000	300≤X<1000	20≤X<300	X<20
	营业收入（Y）	万元	Y≥30000	2000≤Y<30000	100≤Y<2000	Y<100
住宿业	从业人员（X）	人	X≥300	100≤X<300	10≤X<100	X<10
	营业收入（Y）	万元	Y≥10000	2000≤Y<10000	100≤Y<2000	Y<100
餐饮业	从业人员（X）	人	X≥300	100≤X<300	10≤X<100	X<10
	营业收入（Y）	万元	Y≥10000	2000≤Y<10000	100≤Y<2000	Y<100
信息传输业	从业人员（X）	人	X≥2000	100≤X<2000	10≤X<100	X<10
	营业收入（Y）	万元	Y≥100000	1000≤Y<100000	100≤Y<1000	Y<100

续表

行业名称	指标名称	计量单位	大型	中型	小型	微型
软件和信息技术服务业	从业人员（X）	人	X≥300	100≤X<300	10≤X<100	X<10
	营业收入（Y）	万元	Y≥10000	1000≤Y<10000	50≤Y<1000	Y<50
房地产开发经营	营业收入（Y）	万元	Y≥200000	1000≤Y<200000	100≤Y<1000	Y<100
	资产总额（Z）	万元	Z≥10000	5000≤Z<10000	2000≤Z<5000	Z<2000
物业管理	从业人员（X）	人	X≥1000	300≤X<1000	100≤X<300	X<100
	营业收入（Y）	万元	Y≥5000	1000≤Y<5000	500≤Y<1000	Y<500
租赁和商务服务业	从业人员（X）	人	X≥300	100≤X<300	10≤X<100	X<10
	资产总额（Z）	万元	Z≥120000	8000≤Z<120000	100≤Z<8000	Z<100
其他未列明行业	从业人员（X）	人	X≥300	100≤X<300	10≤X<100	X<10

说明：

1. 大型、中型和小型企业须同时满足所列指标下限，否则下滑一档；微型企业只须满足所列指标中的一项即可。

2. 附表中各行业的范围以《国民经济行业分类》（GB/T4754—2011）为准。带*的项为行业组合类别，其中，工业包括采矿业，制造业，电力、热力、燃气及水生产和供应业；交通运输业包括道路运输业，水上运输业，航空运输业，管道运输业，装卸搬运和运输代理业，不包括铁路运输业；信息传输业包括电信、广播电视和卫星传输服务，互联网和相关服务；其他未列明行业包括科学研究和技术服务业，水利、环境和公共设施管理业，居民服务、修理和其他服务业，社会工作，文化、体育和娱乐业，以及房地产中介服务，其他房地产业等，不包括自有房地产经营活动。

3. 企业划分指标以现行统计制度为准。（1）从业人员，是指期末从业人员数，没有期末从业人员数的，采用全年平均人员数代替。（2）营业收入，工业、建筑业、限额以上批发和零售业、限额以上住宿和餐饮业以及其他设置主营业务收入指标的行业，采用主营业务收入；限额以下批发与零售业企业采用商品销售额代替；限额以下住宿与餐饮业企业采用营业额代替；农、林、牧、渔业企业采用营业总收入代替；其他未设置主营业务收入的行业，采用营业收入指标。（3）资产总额，采用资产总计代替。

主要参考文献

布鲁姆主编:《青少年潜能的开发》,方展画等译,云南教育出版社1990年版。

陈丽君、姚昕辰:《人才管理改革试验区的理论、模式及发展对策研究——以中关村、无锡和东湖人才特区为例》,《第一资源》2012年第4期。

陈思静:《人才工程的评估与分析——以浙江省为例》,《中国人才》2013年第7期。

程卫凯:《对加快形成具有国际竞争力人才制度优势的思考》,《中国人才》2013年第7期。

桂昭明:《人才国际竞争力评价指标体系》,《中国人才》2002年第10期。

国务院新闻办:《"2013年,〈20国集团国家创新竞争力黄皮书〉"新闻发布会》,2013年9月。

黄津孚:《人才是高素质的人——关于人才的概念》,《中国人才》2001年第10期。

科技部:《"落实创新驱动发展战略,推进科技经济紧密结合"新闻发布会》,2013年10月。

贾婧:《我国连续六年保持科技人力资源总量世界第一》,《科技日报》2013年12月24日第3版。

林春丽:《论人才定义与人力资源开发》,《人才开发》2002年第12期。

苗青:《三招成就"人才引领"典范》,《浙江日报》2014年1月20日第15版。

倪鹏飞:《城市人才竞争力与城市综合竞争力》,《中国人才》2002年第 10 期。
R. S. 艾伯特：《天才与杰出成就》，浙江人民出版社 1988 年版。
沈荣华：《21 世纪中国的人才战略走向》，《中国人才》2007 年第 1 期。
孙健敏：《我国人力资源管理的发展趋势》，《中国人才》2005 年第 3 期。
国家统计局：《2012 年全国农民工监测调查报告》，2013 年 5 月。
温金海、王洪海、濮建华：《激活民间人才的绍兴探索》，《中国人才》2014 年第 23 期。
王通讯：《人才学通论》，中国社会科学院出版社 2001 年版。
维尔弗雷多·帕累托：《精英的兴衰》，刘北成等译，上海人民出版社 2003 年版。
许为民：《建设企业研究院，加快人才集聚协同创新》，《浙江日报》2013 年 12 月 16 日第 12 版。
姚先国、张海峰：《教育、人力资本与地区经济差异》，《经济研究》2008 年第 5 期。
姚先国：《以人才集聚战略促转型》，《浙江经济》2010 年第 23 期。
叶忠海：《人才学概论》，湖南人民出版社 1983 年版。
叶忠海：《人才学基本原理》，蓝天出版社 2005 年版。
詹芊芊、童毕建：《中国发明专利发展状况及制约因素分析》，《数据》2011 年第 9 期。
赵曙明：《人力资源管理发展的趋势》，《中国人才》2002 年第 11 期。
浙江省统计局等：《浙江统计年鉴（2013）》，中国统计出版社 2013 年版。
浙江省统计局：《浙江科技统计年鉴（2013）》，浙江大学出版社 2013 年版。
浙江省人才发展研究院编：《浙江人才发展蓝皮书（2014）》，浙江大学出版社 2014 年版。
中国科技信息研究院：《中国科技论文统计结果（2012）》，2012 年 12 月。
中国人才科学研究院编：《中国人才集聚报告》，2014 年。

后　记

本书是我和我的研究伙伴近三年来理论与应用研究成果的回顾和总结，能够顺利开展人才研究，是我心理学、管理学和社会学等诸多学科教学研究和实践的结果。

从大学开始，我开始接触心理学，之后便被心理学研究深深吸引。之后10多年的心理学专业学习和实践，我感觉付出很多，收获颇丰。在这个过程中，我很幸运能够学习涉猎发展心理学、咨询心理学、广告心理学、工程心理学等各心理学子学科。我非常感谢我的两位恩师的辛勤培养。我的硕士生导师是我国著名的发展与教育心理学专家、中国心理学会候任理事长、天津师范大学心理与行为研究院院长白学军教授。在白老师的指引下，我开启了自己的心理学研究旅程，并通过系统的心理学研究方法学习，打下了良好的心理学理论研究基础。博士生导师是我国著名工程心理学家、原国际心理科学联合会副主席、原中国科学院心理研究所所长张侃研究员。在张老师指导下，我开始接触应用心理学研究课题，并逐渐明确了自己工业与组织心理学、人力资源管理的研究方向，在这片学术沃土上不断耕耘。

能够来到浙江大学公共管理学院、浙江省人才发展研究院开展人力资源管理研究与实践工作，是我非常自豪的事情。最为感谢的是，浙江大学社会科学学部主任、原浙江大学公共管理学院院长、浙江省公共政策研究院院长姚先国教授，姚老师是我国著名劳动经济学和人力资本专家，在他的带领下，我完成了从博士生到科研人员的转变，也将自己的微观人力资源研究拓展到了宏观人力资源研究领域。感谢原浙江大学宁波理工学院院长、党委书记、浙江省人才发展研究院执行院长许为民教授，在他的指导下，我和我的同事们完成了很多富有创造的人力资源研究项目，在业务上进步迅速。感谢浙江大学公共管理学院行政管理研究所所长，浙江省人才发展研究院副院长陈丽君教授，她严谨敬业的工作态度，一直是我工作学习的榜样。感谢浙江大学公共管理学院社会保障与风险管理系副主任、浙江省人才发展研究院秘书长苗青教授，他在工作和生活上给了我很多的帮助，并且经常提醒我努力做学问，是我终身的良师益友。感谢我的同事陈思静老师、解凌云老师、王盈盈老师，没有那段岁月的相互扶持，我不会取得今天的成绩。

在人力资源管理研究的实践过程中，我非常感谢浙江省委组织部的领导们对我研究的支持和帮助。感谢浙江省委组织部姚志文副部长对我研究的鼎力支持，他多年来对浙江省人才工作实践的生动总结是我研究的灵感所在。同时也感谢浙江省委组织部人才办张旭明副主任、雷雨副主任、张滨副主任一直以来对我研究和工作的关心关怀。

另外，我非常感谢一直关注我学术成长的各位老师们。感谢中国科学院心理研究所傅小兰所长、孙向红副所长、张建新副所长、王詠教授、郑希耕副研究员、陈毅文副研究员，天津师范大学阴国恩教授、李洪玉教授等导师对我的悉心栽培。感谢中国人民大学时勘教授对我人力资源管理研究方向的启发。感谢浙江大学公共管理学院郭继强副院长、社会保障与风险管理系林卡主任，以及米红教授、胡税根教授、钱雪亚教授、张海峰副教授、刘晓婷副教授、陈东进老师等对我工作上的帮助。感谢现任领导青岛大学师范学院院长李福华教授、宋贵欣书记、副院长陶明达教授、副院长马勇军教授的关怀，让我能够在学术道路上不断前行。

在专著即将付梓之际，我要着重感谢我的研究合作伙伴们。应该说，课题的完成不仅需要个人的努力，更需要研究团队的通力协作。这本专著既是我近年来研究成果的总结，也是各位政府相关部门领导、同事和研究生们共同努力的结晶。第一章形成具有国际竞争力的人才制度优势研究和第二章区域人才发展综合指数研究是在浙江省委组织部支持和合作下完成的，其中，孟德玖调研员和罗传银副调研员参与了第一章调研和撰写，我的同事陈丽君教授、许为民教授以及朱蕾蕊博士参与了第二章的调研和撰写。第三章人才支撑区域经济转型发展研究是在温州市委组织部支持和合作下完成的，我的同事姚先国教授、许为民教授、陈丽君教授、苗青教授和陈思静博士参与了调研，许为民教授、陈思静博士参与了报告撰写。第四章实用人才评价体系构建与应用研究是在义乌市委组织部支持和合作下完成的，杭州思高人才管理公司张磊研究团队和祝淑珠主任参与了报告撰写。第五章中长期人才发展战略规划的案例研究是在杭州经济开发区管委会、瑞安市塘下镇人民政府的支持和配合下完成的，由杭州经济开发区管委会研究团队以及许为民教授、陈思静博士和我共同撰写完成。第六章民间人才队伍建设理论与实践研究是在绍兴市委组织部的支持和合作下完成的，由绍兴市委组织部研究团队、许为民教授、陈思静博士和我共同撰写完成。另外，感谢全国哲学社会科学规划办公室对出版本书提供的资助。

最后，我非常感谢我的家人。感谢我的父母对我的养育之恩。多年来，父母一直在我身上默默地付出，而我却忙于学业和工作，以至于疏忽了与他们的沟通和关心，所以，在此我由衷感激父母对我的理解和包容。感谢我的夫人张紫华女士，她不仅承担了家庭生活大部分的责任，也一直带给我奋斗动力和事业帮助，在本书出版上也是尽心尽力。感谢我的亲人和远在各方的同窗们，他们在我平凡的人生道路上给了我不平凡的感动。

诚然，本书虽然经过了必要的研讨和审校工作，仍不免存在很多瑕疵和不足。首先，我的学术生涯不长，学术积累还很不充分，尤其对于宏观的人才资源管理领域，尚未能更系统、全面地把握，书籍的理论框架有待通过进一步的研究去夯实。另外，本书主要介绍人才资源管理领域的应用研究，缺乏一定理论深度，研究对象也存在一定的时空局限性。这些问题和不足，我将在今后的研究中尽力弥补。希望广大读者、各位师友能够批评指正。

谢谢！

作　者

2016 年 1 月 20 日